BASTEI
LÜBBE

Über den Autor:

Manfred Lahnstein, geboren 1937, reüssierte in Gewerkschaft und Wirtschaft, Verwaltung und Politik. Er war Chef des Bundeskanzleramtes, Bundesminister der Finanzen unter Helmut Schmidt und Mitglied des Vorstandes der Bertelsmann AG in Gütersloh. Von 1994 bis 2006 war er Präsident der Deutsch-Israelischen Gesellschaft, seit 1995 ist er Vorsitzender des Kuratoriums der *Zeit*-Stiftung. Von ihm erschien 2004 der viel beachtete Band *Massel und Chuzpe. Wie Blanka und Rudolf den Holocaust überlebten* und 2006 im Gustav Lübbe Verlag die aktuelle Studie *Die gefesselte Kanzlerin. Wie die Große Koalition sich selbst blockiert.* Professor Manfred Lahnstein lebt in Hamburg.

Manfred Lahnstein

Die offene Wunde

Antisemitismus als Schicksal?

BASTEI LÜBBE TASCHENBUCH
Band 60589

1. Auflage: Oktober 2007

Bastei Lübbe Taschenbücher in der Verlagsgruppe Lübbe

Originalausgabe

Copyright © 2007 by Verlagsgruppe Lübbe GmbH & Co. KG,
Bergisch Gladbach
Textredaktion: Boris Heczko, München
Register: Heike Rosbach, Nürnberg
Umschlaggestaltung: Tanja Østlyngen
Titelbild: © getty-Images/Jana Leon
Satz: Textverarbeitung Garbe, Köln
Druck und Verarbeitung: Ebner & Spiegel GmbH, Ulm
Printed in Germany
ISBN 978-3-404-60589-7

Sie finden uns im Internet unter
www.luebbe.de

Der Preis dieses Bandes versteht sich einschließlich
der gesetzlichen Mehrwertsteuer.

INHALT

VORWORT

Seit zwei Jahrtausenden gibt es Judenhass. Bei diesem Hass kommt es nicht darauf an, wie sich der einzelne Jude verhält. Es reicht vollauf, dass ein Jude ein Jude ist. Dieser Hass tritt in unterschiedlichem Gewand auf. Er kann sich offen oder verdeckt äußern, brutal oder verbrämt. Er kann sich in Gefühlsausbrüchen entladen oder rationaler Argumente bedienen. Er mag die Bekehrung der Juden zum Ziel haben oder deren Vernichtung. Immer aber ist er auf tief sitzende antijüdische Vorurteile gegründet.

»Judenhass« – das hört sich nicht gerade schön an. Man hat sich deshalb immer wieder begrifflicher Deckmäntelchen wie »Antijudaismus« oder »Antizionismus« bedient, um sich ein ruhiges Gewissen zu bewahren und die eigene Rechtschaffenheit behaupten zu können. Nun denn: Ich will von »Antisemitismus« sprechen. Antisemitismus liegt für mich immer dann vor, wenn es gegen »die Juden« geht, mit welchem Ziel und mit welcher Begründung auch immer. Der Begriff existiert seit kaum mehr als einem Jahrhundert. Das, was ihm zugrunde liegt, ist viel, viel älter.

Dieser Antisemitismus ist das älteste, hartnäckigste und widerlichste Vorurteil der Menschheitsgeschichte. In der Epoche Alexanders des Großen sahen sich die Hebräer zum ersten Mal mit abendländischer Kultur und Zivilisation konfrontiert. Sie waren damals bereits ein uraltes Volk. Die Ägyptische Gefangenschaft lag ein Jahrtausend, die Babylonische mehr als zwei Jahrhunderte hinter ihnen. Dieses Volk hatte seine Religion,

seine Sprache und seine Geschichte. Und es hatte den unbeug-
samen Willen zur Selbstbehauptung.

Die herrschenden Mehrheiten jener und aller späteren Zeiten konnten damit nur schlecht umgehen. Als das Abendland
christlich wurde, wurde der Abneigung gegen die Juden der re-
ligiös-ideologische Überbau geliefert. Dieser christliche Antisemitismus hat sich dann über Jahrhunderte hinweg in die Köpfe
und Herzen der Europäer eingebrannt. Unzählige Generationen
sind so mit Unverständnis und Intoleranz, mit Lügengeschich-
ten und Gräuelmärchen, mit Abneigung und Hass gegen die
Juden groß geworden.

Im Einflussbereich des Islam war es nicht grundsätzlich
anders, obwohl dort über lange Zeit eine Art von Balance bestanden hat, die die Juden zumindest vor Gewalt und der völ-
ligen Rechtlosigkeit schützte. Auch der geistesgeschichtliche
Quantensprung der Aufklärung hat das antisemitische Vorurteil nicht beseitigt. Im Gegenteil: Der Judenhass konnte sich
seither aus neuen, zusätzlichen Quellen nähren. Deren übelste,
der Rassismus, gipfelte im Wahn der Nationalsozialisten und
im Höllenfeuer der Shoah.

Wer da geglaubt hatte, das ungeheuerliche Fanal des Holocaust müsse dem Spuk des Antisemitismus ein für alle Mal ein
Ende bereiten, sah sich grausam getäuscht. Es war ja kein Spuk
gewesen, den man einfach hätte auslöschen können. So müssen wir uns heute mit der islamistischen und der antizionistischen Variante ebenso herumschlagen wie mit den Pöbeleien
hasserfüllter Rechtsextremisten. Ja, es kann nicht einmal ausgeschlossen werden, dass Antisemitismus in neuem, gefälligerem
Gewand wieder Platz in der Mitte der Gesellschaft findet. Wir
haben es nach wie vor mit einer offenen Wunde zu tun.

Zweitausend Jahre antisemitisches Vorurteil also! Das macht
dessen Bekämpfung so ungeheuer schwer. Gerade deshalb aber
bleibt dieser Kampf notwendig, muss er immer wieder gewagt

werden. Im Innersten ist das ein Kampf um uns selbst, gegen unsere Bequemlichkeit, gegen unsere Denkfaulheit, gegen unsere Feigheit.

Aus all diesen Gründen habe ich mich an dieses Buch gewagt. Ich habe versucht, die verschiedenen Erscheinungsformen des Antisemitismus über zwei Jahrtausende bis in die Gegenwart hinein zu schildern. Dass dabei Deutschland immer wieder in den Mittelpunkt der Betrachtung rückt, hängt nicht nur damit zusammen, dass ich selbst Deutscher bin. Es rührt auch daher, dass sich in Deutschland über einen langen Zeitraum das vorbereitet hat, was dann in den zerstörerischen Wahnsinn der Nazis und ihrer Gefolgsleute einmünden sollte. »Der Tod ist ein Meister aus Deutschland«, so hat es Paul Celan gesagt.

Ich habe mich sodann mit den mir bekannten theoretischen Ansätzen zu Wesen und Natur des Antisemitismus kritisch auseinandergesetzt und auch einen Blick auf das Selbstverständnis des Judentums geworfen. Abschließend habe ich mir die Frage vorgelegt, wie sich der Kampf gegen den Antisemitismus führen lässt. Meine Antworten auf diese Fragen lassen mich selbst unbefriedigt, denn letzte Wahrheiten gibt es ebenso wenig wie wohlfeile Patentrezepte.

Danken möchte ich meinem Verlag, der sich ohne Zaudern bereit erklärt hat, dieses Buch über ein unbequemes und sperriges Thema zu veröffentlichen. Danken möchte ich all denjenigen, die mir durch kritische Lektüre einzelner Kapitel dabei geholfen haben, mit den Klippen strittiger Behauptungen und den Untiefen der eigenen, begrenzten Kenntnisse fertig zu werden. Dankbar bin ich besonders all denen, auf deren Schultern ich stehe. Über Antisemitismus ist sehr, sehr viel gesagt und geschrieben worden. Ich habe das rückhaltlos genutzt und mich dabei eines Ausspruchs erinnert, den Amos Oz in seinem Buch *Eine Geschichte von Licht und Finsternis* seinen Vater tun lässt:

»Wenn du deine Weisheit aus einem Buch geklaut hast, bist du ein Plagiator. Hast du sie aber aus fünf Büchern genommen, bist du kein Dieb, sondern ein Gelehrter, und wenn du dir gar die Mühe gemacht hast, aus fünfzig Büchern zu klauen, giltst du als hervorragender Gelehrter.« Das ist zwar eindeutig übertrieben, aber Trost gibt es schon.

Ich hoffe auf breite Aufmerksamkeit für eine Frage, die ich für eine der Kernfragen auch unserer Zeit halte. Und ich hoffe auf möglichst viele Kampfgenossen.

Manfred Lahnstein, im Frühjahr 2007

TEIL I

DER ANTISEMITISMUS IN DER GESCHICHTE

»Ich habe die unumstößliche Gewissheit,
dass jeder die Pest in sich trägt.«

Albert Camus

KAPITEL 1:
VORCHRISTLICHER ANTISEMITISMUS

Fängt alles mit Abimelech an?

Meine alte Familienbibel erzählt folgende Geschichte über Isaak, den Sohn Abrahams: »Isaak zog zu Abimelech, der Philister König, gen Gerar ... Und Isaak säete in dem Lande, und kriegte desselben Jahres hundertfältig; denn der Herr segnete ihn ... Und er ward ein großer Mann ..., dass er viel Guts hatte an kleinem und großem Vieh, und ein groß Gesinde. Darum neideten ihn die Philister ... Aber die Hirten von Gerar zankten mit den Knechten Isaaks und sprachen: Das Wasser ist unser ... Da zog er von dannen gen Ber Saba.«

Das alles ist nicht mehr als die damals übliche Streiterei um die besten Weidegründe und Wasserquellen. Mit Antisemitismus hat es noch nichts zu tun. Aber diese uralte Geschichte enthält doch zwei Elemente, denen wir später immer wieder begegnen werden:

- Neid, insbesondere Sozialneid, ist eine wesentliche Triebkraft für Vorurteil, Abneigung und Gegnerschaft.
- Juden (die sich damals noch gar nicht so nannten) werden ausgegrenzt.

Die Juden behaupten sich im »Galut«

Nach Salomons Herrschaft wurde das jüdische Königreich geteilt. Das Nordreich Israel wurde 722 vor unserer Zeitrechnung von den Assyrern erobert. 597 und 586 vor unserer Zeitrechnung nahmen die Babylonier Jerusalem ein, die Hauptstadt des Südreichs Juda. Die Stadt und der Tempel wurden zerstört. An die zweihunderttausend Bewohner Judas wandern in die Babylonische Gefangenschaft. Andere waren in die benachbarten Reiche Ägyptens, Vorder- und Kleinasiens geflohen. Nur wenige blieben zurück. Da saßen die Juden nun im Zweistromland – verzweifelt und voller Sehnsucht nach dem Land ihrer Väter. »On the Rivers of Babylon« – bis in unsere Zeit hinein ist dies ein Symbol für Trauer, Heimweh und die Suche nach Erlösung geblieben.

Auch die Babylonische Gefangenschaft ist kein Akt des Antisemitismus gewesen. Es sind jedoch in jener Zeit wichtige Grundlagen für jüdische Identität und jüdische Selbstbehauptung gelegt worden:

– »Zion« und Jerusalem bleiben von nun an die seelische Mitte eines Volkes, das sich auch im »Galut« (oder in der Diaspora, wie es bei uns heißt; M. L.) niemals aufgegeben hat.
– Das jüdische Volk wurde zum »Volk der Schrift«. Man begann damit, die Thora, also die fünf Bücher Mosis, aufzuzeichnen und durch weitere Texte zu ergänzen. Dies ist eine großartige Kulturleistung gewesen. Und damit wurde auch die Grundlage für eine Bildung und Erziehung gelegt, die ihresgleichen in der Menschheitsgeschichte suchen.
– Die »Schrift« und die ihr zugrunde liegende Sprache erlaubten, ja erforderten den Kontakt zwischen den weit entfernt voneinander lebenden jüdischen Gemeinschaften. Dabei wurden die Autoritäten in Jerusalem früh zur Drehscheibe. Es war an ihnen, Klarheit und Einheitlichkeit in all den rituellen Fragen zu schaffen, die für den gläubigen Juden Bedeutung haben. So wissen wir, dass die jüdische Gemeinde im ägyptischen Elephantine, nahe beim heutigen Assuan

gelegen, sich 419 v. u. Z. hilfesuchend an Jerusalem gewandt
hat. Es war zu Unklarheiten über die Regeln des Pessachfes-
tes gekommen.

Die Gewissheit der »Schrift« und die Hoffnung auf »Zion«, sie
sind seit 2500 Jahren mehr als alles andere die große, weltweite
Klammer für jüdische Identität. Kein Wunder also, dass sich
der Antisemitismus aller Zeiten gerade an dieser Klammer gestoßen hat. Und der schäbige »Antizionismus«, dem wir heute
überall begegnen, hat diesen tiefen geistigen Zusammenhang
wohl überhaupt nicht begriffen.

538 v. u. Z. ging das erzwungene Exil zu Ende. Die Ver-
schleppten durften heimkehren und errichteten den Tempel
neu. Die Erfahrung jener Jahrzehnte aber sollte nie mehr verloren gehen.

Alexander der Große verschiebt die Koordinaten

332 v. u. Z. hat Alexander der Große auf dem wohl größten
Feldzug aller Zeiten auch Juda erobert, das die Griechen dann
Judäa nennen sollten. Das ist nicht nur ein militärischer oder
politischer Paukenschlag gewesen. Es war vor allem eine geis-
tig-zivilisatorische Zeitenwende. Zum ersten Mal in ihrer damals schon ehrwürdigen Geschichte sahen sich die Juden mit
dem Versuch konfrontiert, ihnen eine andere, mit umfassen-
dem Anspruch auftretende Kultur überzustülpen. Jahwe und
Zeus prallten aufeinander, und das kann man durchaus als
einen frühen »Clash of Civilizations« bezeichnen.

Damit begann die lange Auseinandersetzung zwischen der
Kultur des jüdischen Volkes und der die Völkergrenzen über-
springenden (nicht überwindenden!) Zivilisation Europas. Der
Blick der Juden wandte sich westwärts. Bereits unter Alexander

und seinen Nachfolgern bildete sich das Spannungsverhältnis
zwischen Anpassung und Eigenständigkeit, zwischen Integration und Widerstand heraus. Auch darauf werden wir in den
folgenden mehr als zwei Jahrtausenden immer wieder stoßen.

Natürlich fand diese Auseinandersetzung nach den Regeln
jener Zeit statt. Es wäre völlig falsch, sie aus heutiger Sicht bewerten zu wollen. Diese Regeln waren durch Willkür, Grausamkeit und Rachedurst gekennzeichnet. Dafür gibt es eindrucksvolle Beispiele wie dieses:

Während der »Diadochenkämpfe« der kleinen Nachfolger
des großen Alexander kommt es zwischen den Seleuziden und
den Ptolemäern zum Kampf um die Vorherrschaft in Judäa und
Jerusalem. Als der Seleuzide Antiochus IV. die Oberhand gewinnt, nimmt er an den Anhängern des Ptolemäus VI., aber
auch an den Juden fürchterliche Rache.

Was damals im Jahr 167 v. u. Z. geschehen ist, beschreibt der
Geschichtsschreiber Flavius Josephus wie folgt:

»(Antiochus) stürmte die Stadt, tötete eine große Zahl unter den Anhängern des Ptolemäus, gab seinen Männern die
Erlaubnis zum ungehemmten Plündern (ein damals durchaus
gängiges Verfahren; M. L.), plünderte selbst den Tempel und
verbot das tägliche Tempelopfer für dreieinhalb Jahre. Er versuchte, die Juden dazu zu zwingen, ihre ehrwürdigen Gesetze
zu brechen, auf die Beschneidung zu verzichten und Schweine
auf dem Altar zu opfern.«

Die Reaktion war unausweichlich. Das jüdische Volk rebel-
lierte! Der Hasmonäer Matthias wurde zum Führer des Makka-
bäer-Aufstandes, dessen triumphales Ende die Juden in aller Welt
bis auf den heutigen Tag als Hannukah-Fest feiern. 164 v. u. Z.
konnte der Tempel wieder geweiht werden; Judas Makkabäus
wurde Hohepriester.

War Antiochus IV. nun ein Antisemit? Im heute üblichen
Wortsinn sicherlich nicht. Andererseits aber lässt sich von

seiner Tempelschändung zur »Reichspogromnacht« des Jahres 1938 durchaus eine Verbindung herstellen. Den Feinden der Juden ist immer wieder bewusst gewesen, dass es nicht ausreiche, sie zu unterwerfen. Man musste versuchen, sie zu erniedrigen, zu demütigen. Und wenn das kein Ausdruck von Antisemitismus ist, was ist es dann?

Die nachfolgende Periode jüdischer Souveränität über ihr angestammtes Gebiet war allerdings auch eine Zeit bitteren und blutigen Streits untereinander. Der Dynastie der Hasmonäer gelang es nicht, das Land zur Ruhe zu bringen. Am Ende musste man sich nach Hilfe von außen umsehen. Sie kam in Gestalt der Römer: Im Jahr 63 v. u. Z. zog ihr Feldherr Pompejus in Jerusalem ein. Für einige Jahrhunderte sollten nunmehr die Römer die Geschicke Palästinas lenken.

Rom: kühle Vernunft und harte Hand

Mit ihrer Hilfe raffte Antipater, der Begründer der kurzlebigen Dynastie der Herodianer, die Macht an sich. Was folgte, insbesondere unter Herodes dem Großen, war eine Zeit geradezu unglaublicher Gräueltaten.

Antipater und seine Nachfolger waren Idumäer. Sie waren im Norden der Negev-Wüste beheimatet. Ihr Stamm war irgendwann judaisiert worden. Dennoch wurden die Idumäer von den traditionsbewussten Juden nicht als vollgültige Glaubensbrüder angesehen und mit erheblichem Misstrauen beäugt. Daran änderten auch die vielen Prachtbauten nichts, die Herodes überall im Lande errichten ließ – ja nicht einmal der neu und überaus prunkvoll errichtete Tempel in Jerusalem.

Flavius Josephus berichtet in diesem Zusammenhang über einen Zwischenfall, der sich in Rom zugetragen hat: Vor Kaiser Augustus erscheinen fünfzig jüdische Gesandte, »unterstützt durch mehr als achttausend der in Rom lebenden Juden«. Sie beschuldigen Herodes und seine Familie schlimmster Verbrechen: »Er hat sein eigenes Volk ausgeplündert, um damit Menschen anderer Völker zu helfen.« Und: »Er hat uns die Gesetze der Vorväter aus der Hand genommen (das war wohl etwas übertrieben; M. L.).« Seinem Nachfolger Archälaus werfen sie vor, den Tempel entweiht zu haben. Sie fordern ein Selbstbestimmungsrecht der Juden für ihre inneren Angelegenheiten.

Interessant ist, dass die Juden Roms ihre Glaubensbrüder aus Palästina offen unterstützt haben. Jüdische Solidarität war schon damals lebendig, wenn es um Selbstbehauptung ging.

Der Kaiser hat mit dem für römische Herrscher typischen, kalten Kalkül reagiert. Er teilte das Königreich des Herodes unter die drei Wettbewerber um die Nachfolge auf. Archälaus erhielt dabei mit Judäa, Samaria und Idumäa den Löwenanteil. Im Anschluss aber gab es immer wieder Aufstände des jüdischen Volkes gegen die verhasste Tyrannei der Herodianer und deren römische Schutzherren. Diese Rebellionen sind auf brutalste Weise niedergeschlagen worden. Auch das hatte nichts mit Antisemitismus zu tun, sondern folgte exakt den gleichen Regeln, nach denen Rom auch in anderen Regionen seines weltweiten Einflussgebietes vorzugehen pflegte. Im Jahr 6 unserer Zeitrechnung war Rom dann der ewigen Streitereien an seiner Ostgrenze müde. Archälaus wurde abgesetzt, Judäa als römische Provinz annektiert – mit Coponius als erstem Statthalter. Von nun an galten dort die gleichen Gesetze wie in der Tibermetropole selbst.

Die Römer tolerierten die Götter der Völker, die sie beherrschten und ausbeuteten. Der Tempel in Jerusalem wurde durch römisches Militär ebenso beschützt wie die Straßen, auf denen jüdische Pilger zu hohen Feiertagen aus dem gesamten Reich in ihre »Heilige Stadt« zogen. Dahinter stand nicht religiöse Toleranz, sondern politische Vernunft. Dieser politischen

Vernunft entsprach es auch, dass die im Römischen Reich lebenden Juden Gleichheit vor dem Gesetz genossen.

Die Römer waren zudem viel zu klug, sich in die heftig ausgetragenen Meinungsverschiedenheiten zwischen Pharisäern, Sadduzäern, Essenern und anderen einzumischen. Fragen des religiösen und zivilen Rechts wurden vom jüdischen Hohen Rat, dem Sanhedrin, entschieden. Mit diesem »Kleinkram« wollten sich die Römer, nicht nur Pontius Pilatus, die Hände nicht schmutzig machen.

Nur eins durften die Juden nicht: Missionsarbeit betreiben – auch nicht unter denjenigen Angehörigen des eigenen Volkes, die sich der griechisch-römischen Götterwelt zu weit geöffnet oder religiöse Bindungen völlig abgelegt hatten. Und von den damals mehreren Millionen Juden (möglicherweise ein Zehntel der gesamten Reichsbevölkerung!) haben allein in Rom an die fünfzigtausend gelebt. So hat denn Kaiser Tiberius im Jahr 19 u. Z. die Juden kurzerhand, wenn auch nur vorübergehend, aus der Hauptstadt vertrieben; in den Jahren 41 und 49 hat Claudius ähnliche Maßnahmen ergriffen. Insgesamt war es wohl so, dass insbesondere die gebildeten Römer den jüdischen Glauben zwar nicht bekämpften, sich ihm mit ihren eigenen Überzeugungen aber unendlich überlegen fühlten. So ist von Tacitus der Ausspruch überliefert, die jüdische Religion sei »geschmacklos und gemein«. Hier rückte Rom in die Nähe des Antisemitismus, auch wenn dies zunächst nicht zu Verfolgungsmaßnahmen führte.

Aber auch das sollte sich bald zum Schlechteren wenden. Der Blutsäufer Nero brauchte Sündenböcke für seine Verbrechen, nicht nur nach dem mutmaßlich durch ihn gelegten Brand Roms. Es begann die Phase grausamer Verfolgung von Christen und Juden. Damit wird ein neues Kapitel aufgeschlagen: Die Juden müssen für die Fehler und die Verbrechen anderer herhalten, und die dazu notwendigen Verschwörungstheorien lassen sich leicht konstruieren. Von Nero zieht sich so eine blutige Spur über die Zeit der Kreuzzüge bis hin zu den kranken Fantasien, wie sie Adolf Hitler in *Mein Kampf* niedergeschrieben hat.

Das nächste Stück wurde wieder in Palästina gespielt. Der Aufstand des jüdischen Volkes gegen die Fremdherrschaft hatte eine höchst instabile Lage geschaffen. Nero schickte Vespasian, um »dort unten« ein für alle Mal Ordnung zu schaffen. Dieser Feldherr hatte sich militärisch bereits in Germanien und Britannien ausgezeichnet.

Vespasian marschierte vom Norden her ins Land ein. Über die südlichen Hafenstädte rückte sein Sohn Titus mit den ihm unterstellten Truppen vor. Die beiden vereinigten ihre Truppen in Ptolemais an der galiläischen Küste, nördlich vom heutigen Haifa. Gegen den erbitterten Widerstand der jüdischen Kämpfer begann der blutige Vormarsch durch Galiläa und Judäa nach Jerusalem.

Selbst in diesem Augenblick höchster Gefahr waren Stadt und Umland durch erbitterten Streit unter den Juden zerrissen. Vespasian als geschickter Stratege wartete mit der Belagerung ab und unterwarf in der Zwischenzeit die umliegenden Regionen.

Da beging Nero im fernen Rom Selbstmord. Sein Nachfolger Galba wurde nur sieben Monate später umgebracht. Mehrere Generäle kämpften um den verwaisten Herrscherthron. Die drei in Palästina befindlichen Legionen riefen Vespasian zum Kaiser aus. Der kehrte nach Rom zurück und überließ es seinem Sohn Titus, den »Fall Jerusalem« zu erledigen.

Nach langer Belagerung und überaus blutigen Straßenkämpfen eroberte Titus die Stadtfestung Antonia. Damit war ihm der Sieg nicht mehr zu nehmen. Übergabeverhandlungen beim Tempel scheiterten, und so nahm er ihn mit Gewalt. Das Heiligtum brannte nieder.

Das geschah im August des Jahres 70.

Die Zerstörung des Tempels war der schlimmste Verlust, den sich ein Jude überhaupt vorstellen konnte. Der Tempel, das war das höchste Symbol des eigenen Glaubens. Seine Zerstörung ist in der jüdischen Welt immer wieder beklagt worden, wofür die Klagemauer bis heute Zeugnis ablegt. Als geistiger und seelischer Ankerpunkt aber hat er seine überragende Bedeutung behalten. Nicht von ungefähr war der Sechstagekrieg 1967 in dem Augenblick gewonnen, als sich israelische Fallschirmjäger den Weg zur Klagemauer freigekämpft hatten und der oberste Militärrabbiner dort das Schofarhorn erschallen ließ.

Und doch sollte man das Vorgehen des römischen Befehlshabers nicht voreilig in die Nähe des Antisemitismus rücken. Von Flavius Josephus wissen wir nämlich, dass Titus die feste Absicht hatte, das Heiligtum zu schonen. Erbitterter, wenn auch sinnloser Widerstand der Verteidiger des Tempels sowie die Disziplinlosigkeit seiner Soldaten haben es dann zum Schlimmsten kommen lassen.

Und so stellt der große Historiker resignierend fest: »Der Gram über die Zerstörung des wundervollsten Gebäudes, von dem man je gesehen oder gehört hat, mag sicherlich bitter sein; aber wir können wirklichen Trost in dem Gedanken finden, dass der Kreislauf des Schicksals unausweichlich ist, nicht nur gegenüber lebenden Wesen, sondern auch gegenüber Gebäuden und Stätten.«

Die Juden haben das allerdings ganz anders gesehen. Mit ihrem Glauben und ihrem Kampf um Selbstbehauptung haben sie die stoische Lehre von der »Unausweichlichkeit des Schicksals« immer wieder Lügen gestraft, auch wenn genau dies antisemitische Ausfälle zur Folge hatte.

Was nun folgte, entsprach römischer Siegertradition. Die Standarten wurden auf das Tempelgebiet gebracht und mit Opfern verehrt. Die heiligen Geräte der Juden wurden ausgeliefert (ihre Darstellung ziert noch heute den Titus-Bogen auf dem Forum Romanum). Die besonders kräftigen unter den jüdischen Kämpfern wurden für den fälligen Triumphzug nach Rom gebracht; die anderen wurden zur Zwangsarbeit nach Ägypten oder zum aussichtslosen Kampf gegen die Gladiatoren in die Arenen geschickt.

Jerusalem war eine unbewohnte Stadtwüste geworden. Nur das, was der Sicherheit der Garnison diente, ließ man stehen. Im Lande aber rührte sich weiterhin Widerstand. Er wird auf immer mit dem Namen Masada verbunden bleiben. Dort hatten sich die Sicarii, eine Gruppe radikaler Widerstandskämpfer, zu einem letzten Gefecht verschanzt. Über ihre Motive und realitätsfernen Überzeugungen lässt sich sehr wohl streiten, über ihren verzweifelten Mut nicht. Wenn man Flavius Josephus glauben darf, dann hat ihr Anführer Eleazar in einer letzten Ansprache an die Seinen gesagt:

»Wir hätten vielleicht die Absichten Gottes erforschen sollen, um zu begreifen, dass Sein einstmals geliebtes jüdisches Volk zur Auslöschung bestimmt ist. Für all unsere Fehler lasst uns die Strafe nicht an die Römer, unsere bittersten Feinde, zahlen, sondern an Gott – mit unseren eigenen Händen. Unsere Frauen sollen ohne Vergewaltigung sterben, unsere Kinder die Sklaverei niemals kennenlernen.«

Die Männer töteten ihre Frauen, ihre Kinder und dann sich selbst. Nach dem Fall von Masada gab es kein jüdisches Territorium mehr.

All das geschah im Mai des Jahres 73. Für beinahe zweitausend Jahre sollte sich jüdisches Schicksal im Wesentlichen in der Diaspora abspielen. »Zion« aber blieb tief im Herzen der Juden.

Das »Volk der Schrift« lebt weiter!

Mit dem Ende des jüdischen Staates wurden auch der Hohe
Rat, der Sanhedrin, und das Amt des Hohepriesters abgeschafft.
Es gab jedoch nach wie vor pharisäische Lehrer und Weise, die
in einer Art »Rat« im Ort Yavneh, nahe dem heutigen Rehovot,
zusammentrafen. Hier, unter dem Einfluss des großen Rabbi
Yohanan Ben Zakkai, erhielt die Thora ihre endgültige Form.
Hier arbeitete man auch an einer Sammlung weiterer jüdischer
Vorschriften und Gesetze, dem Talmud. Das »Volk der Schrift«
lebte weiter! Wenig später wurde dort auch wieder ein Sanhedrin und damit das unverzichtbare Kontaktzentrum zwischen
den verstreuten jüdischen Gemeinden eingerichtet.

Im Römischen Reich aber sollte die Lage der Juden höchst
unsicher bleiben.

Unter Kaiser Hadrian (117–138) wurde die Befolgung der
Religionsvorschriften mit der Todesstrafe belegt. Das in Trüm-
mern liegende Jerusalem wurde als rein römische Stadt mit dem
Namen Aelia Capitolina wieder aufgebaut; Juden durften dort
nicht wohnen. Als der Kaiser dann auch noch die Beschnei-
dung verbot und so ein besonders übles Beispiel erzwungener
Assimilierung setzte, kam es zu dem heroischen Aufstand des
Bar Kochba. Er wurde blutig niedergeschlagen. Eine massive
Auswanderung war die Folge – ausgerechnet nach Babylon!
Seither, bis 1948, sind die Juden eine Minderheit in ihrem
eigenen Land gewesen. Der Sanhedrin flüchtete aus Yavneh
und verbarg sich im galiläischen Usha.

212 erklärte der Kaiser Caracalla alle Juden im Reich zu Voll-
bürgern. Das führte zu einer deutlichen Verbesserung ihrer Lage.
Bald darauf konnte der Sanhedrin unbehelligt seinen neuen Sitz
in Tiberias am See Genezareth nehmen. In der Folgezeit aber
verschlechterte sich die Situation erneut. Die Juden blieben im
Kern der Willkür der jeweiligen Herrscher in Rom unterworfen.

313 dann erließ Kaiser Konstantin das Toleranzedikt von Mailand, durch das das Christentum zur gleichberechtigten Religion wurde. Damit begann der Aufstieg der Kirche zu einer privilegierten Institution im Römischen Reich. Sein Sohn Constantius II. bezeichnete die Juden als »verabscheuungswürdige Sekte« und behandelte sie entsprechend. Der »heidnische« Antisemitismus ging damit fast nahtlos in seiner christlichen Variante auf. 380 erklärte Kaiser Theodosius das Christentum zur Staatsreligion.

Hat es vorchristlichen Antisemitismus gegeben?

Man kann lange darüber diskutieren, ob das, was den Juden in vorchristlicher Zeit an Leid zugefügt worden ist, die Bezeichnung »Antisemitismus« verdient. Ich glaube, dass sich eine derartige Definition vertreten lässt, wenn auch mit einigem Vorbehalt.

Dabei ist es unwesentlich, dass der eigentliche Begriff »Antisemitismus« viel später erfunden wurde. Wichtiger ist das, was damals geschah. Und da gilt: Entscheidende Wurzeln des späteren gesellschaftlichen, ideologischen, religiösen und nationalistischen Antisemitismus sind in jenen langen Jahrhunderten vorgeprägt worden. Aber auch typische Reaktionsweisen der Juden selbst haben sich bereits damals herausgebildet. Das Ganze hat sich sehr unsystematisch entwickelt. Das aber gilt auch für spätere Perioden der europäisch-jüdischen Geschichte. Ein Übelstand entsteht nicht erst dann, wenn er sich systematisch äußert oder mit Theorien unterfüttert wird.

KAPITEL 2:
CHRISTLICHER ANTISEMITISMUS

Jesus und das Palästina seiner Zeit

Jesus von Nazareth – eine historische Figur
Das Reich des Herodes ist nach seinem Tode rasch zerfallen. Einige Jahre nach der durch Augustus verfügten Teilung des Landes wurde »Iudea« römische Provinz mit Caesarea als Verwaltungszentrum.

Dieses Judäa mit Jerusalem als der eigentlichen Hauptstadt war das Kernland der Juden. Wie alle Quellen aus jener Epoche berichten, hat es damals eine überaus unruhige und gewalttätige Zeit durchgemacht. Die Römer und das Geschlecht des Herodes mit ihrer Unterdrückungspolitik waren allgemein verhasst. Es gab aber auch immer wieder Streit zwischen Sadduzäern, Pharisäern, Essenern sowie anderen Gruppen und Grüppchen. Der Hohe Rat unter Führung des Hohepriesters sah sich auf die Regelung religiöser und zivilrechtlicher Fragen zwischen Juden beschränkt. Den allgemeinen Streit schlichten konnte er nicht. In all diesen Wirren hatten wandernde Lehrer und die Propheten eines nahen Weltendes Hochkonjunktur.

Einer von ihnen war Joshua ben Joseph aus Galiläa, der im Neuen Testament mit dem griechisch übersetzten Namen Jesus bezeichnet wird. Der Jude Jesus ist wohl bei einem Rabbiner im heimischen Nazareth in die Schule gegangen, da sich seine umfassende Kenntnis des jüdischen »Gesetzes« sonst kaum erklären ließe. Er wirkte als Prediger und Wundertäter, lehrte eine ungemein menschliche Ethik und wurde gegen Ende seines allzu kurzen Lebens von vielen Juden als Prophet, ja sogar als Messias begriffen.

Es gibt keinen vernünftigen Grund, daran zu zweifeln, dass Jesus von Nazareth wirklich gelebt hat. Im Zusammenhang mit der Christenverfolgung, die Nero nach dem Brand Roms im Jahr 64 angezettelt hat, berichtet der römische Geschichtsschreiber Tacitus: »Der Urheber dieser Sekte ist Christus, der unter Tiberius durch den Prokurator Pontius Pilatus hingerichtet worden war.« Zudem würde es keine sinnvolle Erklärung dafür geben, dass sowohl Paulus als auch die Evangelisten eine so blutvoll und lebendig geschilderte Person einfach erfunden haben sollten.

Jesus war Jude

Jesus hat sich eindeutig als Jude begriffen. Er hat sich dem geschriebenen oder mündlich überlieferten jüdischen »Gesetz« nicht entgegengestellt, wenngleich er zu Einzelfragen seine eigene Meinung hatte.

Werfen wir zunächst einen Blick auf das Matthäus-Evangelium, das im judenchristlichen Milieu Syriens entstanden sein mag. Es beginnt mit den Worten: »Dies ist das Buch von der Geschichte Jesu Christi, der da ist ein Sohn Davids, des Sohnes Abrahams.« Und dann wird der Stammbaum Jesu von Abraham an minutiös aufgezeichnet – bis zu Joseph, dem Zimmermann, dem Mann Marias (wie das zur Geschichte der Unbefleckten Empfängnis passt, steht auf einem anderen Blatt). Jesus steht also in »allerbester« jüdischer Tradition. Insbesondere das Matthäus-Evangelium ist denn auch angefüllt mit Verweisen auf die Propheten. Der Sinn dieser Verweise ist klar und eindeutig: Jesus ist Jude; in ihm erfüllen sich das »Gesetz« und die Worte der Propheten.

In der Bergpredigt sagt Jesus: »Ihr sollt nicht wähnen, dass ich gekommen bin, das Gesetz oder die Propheten aufzulösen;

ich bin nicht gekommen aufzulösen, sondern zu erfüllen.« Und weiter heißt es dort: »Amen, ich sage Euch: Bis Himmel und Erde vergehen, wird kein Punkt und kein Komma vom Gesetz genommen, bis dass es alles geschehe.« Jesus hat seine Lehre an die Juden gerichtet. Und Gleiches gilt, wie ich es verstehe, auch für seine Jünger. Der »Missionsbefehl« des Auferstandenen »Gehet hin und machet zu Jüngern alle Völker« (Matthäus 28,19) meinte zunächst wohl die jüdischen Gemeinden weltweit. Dagegen hat Paulus von einem universalen Lehr- und Bekehrungsauftrag gesprochen.

Jesus hat sich also als Jude gesehen und gefühlt. Seine kritische Auseinandersetzung führte er nicht mit den Juden allgemein, sondern mit den selbstgerechten »Verwaltern des Gesetzes«. Dabei ging es ihm um das richtige Verständnis des »Gesetzes«, vor allem um das Auseinanderklaffen von Lehre und Handeln, nie aber um das »Gesetz« selbst.

In den Evangelien werden die Pharisäer als Hauptgegner Jesu dargestellt und von ihm als »Heuchler« bezeichnet. Auch christliche Theologen räumen heute ein, dass dieses Bild nicht der Wahrheit entspricht. So heißt es im Katalog zu der von der Evangelisch-Lutherischen Kirche in Bayern geförderten Wanderausstellung »Christen und Juden – Juden und Christen«: »Mit der herabsetzenden Darstellung der Pharisäer im Neuen Testament grenzt sich das entstehende Christentum vom Judentum ab. Sie ist keine Beschreibung historischer Begebenheiten. Die Pharisäer sind eine jüdische Volksbewegung, die im 2. Jahrhundert vor der Zeitrechnung entsteht und nach der Zerstörung des Tempels (70 n. d. Z.) die jüdische Tradition neu formt. Sie legen den Grund für das entstehende rabbinische Judentum, dessen Tradition bis in die Gegenwart reicht. Jesus teilt auffällig viele pharisäische Positionen.« Allerdings gab es tatsächlich eine Gruppe, die wie die Pharisäer im Neuen Testament argumentierte: die Sadduzäer, überzeugte Gegner der

Pharisäer, für die Tempelritus und buchstabengetreues Schrift-verständnis im Vordergrund standen.

Paulus: Das Christentum kann Weltreligion werden

Von Saulus zu Paulus
Wenn Paulus nicht gewesen wäre, wäre die jüdische Sekte der »Christen« vermutlich wieder verschwunden, so wie es mit anderen messianischen Gruppen jener Zeit auch passiert ist.

Das Christentum verdankt seinem großen Apostel, dass es sich behauptet hat und schließlich zur Weltreligion geworden ist.

Mit dem Abnabelungsprozess gegenüber der Mutterlehre kommt es aber auch zur Frontstellung zwischen Christen und Juden; die Grundlagen des christlichen Antisemitismus werden schrittweise gelegt.

Paulus, ein Jude und römischer Staatsbürger, war gleicher-maßen in der Tradition des Judentums und der griechischen Kultur erzogen worden. Irgendwann in seiner Jugendzeit musste er, der radikale Denker, eine Wahl treffen, um hier oder dort voll integriert zu sein. Paulus entschied sich für seine jüdischen Wurzeln; später erzählt er uns, dass er ein Pharisäer geworden sei. Mit äußerster Klarsicht erkannte er aber auch, dass eine Koexistenz zwischen dem jüdischen »Gesetz« und dem christ-lichen Messias unmöglich war. Paulus wird zu einem der ersten Christenverfolger.

Nach seiner wundersamen »Bekehrung« vor Damaskus dreht Paulus den Spieß um – radikal und kompromisslos wie im-mer. Wenn Christus wirklich der Messias war, so sein Argu-ment, dann war die Zeit des »Gesetzes« vorüber. Dann aber waren die Heiden in ihrer Hoffnung auf Erlösung den Juden gleichgestellt. Nicht der Gehorsam gegenüber dem »Gesetz«

zählte, sondern allein die gläubige Annahme Jesu Christi. Der Messias war nicht nur für die Juden da. Er war der Herr der Welt.

Das Christentum löst sich aus der Bindung an das Judentum
Vor diesem Hintergrund setzte sich Paulus mit der christlich-jüdischen Wirklichkeit seiner Tage auseinander. In Jerusalem, aber auch in seiner Heimatstadt Antiochia, herrschte damals praktisch Koexistenz. Die jüdische Wurzel bei den frühen Christen reichte tief bis in den rituellen Bereich hinein. Die »Muttergemeinde« in Jerusalem bestand darauf, dass Heiden, die sich zum Christentum bekehren wollten, zunächst einmal Juden werden mussten. Heiden mussten sich also beschneiden lassen und insbesondere die jüdischen Speisegebote beachten, ehe sie Christen werden konnten.

Das wollte Paulus nicht in den Kopf. Wenn es um die Erlösung durch Christus ging, machte es überhaupt keinen Sinn, Bekehrungswillige zunächst dem jüdischen Gesetz zu unterwerfen. Der Glaube an Jesus Christus war das Entscheidende; er musste genügen. Im Jahr 49 kam es hierüber zum Streitgespräch zwischen Paulus und den Aposteln in Jerusalem. Diese waren kompromissbereit, möglicherweise auch aus praktischen Erwägungen. Die erfolgreiche Missionsarbeit des Paulus hatte nämlich im gesamten östlichen Mittelmeerraum christliche Gemeinden entstehen lassen. Deren materielle Unterstützung kam den Glaubensbrüdern in Jerusalem sehr gelegen.

Paulus errang einen wichtigen Sieg. Heiden konnten von nun an ohne Umweg Christen werden. Damit aber war auch ein klarer Trennungsstrich zwischen Christen und Juden gezogen. Und trotzdem blieb vieles am frühen Christentum jüdischen Ursprungs. Der Monotheismus (wenn auch in der ganz eigentümlichen Form der »Dreifaltigkeit«), weite Teile der Liturgie, der Ausschluss der Frauen vom priesterlichen Dienst, das

Vaterunser und viele andere Gebete gehören dazu. Und auch an hierarchische Elemente des Judentums vor der Zerstörung des Tempels (Hohepriester, Priester, Leviten, Laien) knüpften die Christen an.

Das Christentum kehrt sich gegen das Judentum
Paulus ging nun den nächsten Schritt. Er hatte erkannt, dass Toleranz gegenüber dem jüdischen »Gesetz« dieses zu einem gefährlichen Rivalen für Christus machen konnte. Das Gesetz würde nach und nach Regelwerke produzieren, die an die Stelle des Glaubens treten würden.

Das wollte Paulus vermeiden. Er war ein guter Kenner der menschlichen Natur. Er wusste, dass formale Gesetzestreue leichter zu meistern war als die ungeheure Herausforderung, die ganze Persönlichkeit rückhaltlos unter die Nachfolge Christi zu stellen, wie er sie verstand. Deshalb entschied er, dass das Gesetz in »seinen« Gemeinden keinen verbindlichen Platz mehr haben durfte. Juden, die Christus nachfolgen wollten, würden weitestgehend die Überzeugungen aufgeben müssen, in denen ihre jüdische Identität wurzelte.

Damit war das Tischtuch zerschnitten. Paulus hatte die Brücken hinter sich verbrannt; es gab keinen Weg mehr zurück. Und hier liegt die eigentliche Wurzel für den christlichen Antisemitismus. Denn ab jetzt mussten diejenigen, die einen derart radikalen Schnitt nicht machen wollten, identifiziert und ausgesondert werden. Es ist nur logisch, dass die beiden Hauptvorwürfe der Christen gegenüber den Juden nun rasch an Bedeutung gewinnen sollten:

– Noch Paulus formulierte einen Unterschied zwischen dem von Gott gegebenen »Gesetz« und dem, was die Juden daraus gemacht hätten. In den Evangelien wird gerade dieser Unterschied zwischen »Gesetz« und dessen Erfüllung durch

Jesus Christus immer wieder hervorgehoben. Die Juden wurden als »verstockt« hingestellt, weil sie die »wahre Botschaft« nicht annehmen wollten.

– Die schwierige Deutung des Kreuzestodes und der Auferstehung wurde etwas später (bei Melito von Sardes etwa) durch die Behauptung angereichert, die Juden seien »Gottesmörder«. Paulus wäre es jedoch nicht eingefallen, diese Beschuldigung allen Juden in alle Ewigkeit anzuhängen. Das sollte den späteren »Kirchenlehrern« vorbehalten bleiben.

Die jüdische Religion war und blieb die Religion eines Volkes. Die eigentliche, innere Mitte der Christen aber war an kein Volk gebunden; der neue Glaube wandte sich an alle Menschen. Damit konnte sich das frühe Christentum an wechselnde Verhältnisse leichter anpassen; es hatte die Chance, Weltreligion zu werden.

Genau hier liegt die ungeheure Bedeutung, die Paulus für das Christentum und die Entwicklung der gesamten abendländischen Geschichte gehabt hat.

Bevor ich in der Geschichte des christlichen Antisemitismus fortfahre, sei ein Sprung in die Gegenwart erlaubt.

Der Kreuzestod Christi und die »Schuld« der Juden

Die angebliche Kollektivschuld der Juden am Kreuzestod Christi ist über beinahe zwei Jahrtausende hinweg eine mächtige Triebfeder für christlichen Antisemitismus gewesen. Das Erstaunliche ist, dass sie bis in die Gegenwart hineinwirkt – allen Diskussionen und zwischenzeitlichen Klarstellungen der beiden großen Kirchen zum Trotz.

The Passion of Christ (Die Passion Christi)
Hierfür haben wir noch im Jahr 2004 mit Mel Gibsons Film
The Passion of Christ ein eindrückliches Beispiel erleben können. Der Regisseur selbst hatte ungerührt behauptet, er habe
sich strikt an die Evangelien gehalten. Das war falsch und irreführend. Irreführend war es, weil die historische Genauigkeit
der Evangelien selbst mit guten Gründen in Zweifel gezogen
werden kann. Und falsch war es, weil Gibson deutlich über die
Schilderungen im Neuen Testament hinausgegangen ist.

Nun entspricht es traditioneller christlicher Glaubensauf-
fassung, die Evangelien als »Gottes Wort« anzusehen, sie also
auch beim Wort zu nehmen. Aber auch christliche Historiker
und viele Theologen sind bemüht, die objektiven historischen
Quellen nüchtern heranzuziehen.

Wenn man dies tut, wird man etwa Folgendes sagen können:

– Jesus hat gelebt, und auch über seinen Tod (vielleicht am
  7. April des Jahres 30) haben wir verlässliche Nachricht.
– Pontius Pilatus ist ebenfalls eine historische Figur. Er wird
  bei Tacitus und dem Historiker Flavius Josephus erwähnt;
  in Caesarea, wo er zwischen 26 und 37 unserer Zeitrechnung amtiert hat, hat man einen Gedenkstein gefunden, der
  seinen Namen trägt.
– Es entsprach römischen Gepflogenheiten, dass die zur Kreuzigung Verurteilten ihr Kreuz selbst schleppen mussten, dass
  sie gegeißelt wurden, dass der Grund für die Hinrichtung
  durch eine Mitteilung am Kreuzesholz bekannt gegeben
  wurde und dass man unter Umständen den Leichnam be-
  statten durfte. In all diesen Punkten stellt die Kreuzigung
  Christi also absolut keinen Ausnahmefall dar.

Das Verfahren gegen den Galiläer Jesus war kein ordentlicher
Strafprozess – darauf hatten nur römische Staatsbürger An-

spruch. Vielmehr handelte es sich um eine »Polizeimaßnah-
me«, die die Römer *cognitio extra ordinem* nannten. Und deshalb entsprach auch das rasche Todesurteil völlig den gültigen
Regeln. Jesus konnte ein »kurzer Prozess« gemacht werden.

Wichtig ist es nun, sich die politische Situation jener Jahre ins Gedächtnis zu rufen. Seit Jahrzehnten hatte es in Palästina Unruhen gegeben. Zu ihnen kam religiöse Gärung. Jesus
ist also zu jener Zeit kein Einzelfall gewesen.

Und zum Pessachfest strömte alles in Jerusalem zusammen;
Tausende von Gläubigen aus aller Herren Länder besuchten den
Tempel. Was für eine Gelegenheit zu religiös inspirierten Unruhen! Wahrscheinlich war die Luft damals ebenso geladen wie
zuweilen heute nach den muslimischen »Freitagsgebeten« auf
dem gleichen Tempelberg. Es wundert deshalb nicht, dass Pontius Pilatus seine Residenz in Caesarea verließ, mit römischen
Truppen nach Jerusalem zog, um für Law and Order zu sorgen.

Und dort begegnete ihm der Jude Jesus.

Der hatte bei vielen seiner Landsleute die Hoffnung auf eine
Befreiung von den Römern und eine rasche Wiederherstellung
des von Salomon und David errichteten Königreichs geweckt.
Zumindest konnte er so verstanden werden.

Jubelnd hatten sie ihn vor dem Stadttor empfangen. Sie hatten geschrien: »Hilf doch (Hosianna), Sohn Davids!« Denn
Jesus hatte zwei seiner Jünger vorausgeschickt und ihnen Folgendes aufgetragen: »Saget Jerusalem (Tochter Zions): Siehe,
dein König kommt zu dir.« Daher waren die Erwartungen hoch,
auch bei denen, die ihn »nur« für einen Propheten hielten.

Laut den Evangelisten kamen die Führer der Juden nun zu
dem Entschluss, Jesus aus dem Weg zu räumen.

Er wird gefangen genommen und vor den Hohen Rat gebracht, dem der Hohepriester Kaiphas vorsitzt. Bald kommt
dessen entscheidende Frage: »Ich beschwöre dich … dass du
uns sagst, ob du seist Christus, der Sohn Gottes.« Jesus antwor-

tet: »Du sagst es!« Bei Matthäus und den anderen Evangelisten
betrachtet der Hohe Rat diese Aussage als offene Gotteslästerung. Judaisten weisen allerdings darauf hin, dass die damaligen Juden mit beiden Begriffen – »Christus« (= Messias) und
»Sohn Gottes« – keinen Anspruch auf Göttlichkeit verbanden.

Nun überantworten die jüdischen Führer Jesus dem Prokurator Pontius Pilatus. Laut dem Evangelisten Lukas denunzieren sie ihn folgendermaßen: »Diesen haben wir gefunden,
wie er unser Volk abwendig macht und verbietet, dem Kaiser
Steuern zu geben, und spricht, er sei Christus, ein König… Er
wiegelt das Volk auf.«

Pilatus fragt nun anders als Kaiphas: »Bist du der Juden König?«
Als Jesus das nicht verneint, hat der Landpfleger die Handhabe,
die er benötigt. Ganz folgerichtig wird auf dem Kreuz Jesu denn
auch nicht »Sohn Gottes«, sondern »König der Juden« vermerkt.

So weit die Überlieferung im Neuen Testament. Der »jüdische
Neutestamentler« Pinchas Lapide, ein von christlichen Theologen geschätzter Gesprächspartner, bemerkt hierzu: »Was jedoch
über jeden Zweifel erhaben bleibt, ist, dass es nur ein Teil der
jüdischen Obrigkeit war, die mit dem verhassten Heidentyrannen kollaborierte – und zwar *gegen* den Willen des jüdischen
Volkes, *ohne* sein Zutun und *aus Furcht* vor den jüdischen Volksmengen, die Jesus in ihrer überwiegenden Mehrheit Wohlwollen, Bewunderung und Zuneigung bekundeten. All diese Tatsachen lassen sich ebenso dem Neuen Testament entnehmen.«

Mel Gibson hat nun die Schuld an Jesu Tod noch stärker von
den Römern auf die Juden verlagert. Besonders deutlich wurde
dies in der Schlüsselszene des Films, der Geißelung Jesu. Dazu
sagen die Evangelisten Matthäus und Markus: »Pilatus ließ Jesus geißeln (von seinen Leuten; M. L.) und überantwortete ihn,
dass er gekreuzigt würde.« Und die Geißelung war eine durchaus gängige Maßnahme gegenüber Menschen, die die Römer
zum Tode verurteilt hatten.

Was machte nun Mel Gibson aus diesen Hinweisen? Eine Szene brutaler, sadistischer und blinder Gewalt, die ebenso unendlich wie unerträglich ist. Es kam aber noch schlimmer: Mehrfach tauchte Satan »in Person« in diesem Film auf – eine freie Erfindung Mel Gibsons, die in den Evangelien nicht die geringste Stütze findet. Zweimal sah man diese finstere, vermummte, menschenähnliche Verkörperung des Bösen, wie er sich unter die jüdische Menge mischt, die als der eigentliche Urheber des Todesurteils erscheint. Es ist klar, was damit gesagt werden sollte: Die Juden sind des Teufels Volk.

Reaktionen und eine üble Tradition
Mit der historischen Wahrheit hatte das nichts zu tun, mit Wort und Sinn der Evangelien auch nur begrenzt. Leider aber steht Mel Gibson in einer jahrhundertealten Tradition antisemitischer Verunglimpfung und Verteufelung.

Ebenso wichtig sind jedoch die Reaktionen auf den Film und die Wirkungen, die er seinerzeit ausgelöst hat.

Die erste Reaktion christlicher Würdenträger war von erstaunlicher Naivität geprägt. Die Tageszeitung *Die Welt* veröffentlichte dazu am 15. März 2004 einige Zitate:

– Wolfgang Huber, der Ratsvorsitzende der Evangelischen Kirche in Deutschland, hat von einem »gewaltigen Film mit eindrücklichen Bildern« gesprochen. Allerdings bemängelte er die »Szenen unerträglicher Brutalität«.
– Der Hamburger Erzbischof Werner Thissen meinte: »Der Film ist mir sehr nahegegangen. An manchen Stellen fühlte ich mich an fromme und gute Passionsbilder aus der europäischen Kunstgeschichte erinnert, etwa an den Isenheimer Altar von Matthias Grünewald. Die dargestellte Grausamkeit hätte ich mir knapper gewünscht.«

Vor dem Hintergrund des tatsächlich Gezeigten waren diese Reaktionen erstaunlich. Matthias Grünewald mit Mel Gibson auf eine Stufe zu stellen, darauf muss man erst einmal kommen!

Nur Charlotte Knobloch, eine streitbare Stimme unter den deutschen Juden, stellte kritisch fest: »Nach jahrzehntelangen Dialogen mit den Kirchen wird hier der längst überwunden geglaubte Antijudaismus wieder belebt.«

Tatsächlich handelt es sich bei *Passion of Christ* um ein Projekt, das antijüdische und antisemitische Vorurteile mächtig beförderte, selbst wenn das nicht beabsichtigt gewesen sein sollte. Der Film steht in der unrühmlichen Tradition der Passionsspiele, die man 1539 in Rom wegen der regelmäßig folgenden Überfälle auf die Juden verboten hatte und die in ihrer Oberammergauer Version (1934 und 1942 durch Hitlers Besuch beehrt) erst nach heftigen Diskussionen von ihren antisemitischen Untertönen befreit wurden.

Mel Gibsons Werk legt die Auffassung nahe, dass es die Juden waren, die das Gesetz des Handelns bei der Passion Christi in den Händen hielten. Damit erinnert es an Texte wie die *Protokolle der Weisen von Zion*, jenes kriminelle Machwerk, das die geheime Weltherrschaft einer kleinen Clique mächtiger Juden behauptet.

Zurück aber zur Geschichte des Antisemitismus, in der dieser Vorwurf der »Gottesmörderschaft« fortan eine zentrale Rolle spielen sollte.

Frühchristlicher Antisemitismus

Der Weg des Christentums im Römischen Reich war langwierig, verwickelt, von Hindernissen und Rückschlägen geprägt.

Doch er verlief konsequent und erwies sich als unumkehrbar.

Ein Ton von Hass und Verachtung
Begleitet wird diese Entwicklung von einer zunehmenden Distanz und Feindseligkeit zwischen Christen und Juden. So zögernd die Loslösung des Christentums von seiner Mutterreligion begonnen hatte, so rückhaltlos wurde sie vollendet. Die Hauptargumente wurden bereits erwähnt:

– Die Juden können den »Sinn des Gesetzes«, die Propheten, die »Frohe Botschaft« Jesu nicht verstehen. Und nicht nur das: Sie wollen es auch nicht! Sie sind ganz einfach verstockt.
– Die Juden sind für den Tod Christi verantwortlich, sie sind die »Gottesmörder«. Und sehr rasch sollte ihnen unterstellt werden, dass sie auch auf das Leben der Christen aus sind, denn »der Jude bleibt sich zu allen Zeiten gleich« (ein Zitat aus dem 3. Jahrhundert).

Derartige Äußerungen belegen aber auch, dass der später eingeführte Begriff vom »Antijudaismus« die Dinge nicht trifft. Es geht nicht um die vertiefte und kritische Auseinandersetzung mit dem jüdischen Glauben, nicht einmal nur um die Gegnerschaft zu ihm. Es geht um »den Juden«, der in seiner »Verstocktheit« als unverbesserlich angesehen wird. Damit aber haben wir Antisemitismus vor uns, nichts anderes. Er ist zwar nicht auf die »Rasse«, wohl aber auf das »Volk« der Juden bezogen.

Und auch die Tonlage sollte rasch durch Hass und Verachtung bestimmt werden. Die »heiligen« Kirchenlehrer machen da keine Ausnahme. »Zu Schanden werde der Jude«, schimpfte Basilius, und für Athanasius waren die Juden »noch ärger als der Teufel«, Augustinus bezeichnete sie als »Sünder, Mörder, aufgerührter Schmutz«.

Ignatius, der Bischof von Antiochia, wurde schon im frühen 2. Jahrhundert noch deutlicher: »Die Juden haben die Gnade nicht empfangen, sondern vielmehr die gotterleuchteten Propheten verfolgt«, um dann zu fordern: »Schaffet also weg den schlechten Sauerteig!«

Wenn es zunächst bei verbaler Gewalt blieb, so nicht aus tieferer Einsicht der christlichen Wortführer, sondern eher deshalb, weil die Christen zu jener Zeit selbst eine machtlose und verfolgte Minderheit im Römischen Reich waren. Immerhin, die Synode von Elvira in Südspanien verfügte bereits 306 das Verbot, mit Juden zu essen, Mischehen einzugehen oder mit ihnen Umgang zu pflegen. Die Strategie der Ausgrenzung wird klar erkennbar.

Das Christentum wird Staatsreligion

Mit dem Aufstieg des Christentums zur Staatsreligion konnte sich christlicher Antisemitismus in voller Schärfe entwickeln.

Über mehr als ein Jahrtausend hinweg konnte die christliche Kirche weitgehend vorschreiben, wie mit der verhassten Minderheit der Juden zu verfahren sei. Gewiss hat der Staat dem nicht immer entsprochen, häufig hat er mäßigend gewirkt. Doch der allgemeinen Richtung hat er sich nicht entgegengestemmt.

Die Kirche versuchte, die Alleingültigkeit der christlichen Lehre gegen Heiden und Juden durchzusetzen. Und ebenso rasch wurde das Ausmaß des Bekehrungseifers zum Maßstab der Gläubigkeit. Die Juden aber wollten sich nicht bekehren lassen. Sie wollten weiterhin nur nach ihrem Glauben leben. Das durfte nicht hingenommen werden.

Schon kurz nach seiner Machtübernahme (315) erließ Konstantin sein erstes antijüdisches Dekret. Die Bekehrung zum Judentum wurde zum Kapitalverbrechen, die Todesstrafe drohte sowohl dem Bekehrenden als auch dem Bekehrten. Kurz darauf erließ dieser »Beschützer der Christenheit« ein neues Dekret, durch das die Juden praktisch zu Staatsfeinden erklärt wurden. Seine Nachfolger verschärften die Gangart. Bald wurden die Juden für unwürdig erklärt, auch nur das geringste öffentliche Amt zu bekleiden.

Selbst Heilige blasen zur Hatz

Auch die Kirche selbst machte weiter Front gegen die Juden. Der später heiliggesprochene Johannes Chrysostomos (354–407) schrieb: »In ihrer Schamlosigkeit übertreffen sie sogar Schafe und Ziegen ... Sie haben sich für die Arbeit als unnütz erwiesen und sind deshalb reif zur Schlachtung geworden.«

Und so kam es an verschiedenen Ecken des Römischen Reiches zu Judenpogromen. In Kallinikon am Euphrat brannten randalierende Mönche im Jahr 388 auf Geheiß des örtlichen Bischofs eine Synagoge nieder und plünderten sie. Die Hasspropaganda der »Kirchenväter« und wohl auch Sozialneid auf wohlhabende Juden mögen zu diesem Verbrechen geführt haben. Daraufhin verfügte Kaiser Theodosius die strenge Bestrafung aller Schuldigen, die Rückgabe der geraubten Beute und den Wiederaufbau der Synagoge durch die Brandstifter.

Das aber rief den Mailänder Bischof und Kirchenlehrer Ambrosius auf den Plan. Er solidarisierte sich mit seinem Amtsbruder und versicherte, er würde die Mailänder Synagoge selbst verbrannt haben, wenn sie nicht schon einem Blitz zum Opfer gefallen wäre. Ähnliches war denn auch in Italien bereits passiert. Mitte des 4. Jahrhunderts hatte ein Bischof Innocentius (welch passender Name!) in Dertona eine Synagoge zerstören lassen, nicht ohne vorher den gesamten Besitz der dort lebenden Juden beschlagnahmt zu haben. Ambrosius also setzte den Kaiser unter Druck; dieser gab nach und milderte die Strafe bis zur Unkenntlichkeit ab.

Augustinus: Der christliche Antisemitismus wird kodifiziert

Augustinus (354–430) trieb die theologische Fundierung des christlichen Antisemitismus noch einen Schritt weiter. In seiner für das gesamte Mittelalter grundlegenden Schrift vom »Gottesstaat« forderte er, alle zwischenmenschlichen Institutionen und Beziehungen unter die Gebote des Christentums zu stellen. Die katholische Kirche und ihre Vertreter mit dem Papst an der Spitze sollten die eigentliche Macht auf Erden darstellen. Aus der »Staatsreligion« wurde bei Augustinus, dem seit Paulus radikalsten christlichen Denker, die »Staatsideologie« Christentum.

In dem gewaltigen Gedankengebäude des Augustinus war für die Juden kein Platz. Bereits im 18. Buch seines *Gottesstaates* behauptete er: »Die Juden aber, die ihn (Jesus; M. L.) töteten und nicht an ihn glauben wollten, dass er sterben und auferstehen musste, wurden von den Römern noch schlimmer heimgesucht und mit Stumpf und Stiel … ausgerottet.« Das ist zwar Geschichtsklitterung der gröberen Art, aber es wurde von der Kirche unkritisch übernommen.

Gegen Ende seines Lebens verfasste er dann noch eine Kampfschrift mit dem Titel »Wider die Juden«. Nach seiner Auffassung verstehen die Juden in ihrer Verstocktheit den Sinn ihres eigenen »Gesetzes« nicht. Sie sind »des ungeheuren Vergehens der Gottlosigkeit schuldig«. Heilsgeschichtlich sei es deshalb gottgewollt, also notwendig, dass sie als ungeliebte Minderheit heimatlos umherirren müssten, zerstreut »vom Sonnenaufgang bis zum Sonnenuntergang«.

Als wohl erster Theologe legte er dann auch den Juden seiner Zeit Jesu Tod zur Last, was ihre ewige Knechtschaft bedinge. Im Mittelalter sollte diese ewige Kollektivschuld sogar zum päpstlichen Lehrsatz werden.

Gewiss: Nicht alle Kirchenfürsten dieser Zeit haben ähnlich radikal gedacht. So verfügte Papst Gregor der Große am

Ende des 6. Jahrhunderts: »So wie es den Juden nicht gestattet sein sollte, in ihren Synagogen irgendetwas anderes zu tun, als ihnen gesetzlich erlaubt ist, so sollte ihnen bei den ihnen gestatteten Dingen aber auch kein Unrecht widerfahren.« Bleibt allerdings zu fragen, was jeweils »gestattet« ist.

Insgesamt aber stand das Gebäude des christlichen Antisemitismus.

Und auch das Schicksal der Juden war besiegelt: Ausgrenzung, Ausplünderung, Austreibung und Gewalt. Kompromisse, die zeitweise zu Erleichterungen ihrer Lage führten, wurden nicht aus besserer Einsicht geschlossen; sie wurden nur zähneknirschend akzeptiert, wenn die weltliche Macht des Kaisers auf die kirchliche Macht Roms traf und ein Ausgleich notwendig schien. Das sollte im frühen Mittelalter der Fall sein.

Das frühe Mittelalter – für die Juden eine Atempause

Juden als Waffenbrüder und gleichgeachtete Bürger
Wir schreiben das Jahr 759. Im Reich der Franken herrschten die Merowinger. Sie waren diesseits der Pyrenäen zum großen Gegenspieler der Araber geworden, die ihren Macht- und Einflussbereich bis weit ins heutige Frankreich hinein ausgedehnt hatten, bevor sie in der großen Doppelschlacht von Tours und Poitiers durch Karl Martell gestoppt wurden. Die Araber wurden immer weiter zurückgedrängt, bis in jenem Jahr 759 Pippin der Jüngere ihren letzten Stützpunkt Narbonne eroberte. Als Dank für geleistete Waffenhilfe übergab er die Hälfte der Stadt den Juden! Das ist Zeugnis für drei wichtige Gegebenheiten jener Zeit:

– Die Juden trugen Waffen und nahmen an kriegerischen Auseinandersetzungen teil. Das war aber nur möglich, wenn sie

gesellschaftlich und wirtschaftlich über ausreichendes Ansehen verfügten.
- Der Siedlungsschwerpunkt der europäischen Juden verlagerte sich allmählich aus dem Mittelmeerraum nach Zentraleuropa. Gewiss, sie waren dort bereits zu Zeiten der Römer ansässig gewesen. Jetzt aber kamen Zuwanderer aus südlicheren Gegenden, wahrscheinlich auch aus dem Gebiet des Schwarzen Meeres und dem Balkan hinzu.
- Die Frankenkönige waren durch die Haltung der katholischen Kirche nur begrenzt zu beeindrucken. Wer Bischöfe ein- und absetzen konnte, der konnte seine Position auch sonst eigenständig festlegen. Und diese Position war nicht durch religiöse, sondern durch praktische Überlegungen bestimmt.

Unter Karl dem Großen waren die Juden gleich geachtete Staatsbürger. Um sie kirchlichen Angriffen zu entziehen, stellte er sie zudem unter besonderen kaiserlichen Schutz. Auch dafür war nicht etwa Großherzigkeit maßgebend, sondern nüchternes Kalkül. Die Rolle der Juden für den Fernhandel in den arabisch beherrschten Raum und darüber hinaus war unverzichtbar. Wer sonst hätte sie übernehmen können? Die jüdischen Kaufleute verfügten über internationale Kontakte; Christen und Muslime vertrauten ihnen mehr, als sie sich gegenseitig trauten.

Und beim raschen Aufbau von Hof, Hofschule und Administration in Aachen sowie an anderen Orten konnten die Juden ebenfalls wertvolle Hilfe leisten. Sie konnten lesen und schreiben, kannten sich in der Mathematik und in der Geografie aus. Außerdem boten sie ein willkommenes Gegengewicht zu den gebildeten Mönchen und christlichen Schreibern, über die die Kirche danach wiederholt versucht hatte, auf die Reichspolitik Einfluss zu nehmen.

Aus Fernkaufleuten und Gelehrten wurden Diplomaten.
801/802 schickte Karl der Große seine berühmt gewordene Ge-
sandtschaft zum Kalifen Harun al Raschid. In dieser Delegation
befand sich auch der »Jude Isaak« aus Narbonne, Gelehrter am
kaiserlichen Hof. Bei ihm könnte es sich um Rabbi Kalonymos
ben Mose aus Lucca gehandelt haben, der Ahnherr einer weit-
verzweigten und einflussreichen Familie werden sollte.

Die Rheinlande werden ein neues Zentrum jüdischen Lebens
Die jüdischen Kolonien blühten auf. An der Mosel sind sie
seit 888 nachweisbar, am Rhein etwas später. Da ihnen seit
Karl dem Großen die Regelung ihrer inneren Angelegenheiten
überlassen blieb, bildete sich zu jener Zeit auch jene typische
Struktur jüdischer Gemeinden heraus, die im Kern bis in
die frühe Gegenwart weiterbestehen sollte. Und die großen
Handelsmessen jener Zeit waren nicht nur der wichtigste Treffpunkt internationaler Kaufleute. Sie haben auch den Informa-
tions- und Ideenaustausch unter den Juden verschiedener Regionen enorm befördert. Rasch sprach sich herum, unter welch
guten Verhältnissen Juden im Reich der Karolinger und ihrer
Nachfolger, der Ottonen und Salier, leben konnten. Selbst Bischöfe holten sie in ihre Residenzen, um das Wohl ihres Ge-
meinwesens zu befördern. So hat es der Bischof von Speyer
noch 1084 getan. In mehreren Städten entwickelte sich so ein
durchaus gedeihliches Nebeneinander zwischen Christen und
Juden.

Der Schwerpunkt des Talmud-Studiums verlagerte sich aus
den arabisch beherrschten Ländern allmählich an den Rhein.
Die großen Gemeinden von Worms, Speyer, Mainz und Köln
beherbergten bedeutende Gelehrte, deren Ruhm im kollektiven Gedächtnis der Juden bis heute lebendig geblieben ist.

Unter dieser ruhigen Oberfläche aber brodelte es weiter.
Schon unter den Karolingern hatte das Konzil von Paris (845

bis 846) festgelegt, dass Juden ihre Sklaven (die sie also damals hatten!) nicht bekehren, keine öffentlichen Ämter ausüben, keine neuen Synagogen bauen und sich während der Osterzeit nicht in der Öffentlichkeit zeigen durften.

Nein, die Kirche hatte ihre antisemitische Grundhaltung nicht geändert. Sie war allerdings zu schwach, um sie wirksam in Handeln umzusetzen. Rom wartete auf seine Chance. Und die sollte es bekommen.

Die Zeit der Kreuzzüge – der Judenhass bricht voll aus

Diese Chance ergab sich, als Papst Gregor VII. die Streitigkeiten im Reich zu seinen Gunsten ausnutzen konnte. 1076 musste Kaiser Heinrich IV. den berühmt-berüchtigten Gang nach Canossa antreten. Dies war der spektakuläre Höhepunkt des Investiturstreits. Eins war hinfort klar: Es war der Papst, der dem Kaiser seine letzte Autorität verlieh.

Bei der Ausübung seiner neu gewonnenen Macht verlor Gregor keine Zeit. Bereits 1078 erließ er eine Bulle (also eine mit Glaubensgründen unterlegte Anordnung), mit der Juden jede amtliche Stellung in den Ländern der Christenheit verboten wurde.

Kreuzzüge und Massenhysterie
Und dann rief Papst Urban II. am 27. November 1095 den Ersten Kreuzzug »gegen die Ungläubigen« und zur Befreiung des »Heiligen Landes« aus. Eine kollektive Hysterie schwappte über das Land, insbesondere in Deutschland und Frankreich. Rasch begann die Gerüchteküche zu brodeln. Waren die Juden denn nicht auch »Ungläubige«? Und hatten sie etwa keine Kontakte zu den Muslimen, jenen Erzfeinden der Christenheit? Außerdem: Viele Juden waren wohlhabend. Woher sie diesen Reichtum wohl hatten?

Im Jahr darauf kam es zum ersten großen Massaker. Das nordfranzösische Proletariat, das in der Tat außer seinen Lumpen nichts zu verlieren hatte, zog unter der Führung des Peter von Amiens an den Rhein, beraubte und ermordete die Juden. Wer sich nicht taufen ließ, wurde umgebracht oder in den Selbstmord getrieben. Da half auch das Schutzedikt nichts, das Heinrich IV. aus dem fernen Italien schickte. Ohnmächtig musste er erkennen, dass es mit seiner Macht nicht weit her war. Die Bischöfe, vor Ort die einzige wirkliche Ordnungsmacht, verhielten sich unterschiedlich. Einige ließen die Wütenden gewähren, andere aber stellten sich schützend vor die Juden.

Als der große Bernhard von Clairvaux fünfzig Jahre später den Zweiten Kreuzzug ausrief, sprach er sich deutlich und kämpferisch gegen antijüdische Übergriffe aus. Und dennoch blieben sie nicht aus, wenn sie auch nicht mit der mörderischen Wucht wüteten, die den Ersten Kreuzzug gekennzeichnet hatte.

Sozialneid trägt wieder zum Antisemitismus bei
Dieser fürchterliche Antisemitismus der Kreuzzugszeit lässt sich nicht kurzerhand als ein massenpsychologisches Phänomen erklären, wie es immer wieder versucht worden ist. Die Hysterie hatte ihre realen Hintergründe.

Allmählich hatten christliche Kaufleute die Rolle ihrer jüdischen Kollegen im Fernhandel übernommen, wobei die Italiener den Vorreiter spielten. Die erstarkten Städte Europas wurden von einer Oligarchie aus Gilden und Zünften regiert. Die aber versammelten sich unter dem Banner ihres jeweiligen Schutzheiligen (»Gott schütze das ehrbare Handwerk«) und hielten sich die unwillkommene jüdische Konkurrenz per Ausschluss vom Leibe. Das von Papst Innozenz III. formulierte »kanonische Zinsverbot«, das die christlichen Banker übrigens geschickt zu umgehen wussten, tat ein Übriges. Nur die Juden

durften offen Zinsen nehmen. Da sie aus so gut wie allen hand-
werklichen Berufen ausgeschlossen waren, wurde das städtische
Judentum in die Rolle von Pfandleihern, Geldwechslern und
Kreditgebern abgedrängt.

Damit waren sie in eine tödliche Zwickmühle geraten. Für
die ungebildeten Massen war es leicht, sie für alle wirtschaftlichen Missstände verantwortlich zu machen: Endlich hatte
man wieder einen Sündenbock. Für die Mächtigen aber blieben
die Juden nützlich: Sie konnten Geld und Kredit beschaffen,
ohne dass man sich peinlich genau an Zins- und Tilgungszah-
lungen halten musste. Und da jene um des eigenen Überlebens
willen häufige Kreditausfälle mit höheren Zinsen ausgleichen
mussten, entstand das Zerrbild des »jüdischen Wucherers und
Erpressers«.

Die Juden aber hatten keine Möglichkeit, dieser Falle zu
entgehen, es sei denn, sie fanden sich mit Betteln und Vagabundieren ab. Nur einige wenige konnten eine gesellschaftlich
geachtete Tätigkeit wie die eines Arztes ausüben.

Das hohe Mittelalter – eine Zeit des Schreckens

Friedrich II. – ein großer Rationalist
Auch im hohen Mittelalter hat es nicht an Versuchen gefehlt,
den um sich greifenden Antisemitismus zu »zähmen« und einigermaßen erträgliche Verhältnisse zu gewährleisten. Nach dem
mörderischen Ersten Kreuzzug war der »Mainzer Landfrieden«
verkündet worden, der die Juden zeitweilig anderen schutzbe-
dürftigen Gruppen gleichstellte. Über einige Jahrzehnte hat es
auch wieder geregelte Kontakte zwischen Christen und Juden
auf allen Ebenen gegeben.

Im Jahr 1236 erließ dann Friedrich II., der große Rationalist
auf dem Kaiserthron, ein »Privileg« für die Juden im ganzen

Reich. Er stellte sie unter seinen persönlichen Schutz, gewähr-
te ihnen Schutz auf Wegen und Straßen, Bewegungs- und Rei-
sefreiheit, freie Wahl des Aufenthaltsorts sowie Befreiung von
Sonderabgaben an Fürsten und Städte. Die Einnahmen aus
Sondersteuern, die man einer jüdischen Gemeinde auferlegen
konnte, aber auch ein ordentlicher Anteil an ihren geschäft-
lichen Profiten – all das machte die Juden attraktiv. Und diese
Geldquelle wollte Friedrich II. nicht missen.

Aber wie gesagt – dieser Kaiser war ein großer Rationalist.
Deshalb ging er einen Schritt weiter: Er machte die Juden zu
»Kammerknechten« *(servi camerae regis)*, das heißt zu seinem
Privateigentum, über das er nach Gutdünken verfügen konnte. Hier wurde die »Person« zur »Sache« herabgewürdigt! Mit
dem christlichen Glauben ließ sich das keinesfalls in Übereinstimmung bringen. Von kirchlichem Protest ist allerdings
nichts bekannt. Im Gegenteil: Papst Innozenz III. (wieder dieser Name!) hatte die Richtung vorgegeben, als er zu Beginn
des Jahrhunderts verkündete, die christlichen Herrscher sollten
ihre Macht so ausüben, »dass die Juden es nicht wagen, ihren
Nacken zu heben, der unter dem Joch ewiger Sklaverei gebeugt
ist«.

Die Kirche setzt weiter auf Ausgrenzung
Die Kirche ging den Weg der Ausgrenzung der Juden konsequent weiter. 1215 forderte das Vierte Laterankonzil für Muslime und Juden eine besondere Kleidung, an der man sie leicht
erkennen können sollte. 1227 erfolgte auf dem Konzil von
Narbonne der nächste Schritt: Der »Judenring« auf den Kleidern
wird angeordnet. 1240 wurde in Paris der Talmud – ein Buch
also! – in öffentlicher Gerichtsverhandlung verurteilt. Und nur
zwei Jahre später wurden dort mehrere Wagenladungen mit jüdischen Büchern verbrannt. 1306 wurden die Juden aus Frankreich vertrieben, wie schon 1290 aus England.

Längst hatte die katholische Kirche auch die Bedeutung der Medien jener Zeit entdeckt. Sie setzte jene »Macht der Bilder« gezielt gegen die Juden ein.

Jetzt kam es in Kirchen und Kathedralen zu den beliebten Darstellungen der triumphierenden »Kirche« und der »Synagoge«, wobei Letztere mit verbundenen Augen und einer zerbrochenen Lanze dargestellt wurde. Nicht immer ist dies mit einer solchen Würde wie am Straßburger Münster geschehen. In Malerei und Skulptur, auch der der größten Meister, entstand das Bild des »hässlichen Juden« mit verdrehten Gliedmaßen, einer übergroßen Nase und verzerrten Gesichtszügen. Die äußere Hässlichkeit sollte die innere widerspiegeln: So sehen sie aus, die Christusmörder! Und wie wirkkräftig gerade dieser Antisemitismus der Bilder sein kann, davon können wir uns nicht nur in den Hetzschriften des *Stürmer*, sondern auch in der »antizionistischen« Propaganda aus der arabischen Welt bis heute überzeugen.

Jedoch nicht nur die kirchliche, sondern auch die weltliche Macht schaltete nach Friedrich II. wieder auf Antisemitismus um. Überall im Reich, auch in den einzelnen Regionen, Städten und Dörfern, wurden »Judenordnungen« erlassen, die sich in ihrer Diskriminierungswut gegenseitig überboten. Besonders demütigend waren dabei gewisse Formen des »Judeneides«. Nach dem »Schwabenspiegel« zum Beispiel, der in weiten Landstrichen Süddeutschlands Geltung hatte, musste der Jude bei der Leistung eines Eides mit einem Dornenkranz um den Kopf ins Wasser steigen und dreimal auf sein Glied spucken. Die Schwurformel enthielt eine Selbstverfluchung für den Fall eines Meineides. Andere Rechtsordnungen schrieben vor, dass Juden während eines Eides auf der Haut einer frisch geschlachteten Sau zu stehen hatten.

Es hat damals allerdings auch gegenläufige Tendenzen gegeben. So verfügte 1236 das Konzil von Tours, dass Juden nicht angegriffen oder ausgeplündert werden durften, denn »die Kirche toleriert die Juden, weil sie nicht den Tod des Sünders wünscht, sondern vielmehr darauf setzt, dass er sich bekehren und leben möge«. Doch wer hat damals schon genau zugehört?

Ritualmord- und Hostienlüge; der Schwarze Tod

Zu Beginn des 13. Jahrhunderts verkündete die Kirche die Trans-substantiationslehre. Nach ihr verwandeln sich beim Abendmahl Brot und Wein ganz real in Leib und Blut Christi. Wie auch immer man das theologisch betrachten mag, ein neuer Ansatz für Judenhass war rasch gefunden. Es entstand das Gerücht, die Juden würden Hostien stehlen und sie durchbohren. Schlimmer noch: sie würden christliche Kinder rauben und ermorden, um mit ihrem Blut die Matzen, ihr ungesäuertes Pessachbrot, zu backen. So ungeheuer, widerlich und verbrecherisch diese Gerüchte auch sind – sie wurden weithin geglaubt! Die antisemitische Hetze hatte schlimme Früchte getragen.

Schon 1171 waren in Blois an der Loire die Juden des Ritualmordes angeklagt worden. 1235 setzte Friedrich II. eine Kommission ein, die die Berechtigung solcher Beschuldigungen prüfen sollte, und befand in einem Schreiben an Bischöfe und Behörden: alles hanebüchener Unfug! Wie nicht anders zu erwarten, hat diese Klarstellung nur kurzfristig gewirkt. 1298 verbreitete ein heruntergekommener Ritter mit dem ehrwürdigen Namen Rindfleisch in Röttingen an der Tauber die Hostienlüge erneut. Er warf sich zum »Rächer« und »Judenvernichter« auf und zettelte ein Massaker unter den Unschuldigen an. Übrigens: Etwa zur gleichen Zeit ist es auch zum Bau der ersten ummauerten jüdischen Wohnviertel gekommen, für die sich später die aus dem Italienischen stammende Bezeichnung Ghetto (oder auch: Getto) herausgebildet hat. Am Anfang wollten sich die Juden in den Städten auf diese Weise wohl wirksamer schützen. Rasch aber stellte sich heraus, dass damit ein weiteres Instrument der Ausgrenzung und Unterdrückung geschaffen worden war.

Was aggressiven Antisemitismus anging, so sollte es im 14. Jahrhundert noch schlimmer kommen. Schon in den Dreißigerjahren hatte sich zum Beispiel in deutschen Landen Gesindel unter dem Namen »Judenschläger« zusammengerottet, wahllos geplündert und gemordet. Da half es auch gar nichts, dass Kaiser Ludwig der Bayer die Juden erneut unter seinen persönlichen Schutz stellte.

Und 1348 brachen alle Dämme. In jenem Jahr wurde Europa von der schlimmsten Seuche seiner Geschichte überfallen: dem »Schwarzen Tod«, der wohl aus Kleinasien eingeschleppten Pest. In den nächsten beiden Jahren starben mehr als fünfundzwanzig Millionen Menschen.

Die Wucht dieses Ereignisses lässt sich ebenso wenig übertreiben wie die absolute Hysterie, die es unter allen Betroffenen auslöste.

Für diese ungeheure Katastrophe gab es damals keine rationale Erklärung. Also musste eine andere Ursache gefunden werden. Papst Clemens VI., in völliger Übereinstimmung mit der christlichen Glaubenstradition, betrachtete die Pest als »Plage, mit der Gott das Christenvolk straft«. Das war konsequent, aber unbequem. Zum Glück gab es bequemere Ansätze.

Im September des gleichen Jahres ließ der Graf von Savoyen in Chillon am Genfer See Juden foltern, um ein Geständnis zu erzwingen, das dann die Basis für eine Anklage wegen Brunnenvergiftung lieferte. Diese Nachricht verbreitete sich mit Windeseile. Plötzlich waren all die bösen Geister wieder da: Brunnenvergiftung, aber auch – insbesondere von fanatischen Dominikanern wieder aufgefrischt – Hostienschändung und Ritualmord (wie denn überhaupt die Orden kräftig dazu beigetragen haben, die Judenfeindschaft zum Teil der allgemeinen

»Volksfrömmigkeit« zu machen). Überall in West- und Südeuropa kam es zu Schuldenstreichung, Enteignung, Plünderung und Massakern. Und Kaiser Karl IV., eigentlich Schutzherr der Juden, hat das Morden gebilligt und indirekt sogar noch gefördert.

Nur im Osten Europas sah es anders aus. Der polnische König Kasimir III. erneuerte das Angebot seiner Vorgänger: Kommt zu uns! Wir können euch gut brauchen – ihr seid bei uns willkommen! Und in der Tat entwickelte sich eine massive Auswanderung der Juden aus den traditionellen Siedlungsgebieten in West- und Süddeutschland nach Polen und ins angrenzende Litauen. Die große Geschichte des osteuropäischen Judentums hatte begonnen.

Das späte Mittelalter – kein Anzeichen für Besserung

Auch nach dem Verschwinden der Pest und einer Beruhigung der allgemeinen Lage trat für die Juden kaum Besserung ein. Ich will die Stadt Konstanz als Beispiel für so viele andere nennen:

- 1349 wurden mehr als dreihundert Juden verbrannt und die übrigen aus der Stadt hinausgeworfen; etwas später gab es jedoch wieder kontrollierte Zuzugsgenehmigungen.
- 1414 bis 1418 fand in Konstanz ein mehrjähriges Konzil statt, auf dem die Spaltung der katholischen Kirche (es hatte drei konkurrierende Päpste gegeben!) überwunden und der tschechische Reformator Jan Hus als Ketzer auf dem Scheiterhaufen verbrannt wurde. Die ungeheuren Kosten dieser mehrjährigen Großveranstaltung wurden durch die Juden der Stadt vorfinanziert.
- 1430 erkundigten sie sich nach dem Stand ihrer Kredite. Die Antwort: Entweder völliger Schuldenerlass, oder ihr werdet verbrannt!

– 1443 wurden alle Juden der Stadt wegen einer Ritualmordanklage gefangen gesetzt; 1448 wurden sie ausgewiesen.
– Erst 1847 wurden in Konstanz wieder Juden zugelassen.

Die Juden werden vogelfrei

Und immer wieder waren es Predigermönche, die Gräuelmärchen über die Juden verbreiteten. In Wien führte das 1421
zu einer erneuten Ritualmordanklage, in deren Folge Herzog
Albrecht auf einer Donauwiese vor der Stadt Hunderte von ihnen
verbrennen ließ. Kaiser und Papst – das sei zu ihrer Ehre gesagt –
versuchten wiederholt, derartige Exzesse zu verhindern. Aber
ihre Macht reichte nicht bis an die »Basis«. Die Judenhetze ging
weiter: Johannes von Capestrano, ein populärer Franziskaner-
prediger, hat immer wieder zum Kreuzzug gegen die Hussiten
und die Türken aufgerufen. Er ist wohl deshalb heiliggespro-
chen worden. 1452 hat er in Bayern aber auch durchgesetzt,
dass die dort lebenden Juden das Wohn- und Schutzrecht verloren. Damit wurden sie vogelfrei, im Klartext: Sie waren zur
Tötung freigegeben. Und das wäre ja nun weiß Gott kein Grund
für eine Heiligsprechung! Wenig später, 1475, wurde in Trient
der Knabe Simon tot in der Etsch aufgefunden. Wieder hielt ein
Mönch eine Hetzpredigt. Wieder wurden die Juden des Ritualmordes beschuldigt und gefoltert, obwohl der Herzog von Tirol
und der Doge von Venedig dagegen Protest einlegten. Es half
nichts – erst nachdem die meisten der Gefolterten umgebracht
worden waren, stellte sich deren völlige Unschuld heraus.

   In der Zwischenzeit war die Geschichte des vermeintlichen
Ritualmordes von Trient über Flugblätter in viele Länder verbreitet worden. Weitere Massaker sind die Folge gewesen.

Inquisition und Auswanderung

Gleichzeitig nahm im fernen Spanien die Inquisition ihre finstere Arbeit wieder auf – ein weiteres schlimmes Kapitel in der

Geschichte des christlichen Antisemitismus. Die Opfer waren maurische und jüdische Conversos, die man verächtlich »Marranen« (Schweine) nannte. Sie hatten sich zum Christentum »bekehrt«, waren äußerlich Christen, aber keinesfalls Bekenner ihrer neuen Religion. Unter der Folter bekannten sich dann viele als schuldig, dem alten Glauben immer noch anzuhängen. Es kam zu Schauprozessen mit Urteilsverkündung und dem Tod auf dem Scheiterhaufen – den sogenannten Autodafés.

Während Kolumbus Amerika entdeckte, erließ das spanische Königspaar unter dem Einfluss des Großinquisitors Tomás de Torquemada ein Edikt, nach dem sich alle Juden innerhalb von vier Monaten zwischen Taufe und Vertreibung zu entscheiden hatten. Die meisten wanderten aus – so sind unter anderem die großen sephardischen Gemeinden in London, Amsterdam und dann auch Hamburg entstanden.

Was übrigens kaum zu glauben ist: In Spanien ist der letzte Ketzer, der christliche Lehrer Cayetano Ripoll, noch 1826 durch ein Urteil der Inquisition hingerichtet worden!

Schließen wir dieses für die Juden schreckliche Jahrhundert mit einer Bemerkung des französischen Reisenden Pierre de Froissard ab, der 1497 schrieb: »Der Judenhass ist in Deutschland allgemein verbreitet.« Stimmt – nur dass er sich keinesfalls auf Deutschland beschränkte.

Humanismus und Reformation

In vielen Werken werden der Humanismus und seine Hauptvertreter glorifiziert. Zweifellos stellt er eine bedeutende geistesgeschichtliche Entwicklung dar. Hinterfragen wir jedoch die Haltung großer Humanisten wie Erasmus von Rotterdam oder Johannes Reuchlin, aber auch die Martin Luthers, dann wird deutlich, dass Humanismus und Reformation nur einen begrenzten Schritt in die Neuzeit dargestellt haben. Außerdem wird klar, dass die Juden selbst von dieser begrenzten Entwicklung bewusst ausgeschlossen bleiben sollten.

Erasmus von Rotterdam und Johannes Reuchlin
Mit unserer heutigen Auffassung von aktiver interreligiöser und interkultureller Toleranz, mit unserem Festhalten an den unteilbaren Menschenrechten über alle ethischen und weltanschaulichen Unterschiede hinweg, hatte Erasmus von Rotterdam noch nicht viel gemein. Der sachkundige Obermas urteilt: »Ihm geht es weniger um die Freiheit des Einzelnen als um die Freiheit des einzelnen Wissenschaftlers.«

Zugestanden – auch damit tat Erasmus einen wichtigen Schritt hin zur Befreiung des Abendlandes aus den Fesseln des »Gottesstaates«. Jedoch war sein Toleranzbegriff viel zu intellektuell, um sich mäßigend auf die im Volk mächtigen Emotionen – einschließlich des Judenhasses – auszuwirken. Hier blieb er durchaus Kind seiner Zeit, wenn auch ein überaus gebildetes. Er setzte sich mit »legalistischen Ansätzen« im Judentum kritisch auseinander, woraus sich übrigens durchaus eine fruchtbare Diskussion hätte entwickeln können. Dazu ist es nicht gekommen, vielleicht auch deshalb nicht, weil sich dann auch die berufenen Vertreter der Christenheit mit ihrem eigenen Legalismus hätten befassen müssen. 1519 schrieb er an den Kölner Inquisitor Jakob von Hochstraten: »Wenn Judenhass ein Zeichen des Christen ist, dann sind wir alle vorzügliche Christen.«

Johannes Reuchlin, der andere große Vertreter des Humanismus im deutschsprachigen Raum, hat sich deutlich gegen die antijüdischen Exzesse seiner Zeit gewehrt. Er argumentierte mit dem Rückgriff auf römisches Reichsrecht, mit dem berühmten *Codex Iustinianus*. Dieses Recht aber sah die Reichsbürger als *concives*, als Mitbürger und nicht als Sklaven. Im Sinne des

Reichsrechts waren die Juden eine »tolerierte Sekte« und keineswegs Ketzer im Sinne des Kirchenrechts.

Allerdings, auch in dem von Reuchlin gewählten Rechtsrahmen bestand für die Juden die Notwendigkeit, sich den Normen der weltlichen Macht vorbehaltlos anzupassen. Geschah das nicht, durfte man auch vor Austreibung nicht zurückschrecken. Radikal zu Ende gedacht finden wir eine ähnliche Auffassung in den Grundsätzen der Französischen Revolution wieder.

Martin Luther

Es gibt viele idealisierende oder verteufelnde Deutungen des bedeutenden Reformators. Er ist wohl kein entschlossener Antisemit gewesen (obwohl er an diesem Zerrbild weitergewirkt hat – bis zu Adolf Hitler und den hitlertreuen Deutschen Christen). Ich glaube, dass sich bei Luther eine zwar komplizierte, im Grunde aber klare Entwicklung vom »Judenfreund« zum »Judenfeind« vollzogen hat.

1523 verfasste er die Schrift »Dass Jesus ein geborener Jude sei«. Hier wird die Hoffnung sichtbar, die Juden für das Christentum überzeugen zu können, nachdem die Verfälschung des Glaubens durch die katholische Kirche überwunden sei. Martin Luther als der große Bekehrer der Judenheit! Zu dieser Zeit war der Jude für Luther ein Menschenbruder, den es zur Gnade Jesu zu rufen galt. Er trat für Verständigung und vernünftigen Umgang mit Juden ein – allerdings um einen hohen Preis: Die Juden mussten ihren Glauben aufgeben.

Die theologische Fundierung dieser Position könnte Martin Luther direkt bei Paulus entnommen haben. Wie der Apostel, so war auch der Reformator der Überzeugung, dass seit der Ankunft Christi auf Erden das Judentum gewissermaßen »überholt« war. Und er räsonierte etwa folgendermaßen: Wenn sogar aus Heiden Gotteskinder werden konnten, wenn sogar Nichtjuden bereit waren, den Juden Jesus als ihren Erlöser anzuerkennen, um wie viel mehr musste das für die Juden selbst gelten? Sie sollten nicht länger auf den Messias warten, denn der sei längst erschienen.

Die Juden aber dachten nicht daran, sich von ihrem Glauben zu trennen und durch Luther missionieren zu lassen. Aus der Enttäuschung über diesen Fehlschlag wurde dann bei Luther eine kompromisslose Ablehnung des Judentums. Ja, man wird sagen müssen, es entwickelte sich bei ihm auch Judenhass. Diese Feindseligkeit galt übrigens auch den Türken und den katholischen Papisten. Sie alle standen dem Anbruch des »Friedensreiches« im Wege.

1542 veröffentlichte Luther dann seine Streitschrift »Von den Juden und ihren Lügen«. Und die hat es in sich. Originalzitate des Reformators:

- »Hieraus siehest du nun wohl, wie sie das fünfte Gebot Gottes verstehen und achten, nämlich, dass sie blutdürstige Hunde und Mörder der ganzen Christenheit sind. So sind sie denn auch oftmals deshalb verbrannt worden, weil sie beschuldigt waren, Wasser und Brunnen vergiftet sowie Kinder gestohlen, gequält und getötet zu haben, um an der Christen Blut heimlich ihr Mütchen zu kühlen.« Damit legte er alle Gräuelmärchen wieder offen auf den Tisch.

- »Uns lassen sie in der Nässe des Schweißes arbeiten, Geld und Gut gewinnen, während sie unterdessen hinter dem Ofen sitzen, faulenzen, prahlen ... fressen, saufen und von unserem erarbeiteten Gut gemütlich und wohl leben. Sie haben uns und unser Gut durch ihren verfluchten Wucher gefangen.« Drastischer ist Sozialneid als Antriebsfeder für Antisemitismus kaum jemals formuliert worden.

- »Was wollen wir Christen nun tun mit diesem verworfenen, verdammten Volk der Juden? ... Rächen dürfen wir uns nicht.« Damit stellte er sich zumindest gegen den Ju-

denmord, gegen das Massaker, gegen den Pogrom. Aber:
»Ich will meinen treuen Rat geben«, und damit meinte
er auch das Verbrennen von Synagogen und das Zerstören
jüdischer Häuser, die Beschlagnahme von jüdischen Gebet-
büchern und Talmuden, das Verbot der Lehre durch Rabbiner –
bei Todesstrafe!

Später akzeptierte auch Luther, dass die auf den Landstraßen
umherziehenden, heimatlosen Juden vogelfrei seien. Und noch
drei Tage vor seinem Tod, am 15. Februar 1546, forderte er in
einer Predigt in Eisleben erneut die Ausweisung aller Juden aus
Sachsen. Übrigens ist sein weltlicher Herr Johann Friedrich,
Kurfürst von Sachsen, Luthers Rat gefolgt: Sogar die Durchreise
wurde den Juden verboten. Man nennt diesen Johann Friedrich
den Großmütigen. Doch diese Großmut wurde manchen nicht
zuteil. Und wiederum hatte der grassierende Judenhass seine realen Hintergründe, wie aus den Zitaten Luthers ja bereits
deutlich geworden ist.

Die Juden müssen für andere den Kopf hinhalten
Dem Judenhass stand, wie bereits geschildert, der »Juden-
schutz« durch die Herrschenden gegenüber. Diesen Schutz
aber ließen sich Kaiser, Fürsten und Patrizier von den Juden
gut bezahlen. Die wiederum konnten den Christen nicht gut
erklären, dass ihre hohen Zinsen deshalb notwendig geworden waren, weil die Schutzherren ihre Schulden nicht oder
nur teilweise beglichen. Wen wundert es daher, wenn der
Mann auf der Straße den Schutz der Juden mit dem Schutz des
Wuchers gleichsetzte? Die Bauern und die kleinen Handwerker kamen in Bedrängnis. Wie sollte man zum Beispiel angesichts der häufigen Missernten die hohen Zinsen zahlen oder
gar den Kredit tilgen? So saßen die Juden zwischen Baum und
Borke.

Hinzu kam die Wut über höhere Steuern – ein explosives Gemisch. Und wenn man schon an diesen Steuern nicht vorbeikam, so wollte man wenigstens die Juden vertreiben, ausplündern und falls notwendig auch umbringen – eine radikale Form, sich dem Schuldendienst zu entziehen.

Die Kirchen aber, jetzt neben der katholischen auch die protestantische, »schauten dem Volk aufs Maul«. Sie wussten, dass die soziale Lage der allermeisten Juden hoffnungslos war. Wer nicht im Kredit- oder Geldwechselgewerbe tätig sein konnte, dem blieb nur der Trödel, der Kleinhandel am Rand der Märkte, die Schaustellerei, das Musizieren, die Quacksalberei oder das Vagabundieren. Das trug nicht gerade zu positiver Wahrnehmung bei. Zum Stigma des Wuchers kam das Stigma der Hehlerei.

Es ist wohl kein Zufall, dass damals, auch unter dem Einfluss der Kirchen, sich die legendäre Gestalt des verräterischen Jüngers Judas (der Name kam hier sehr zupass!) zum Urbild des geld- und machtgierigen Wucherjuden entwickelte. Wieder war ein folgenreiches, furchtbares Klischee des Antisemitismus geboren.

Es mag schon sein, dass das europäische Geistesleben im Zeitalter von Humanismus und Reformation einen zwar zögernden, aber doch bedeutsamen Schritt in die Neuzeit hinein getan hat. Die Judenheit hat allerdings von diesem Fortschritt nichts gemerkt. Nur langsam entwickelte sich das Ideal der Toleranz. Allerdings blieb es auf eine erträgliche Koexistenz der divergierenden Kräfte innerhalb der christlichen Kultur und Gesellschaft beschränkt. Es ging vorwiegend um Durchlüftung und Stabilisierung des Christentums, nicht um wirklichen geistigen Pluralismus.

Humanismus – die Schwelle zur Moderne? Vielleicht. Ihre Chance als kritische Erneuerer aber haben Humanisten und Reformatoren nur sehr halbherzig ergriffen.

Die Zeit der Aufklärung

Ein großer Schritt
Die großen Denker der Aufklärung haben für die geistesge-schichtliche Entwicklung Europas und Amerikas eine kaum zu überschätzende Bedeutung gehabt. Ihr Denken und Handeln hat sich um Naturgesetze, Vernunft, Menschenwürde und Men-schenrechte gedreht. Die von ihnen vertretenen Überzeugun-gen sollten weltweit gelten, also von universeller Bedeutung sein.

Eindrucksvoll niedergelegt hat das Lessing in seinem *Na-than*, bei dem er sich wohl seinen Freund Moses Mendelssohn zum Vorbild genommen hat. In der Ringparabel versuchte er, den Anspruch der drei monotheistischen Weltreligionen auf Alleingültigkeit zu relativieren.

Noch weiter ging er, als er Nathan in einem Gespräch mit dem Tempelherrn sagen ließ: »Verachtet mein Volk, sosehr Ihr wollt. Wir haben beide unser Volk uns nicht auserlesen. Sind wir unser Volk? Was heißt denn Volk? Sind Christ und Jude eher Christ und Jude als Mensch?« Hier ist das geis-tige Programm der Aufklärung in wenigen Sätzen zusammen-gefasst.

Und nun entwickelte sich bei den Aufklärern ganz logisch ein Doppelweg:

– Einerseits waren den Juden, wie allen anderen auch, die gleichberechtigte Aufnahme in die Gesellschaft und volle Mitwirkungsrechte in allen gesellschaftlichen Institutionen zu gewähren. Diese Forderung ist bereits Anfang des 18. Jahr-hunderts in England erhoben worden. In den folgenden Jahrzehnten wurde sie Allgemeingut der Aufklärer auch auf dem Kontinent, insbesondere in mehreren deutschen Staaten.

– Andererseits war die Aufklärung ja nicht nur gegenüber dem Christentum, sondern auch gegenüber anderen Religionen kritisch eingestellt – also auch gegenüber dem Judentum. Diesen Ansatz hat der Abgeordnete Clermont-Tonnerre vor der französischen Nationalversammlung am 24. Dezember 1789 auf den Punkt gebracht: »Den Juden als Nation ist alles zu verweigern, den Juden als Menschen aber ist alles zu gewähren.«

Wir dürfen also die Position der Aufklärung gegenüber den Juden nicht mit grundsätzlicher Toleranz verwechseln.

… aber eine Toleranz ganz eigener Art
Ein besseres Verständnis auch der jüdischen Religion und Tradition wurde bei den Aufklärern immer einem Oberziel unterworfen: ihrer Widerlegung. Und wenn die irregeleiteten Revolutionäre in Frankreich den Statuen an den Kathedralen die Köpfe abschlugen, hieß das nicht, dass sie den Synagogen gegenüber freundlicher gesinnt waren. Nur gab es da weder Statuen noch Bilder, die man hätte vernichten können.

Beide, Christen- und Judentum, wurden als Hindernisse auf dem Weg zur Vernunft betrachtet.

Erschwerend kam hinzu, dass insbesondere die alte Geschichte der Juden den Aufklärern und ihrem Denken völlig fremd erschien. Man sah diese Geschichte als Einheit und leitete von daher Charakterzüge auch für die zeitgenössischen Juden ab. Voltaire hat sie dann auch als ein »in jeder Hinsicht minderwertiges Volk« eingestuft, und selbst Kant schrieb: »Die Euthanasie des Judentums ist die reine moralische Religion mit Verlassung aller alten Satzungslehren.«

Noch eins darf nicht übersehen werden: Die Aufklärung war eine Sache der Eliten – der Philosophen, der Staatsmänner, der Philanthropen, eines Teils der gebildeten Stände. Im breiten

Volk war sie nicht verankert (ist sie es denn heute?). Wie sollte sie auch, wenn Ende des 18. Jahrhunderts etwa achtzig Prozent der europäischen Juden »von der Hand in den Mund« lebten, mehr als zehn Prozent aufs Betteln zurückgeworfen waren und nur eine ganz dünne Schicht von »Hofjuden« und gebildeten Menschen vorhanden war? In der christlichen Bevölkerung sah es ja kaum besser aus – und sie wurde durch ihre Pfarrer von aufklärerischem Denken ebenso ferngehalten wie ihre jüdischen Zeitgenossen durch deren Rabbiner.

So hat denn die Aufklärung den herkömmlichen christlichen Antisemitismus wohl zurückgedrängt. Zerstört aber hat sie ihn nicht. Gleichzeitig aber hat sie ungewollt das Aufkommen eines »säkularen Antisemitismus« mächtig befördert. Von einem durchgängigen Aufstieg zu mehr Menschlichkeit nach dem Motto »Alle Menschen werden Brüder« kann also in jener Zeit keine Rede sein.

Christlicher Antisemitismus in der Neuzeit

Wenn auch der moderne, säkulare Antisemitismus seinen christlichen Vorgänger im 19. Jahrhundert mehr und mehr überlagerte – ganz verschwunden ist die religiös geprägte Judenfeindschaft nicht. Insbesondere in ländlichen Gegenden hatte sich eine tiefe »Volksfrömmigkeit« erhalten, bei der antisemitische Klischees weiterhin ihre Rolle spielten. Als dann Mitte der Siebzigerjahre des 19. Jahrhunderts sowohl die protestantisch-konservative *Kreuzzeitung* als auch die katholische *Germania* gegen den »jüdischen Wirtschaftsliberalismus« wetterten, da wussten sich die Verfasser dem im kollektiven Unterbewusstsein verankerten, christlichen Antisemitismus breiter Schichten wohl ebenso nahe wie der Hofprediger Stoecker. Der sollte mit seinen »Reden zum Judentum« einer der Begründer des

»modernen« Antisemitismus werden. Und wer wollte es den vielen übel nehmen, die damit auch Assoziationen aus ihrem überkommenen christlichen Weltbild verbanden? Übrigens – noch in den späten Jahrzehnten jenes Jahrhunderts hat es in Deutschland Gerichtsverfahren gegeben, die jüdischen »Ritualmord« oder jüdisches »Blutopfer« zum Gegenstand hatten.

In der Zeit der Hitlerdiktatur haben dann die Deutschen Christen (sie selbst nannten sich gerne die »SA Jesu Christi«) versucht, ihrem völkischen, hitlernahen und stramm antisemitischen Weg zum Erfolg zu verhelfen. Das ist zwar nicht gelungen, aber immerhin – im November 1933 konnten sie auf einer Kundgebung im Berliner Sportpalast die Abschaffung des Alten Testaments, die Aufhebung der »jüdischen« (!?) Theologie des Paulus und ein Bekenntnis zur »arischen Heldengestalt« Jesus fordern. Ab 1938 wurden Pastoren und Gemeindebeamte jüdischer Abstammung entlassen. Einige protestantische Landeskirchen verboten »nichtarischen« Gläubigen den Zutritt zu ihren Gotteshäusern; einige evangelische Krankenhäuser nahmen keine jüdischen Patienten mehr auf. Die katholische Kirche hatte sich zwar immer gegen einen rassistisch begründeten Antisemitismus gewandt, doch ein weithin hörbarer öffentlicher Protest war ausgeblieben.

Nach 1945 sagten sich beide großen Kirchen und so gut wie alle ihre Sprecher schrittweise von jeder Form des Antisemitismus los. Aktion Sühnezeichen und die Gesellschaft für christlich-jüdische Zusammenarbeit nahmen ihre segensreiche Arbeit auf. Wo immer sich die Reihen gegen den Antisemitismus schließen, sind gläubige Christen heute in vorderster Reihe zu finden.

In einem »Schuldbekenntnis« von Papst Johannes Paul II. vom 12. März 2003 heißt es unter anderem:

»Lass sie (die Christen) ihre Sünden anerkennen, die nicht wenige von ihnen gegen das Volk des Bundes und der Verheißungen begangen haben.« Und im März 2004 erließ der Vatikan folgende Anweisung an die Bischöfe: »Der Bischof muss unter Christen eine Haltung des Respekts gegenüber unseren älteren Brüdern (den Juden) fördern, muss Anlässe für Antijudaismus zu vermeiden trachten und muss darüber wachen, dass Priester eine geeignete Aufklärung über die jüdische Religion und deren Beziehungen mit dem Christentum erhalten« (meine Übersetzung aus dem Englischen; M. L.). Ähnliches war bereits im Zweiten Vatikanischen Konzil vor vierzig Jahren formuliert worden, vielleicht aber nicht überall ausreichend gegenwärtig.

Ist damit das Kapitel »Christlicher Antisemitismus« abgeschlossen? Auf diese Frage lässt sich eine positive Antwort nur sehr vorsichtig geben.

Was ist nach zwei Jahrtausenden an antijüdischem Stereotyp, an antisemitischem Weltbild noch im kollektiven Gedächtnis der christlich geprägten Völker vorhanden? Die Wirkung des Films *The Passion of Christ* ist jedenfalls beträchtlich gewesen, wie nicht nur die Besucherzahlen gezeigt haben. Wie steht es mit neo-konservativen, auch fundamentalistischen Tendenzen in beiden großen Konfessionen, wie mit den immer zahlreicher werdenden Erweckungsbewegungen und Sekten? Und besteht nicht die reale Gefahr, dass es – in lockerer Analogie zur Befreiungstheologie in Lateinamerika – zu einer »christlich-antizionistischen« Strömung kommt?

KAPITEL 3:
ISLAMISCHER ANTISEMITISMUS

Eine Vorbemerkung ist notwendig

Der Begriff Islam wird in zwei unterschiedlichen, wenn auch verwandten Bedeutungen benutzt. Er bezeichnet sowohl eine Religion als auch eine Zivilisation. Der Islam ist im Lauf seiner Geschichte immer beides gewesen: Eine Trennung, wie wir sie in den Begriffen Christentum und Christenheit kennen, würde keinen wirklichen Sinn machen. Der für die Geschichte des Westens so entscheidende Gegensatz von Thron und Altar hat im Islam kein Gegenstück. Bereits Mohammed war Oberhaupt einer sowohl religiösen wie weltlichen Gemeinschaft. Begriffe wie Laie, weltlich oder säkular – das ist islamischem Denken und Handeln einigermaßen fremd.

Mohammed und das Arabien seiner Zeit

Die Geburt des Islam ist sicherlich in den Offenbarungen an Mohammed begründet. Das aber hat sich in einer konkreten geschichtlichen Situation abgespielt. Und davon soll nun kurz die Rede sein.

Der Islam ist nicht, wie man häufig meint, in den Weiten der arabischen Wüste entstanden, sondern in Mekka, einem blühenden Oasenzentrum, ja einer Art Kaufmannsrepublik. Und Mohammed war keineswegs ein herumziehender Nomade, sondern ein städtischer Kaufmann.

Um 570 ist er in Mekka als Angehöriger des Stammes der Quraish geboren worden. Sein Stamm nannte ihn al'Amin, was »der Gläubige« bedeutet. Den Namen Mohammed, »der Hochgepriesene«, trägt er dann im Qur'an (oder Koran, wie wir schreiben).

Dieses Mekka liegt nicht weit entfernt von der Westküste der gewaltigen Saudi-Arabischen Halbinsel. Etwa dreihundert Kilometer nordöstlich befindet sich eine weitere Stadt, die zu Zeiten Mohammeds noch Yathrib hieß, bis sie dann al-Medina (»die Stadt«, also die Stadt des Propheten) genannt wurde. Mekka und Medina sind die beiden Hauptorte des muslimischen Geschehens und bis heute die beiden heiligsten Stätten des Islam.

Vor Mohammed verehrten die in beiden Orten siedelnden Araberstämme ihre Stammesgottheiten. Die höchste Gottheit des Stammes der Quraish in Mekka wurde als Allah angerufen. Und Mohammeds Vater trug den Namen Abdallah, »der Verehrer Allahs«. Auch die Kaaba, ein schwarzer Meteorit, befand sich bereits in Mekka. Schon zu jener Zeit kamen Pilger aus allen Teilen Arabiens hierher. In den Oasen der Arabischen Halbinsel lebten zu jener Zeit viele Juden. In Medina haben sie über einige Zeit vielleicht sogar die Mehrheit der Bevölkerung gestellt. Es ist zu vermuten, dass die Juden Arabiens mit ihren Verwandten in Babylon in Kontakt standen. Beziehungen zu Palästina wird es ebenfalls gegeben haben. Auch christliche Gruppierungen sind über das ganze Land verteilt gewesen.

In dieser Welt wächst Mohammed auf. Mit fünfundzwanzig Jahren übernimmt er die Geschäfte einer angesehenen Kaufmannswitwe, betätigt sich aber auch als Karawanenführer. So kommt er früh in Kontakt mit jüdischen und christlichen Gemeinschaften.

Die Offenbarung(en)

Als Mohammed auf die vierzig zugeht, erfasst ihn eine Sinn-
krise. Um mit sich ins Reine zu kommen, zieht er sich immer
wieder in die Höhle Hira bei Mekka zurück. Dort, über einen
längeren Zeitraum hinweg, erfährt er die ersten Offenbarungen,
die später im Qur'an niedergeschrieben wurden. Mohammed
ist überzeugt, zum Propheten berufen worden zu sein. Sein Leben hat von nun an ein festes Ziel. Nach einer kurzen Periode
des Zögerns tritt er in Mekka mutig für seine Überzeugungen
ein.

Eine Schilderung oder gar Auslegung des Qur'an kann nicht
Thema dieses Buches sein. Für den historisch Interessierten
aber ist es nicht erstaunlich, dass im Qur'an die Auseinandersetzung mit christlichen und jüdischen Glaubenslehren eine
große Rolle spielt. Das ist für die Entwicklung des islamischen
Antisemitismus von erheblicher Bedeutung.

622 zieht Mohammed mit einer Gruppe treuer Anhänger
von Mekka, das seine Lehre ablehnte, nach Yathrib-Medi-
na. Dort wird er das Oberhaupt einer rasch wachsenden Gemeinschaft, muss sich also nicht nur um religiöse, sondern
auch um politische, rechtliche und administrative Fragen kümmern. Allmählich wachsen Religion und Zivilisation zusammen.
Durch weitere Offenbarungen, die dann ebenfalls im Qur'an
niedergelegt werden, entsteht so auch islamisches Recht. Daraus entwickelt sich die Scharia, von der noch zu reden sein
wird.

Die Juden hat Mohammed zunächst wegen ihres »Einen
Gottes« hoch geehrt. Er befahl seinen Anhängern sogar, sich
beim Gebet in Richtung Jerusalem (al-Quds für die Araber) zu
verneigen. Und er selbst tritt seine berühmte Reise dorthin an,
was al-Quds zu einer bedeutenden heiligen Stätte des Islam
gemacht hat.

Die Juden in Medina denken aber gar nicht daran, der neuen Lehre zu folgen. Sie geraten in Gegnerschaft zu Mohammed und seinen Anhängern. So kommt es zum Bruch mit den Juden. Wichtiger aber sind die religiösen Konsequenzen. Mohammed beruft sich auf einen Abraham, der als Stammvater sowohl der Ismaeliten (Islam) als auch der Israeliten (Judentum) gesehen wird. Von daher ist es nur noch ein Schritt bis zu der Überzeugung, dass die Offenbarung Allahs an Abraham von den Juden und (später) den Christen missdeutet und verfälscht worden sei.

Ab 624 vertreibt Mohammed mit seinen Anhängern die jüdischen Gruppen nach und nach aus Medina. Andere jüdische Kolonien unterwerfen sich; sie werden »unter den Schutz des Islam« gestellt, drückenden wirtschaftlichen Lasten unterworfen und müssen sich mit einer nachrangigen Rechtsstellung zufriedengeben. Hier bildet sich allmählich das System der Dhimma heraus, mit dem wir uns noch beschäftigen werden. 630 erobert er seine Vaterstadt Mekka, wohin er wenig später noch einmal als Pilger zurückkehrt. Mohammed stirbt am 8. Juni 632 in Medina.

Der Qur'an ist die Grundlage

Der Qur'an gilt unmittelbar
Wir müssen den Qur'an ebenso ernst nehmen wie die Bibel. Daher ist es notwendig, zunächst mehr über die Bedeutung dieses heiligen Buches der Muslime zu erfahren. Allerdings hat es im Islam, ähnlich wie im protestantischen Christentum, nie eine zentrale geistliche Autorität gegeben; auch die Kalifen haben sie nicht ausgeübt. Daher kommt es zu höchst unterschiedlichen Auslegungen. Und diese Vielfalt unterscheidet Mekka von Rom, um ein etwas gewagtes Bild zu nutzen.

Ich habe mich deshalb an Hazrat Mirza Nasir Ahmad gehalten, der Imam der Ahmadwa-Bewegung des Islam gewesen ist und sich 1947 wie folgt geäußert hat:

- »Der Qur'an vermittelte der Welt zum ersten Mal das unverfälschte, reine, unmittelbar gesprochene Wort des Allmächtigen. Die Bibel spricht demgegenüber nicht von Gott, sie spricht vom Gotte Israels. Auch Jesus betrachtete sich als Lehrer der Kinder Israels. Allah hingegen ist universalistisch.«
- »Gott ist Eins, wie das Gesetz, dem die Welt unterliegt, eins ist. Wenn Gott aber Eins ist, warum sollten wir so viele verschiedene Religionen haben?«
- »Es stellt sich nun die Frage: Wenn all diese Lehrer von Gott kamen, wieso konnten sich dann ihre Lehren so tiefgreifend voneinander unterscheiden? Die Antwort auf diese Frage lautet so: Da die Verhältnisse wechseln, ist eine Abwandlung der Lehren tiefe Weisheit. Bis zur Sendung des Islam hatte die Entwicklung des menschlichen Geistes keinen endgültigen Abschluss erreicht.«

Das bedeutet, dass die im Qur'an niedergelegte Offenbarung für den gläubigen Muslim unmittelbar und in allen wesentlichen Einzelheiten gilt. Der Auslegung steht sie in Grenzen offen, dem Zweifel nicht. Alle Lebensbereiche sind unter diese Offenbarung zu stellen.

Der Qur'an gilt weltweit

Es bedeutet ferner, dass der Islam – ganz im Unterschied zum jüdischen Glauben – mit einem weltweiten Anspruch auftritt. Hier ähnelt er eher dem Christentum. Dieser direkte und ständige Bezug auf den Qur'an ist Grundlage für die geistige Entwicklung der islamischen Welt. Wer dies übersieht, und das tun leider viele Experten, begeht einen grundlegenden Fehler!

In ägyptischen Schulbüchern wurde das vor wenigen Jahren so ausgedrückt: »Die Religion Gottes ist eine. Es ist der Islam, der gläubige Verehrung Gottes und Gehorsam seinem Gesetz gegenüber fordert. Gott offenbarte den Islam Adam und allen Propheten nach Adam ... bis Mohammeds Sendung zum Siegel für diese Religion wurde. Deshalb wird die Nation des Islam ausgezeichnet. Die Gnade Gottes ruht auf dieser Religion. Sie ist ein Beweis ihrer Überlegenheit über alle anderen Nationen. Er (Allah) hat bereits gesagt: ›Du bist die beste Nation, die der Menschheit jemals geschenkt wurde.‹«

Wir wissen: Auch in der Religion der Juden spielt das »Eine Volk« eine zentrale Rolle. Es wird dort aber als besondere Herausforderung und Verpflichtung verstanden, eben nicht als »Überlegenheit über alle anderen Nationen«.

Der Islam – die einzig wahre Religion
»Adam und alle Propheten nach Adam«, dazu gehören auch Abraham, Moses und Jesus. Sie werden im Islam immer wieder als Propheten genannt und verehrt. Das aber ist keine Verbeugung vor den älteren Schwesterreligionen, denn nach islamischer Überzeugung haben Juden und Christen die Botschaft Allahs nicht verstanden und verfälscht.

Häufig wird festgestellt, dass sich die göttliche Offenbarung auf den Stammvater Abraham zurückführen lässt. Daraus erklärt sich der Schulbuchsatz: »Die religiöse Einheit der Muslime, Juden und Christen stammt von unserem Herrn Abraham.« Wer allerdings hier eine Verbindung zu Lessings Ringparabel sieht, der liegt falsch.

Der bereits zitierte Nasir Ahmad verweist nämlich darauf, dass Abraham zwei Söhne hatte – Ismael von der Hagar und Isaak von der Sara. Er fährt fort: »Gott versprach Abraham, sie beide zu segnen. Kanaan war den beiden Söhnen versprochen. Ismael lebte dann im Lande Paran (das der Autor mit Fâran, dem Hügelland zwischen Mekka und Medina, identifiziert!). Nach dem 7. Jahrhundert v. Chr. mussten die Söhne Isaaks Kanaan räumen. An ihrer Stelle wurden die Söhne Ismaels die politischen wie auch die geistigen Herren.«

Für diese grobe Geschichtsklitterung, deren Absicht offen zutage liegt, findet sich weder in der Bibel noch in den Ergebnissen der historischen Forschung eine Grundlage. Es kommt aber noch ärger:

»Mehr als tausenddreihundert Jahre sind vergangen, und Palästina ist noch immer (im Jahr 1947, also vor der Gründung des Staates Israel!; M. L.) im Besitz der Muslime, der Söhne Ismaels. Die Abkömmlinge Ismaels aber sind die Quraish (das heißt der Stamm Mohammeds; M. L.).« Es ist also nicht nur der religiöse Universalitätsanspruch, den wir zu beachten haben. Es ist auch der ideologisch unterfütterte Anspruch auf Palästina, der auf den Qur'an bezogen wird und damit immerwährende Gültigkeit besitzt. Auch hier wird die untrennbare Verbindung zwischen Religion und Zivilisation wieder sichtbar.

Zum besseren Verständnis des Verhältnisses zwischen Muslimen und Juden müssen noch drei Kernbegriffe herangezogen werden:

die Scharia, der Jihad und die Dhimma.

Scharia, Jihad und Dhimma

Die Scharia
Durch die Scharia wird das Gesetz als göttliches Gebot begriffen. Das betrifft keineswegs nur den rituellen und gottesdienstlichen Bereich, sondern auch die sozialen Beziehungen, das Gerichtsverfahren, das Strafrecht, das Staats- und das Völkerrecht. Islamisches Recht stützt sich immer in erster Linie auf

den Qur'an sowie auf die mündliche Tradition der Hadith. Übereinstimmende Auffassung der Rechtsgelehrten tritt ergänzend hinzu. Es ist diese Grundlage, die die Übernahme universell gültiger Grund- und Menschenrechte in die Welt des Islam so sehr erschwert.

Was die Scharia auch heute noch bedeuten kann (nicht muss!), sollen folgende Beispiele erläutern:

– Am 15. August 2004 ist die sechzehnjährige Ateghe Radschabi in der nordiranischen Stadt Neka erhängt worden – wegen »unkeuschen Verhaltens«, das heißt vorehelichen Geschlechtsverkehrs. Das ist ein Delikt, dessen Strafmaß im Qur'an selbst festgelegt wurde, weshalb es auch so im Paragraf 83 des iranischen Strafgesetzbuches steht. Allerdings ist die Steinigung vor Kurzem durch Erhängen ersetzt worden. Nach der iranischen Version der Scharia ist bereits ein Teenager heirats- und damit voll schuldfähig.
– Im Juli 2006 wurde ein siebenundzwanzigjähriger Mann im indonesischen Banda Aceh (seit der Tsunami-Katastrophe in unserer Erinnerung) öffentlich ausgepeitscht, weil er Alkohol getrunken hatte. Nach dem siebten Stockschlag wurde er ohnmächtig. Der Reporter des anwesenden Fernsehsenders beruhigte sein Publikum: »Der Rest (33 Stockschläge; M. L.) folgt noch, sobald der Verbrecher wieder zu sich kommt.«

»Kulturelle Unterschiede«, wie es in derartigen Fällen immer wieder gerne behauptet wird? Der Leser mag sich selbst ein Urteil bilden.

Der Jihad
Über den Jihad ist viel geschrieben worden. Eine verbindliche Interpretation gibt es nicht, wenngleich gesagt werden kann,

dass die radikale Sichtweise der Islamisten von der Mehrheit der Muslime nicht geteilt wird. So gut wie alle aber gehen von einer Unterteilung der Welt in den »Dâr al-Islam« (»Haus des Islam«, in dem islamische Herrschaft gilt) und »Dâr al-Harb« (»Haus des Krieges«, das heißt, die von Ungläubigen beherrschten Länder) aus.

Vielleicht ist es hilfreich, wenn man erneut die Interpretation zugrunde legt, die noch vor wenigen Jahren ägyptischen Kindern und Jugendlichen in den Schulbüchern nahegebracht wurde. Der Jihad ist dort »die Pflicht, die Ungläubigen mit äußerster Energie und Kraft zu bekämpfen, bis sie schwach werden, ihre Staaten verschwinden und sie sich dem islamischen Gesetz unterwerfen«. »Jihad ist die religiöse Pflicht eines jeden Muslims in Zeiten des Krieges und eine religiöse Pflicht einer ausreichend großen Anzahl (von Muslimen) in anderen Zeiten.« Logischerweise heißt es dann weiter: »Das palästinensische Volk kämpft den Jihad, um all seine Rechte wiederzuerlangen, seinen Staat auf seinem Land zu errichten und das edle Jerusalem zu dessen Hauptstadt zu machen.«

Das lässt an Deutlichkeit kaum zu wünschen übrig, auch wenn an anderer Stelle gesagt wird: »Der Islam wurde nicht über Krieg, über das Schwert oder über irgendeine Form des Zwangs verbreitet (daran lässt sich allerdings zweifeln!). Jihad heißt deshalb Verteidigung der Religion, Sicherung der Mittel für islamische Missionsarbeit, Selbstverteidigung und Verteidigung des islamischen Heimatlandes.« Das »islamische Heimatland«, der »Dâr al-Islam«, umfasst nun aber alle Territorien, in denen muslimische Autoritäten die Einhaltung der Glaubens- und Rechtsnormen des Islam sichern. Auch deshalb erkennt der größte Teil der islamischen Welt Israel nicht an und steht den Friedensschlüssen Ägyptens und Jordaniens bislang ablehnend gegenüber.

Die Dhimma

Die Dhimma schließlich regelt für den islamischen Herrschaftsbereich das Verhältnis zwischen Muslimen einerseits, Christen
und Juden (»Dhimmi«) andererseits. Sie ist zunächst durch
den Pakt des Kalifen Umar, endgültig jedoch erst im 10. Jahrhundert durch die Kalifen von Córdoba in Spanien kodifiziert
worden.

Juden (und Christen) gehören nach muslimischem Verständnis zu den »Völkern der Schrift«. Daher stehen sie unter dem besonderen Schutz muslimischer Herrscher. Im frühen Mittelalter
mussten sie zwar eine hohe Kopfsteuer zahlen, erfreuten sich
andererseits eines erheblichen Maßes an persönlicher Sicherheit und durften ihren Glauben frei ausüben (der Bau neuer Synagogen war allerdings untersagt). Auch Landbesitz war ihnen
erlaubt. Ghettos hat die islamische Welt in dieser Form nicht
gekannt; auch die Freiheit beruflicher Betätigung war nur unwesentlich eingeschränkt. Über interne Angelegenheiten durfte eine jüdische Gerichtsbarkeit urteilen. Das Gesetz Allahs in
religiösen Angelegenheiten war nämlich zu heilig, um es auf
die »Ungläubigen« anzuwenden!

Allerdings war der Preis hierfür die freiwillige Unterwerfung unter islamische Oberhoheit. Juden und Christen durften
bald weder reiten noch Waffen tragen. Und dann hat man ihnen auch auferlegt, eine besonders gekennzeichnete Kleidung
zu tragen. Die Vorläufer des Judensterns, gelbe Streifen an der
Oberbekleidung, sind bereits im Kalifat von Bagdad eingeführt
worden, bevor christliche Autoritäten zu ähnlichen Maßnahmen gegriffen haben. Mit der freien Glaubensausübung scheint
es auch nicht immer zum Besten bestellt gewesen zu sein. Jedenfalls beschwert sich der große jüdische Religionsphilosoph
und Arzt Maimonides bereits im 12. Jahrhundert über »die Nation Ismaels, die uns schwer verfolgt und die nach Mitteln und
Wegen sucht, uns zu verletzen und zu entwurzeln«.

Elemente dieser Dhimma finden sich in der islamischen Welt bis heute, wenn auch in deutlich modifizierter Form. Ihre vernünftigste und liberalste Ausprägung findet man wohl in der Stellung der wenigen verbliebenen Juden im Königreich Marokko. Und die Türkei nimmt seit Jahrzehnten eine Sonderstellung ein.

Der Qur'an und die Juden

Im Qur'an heißt es unter anderem über die Juden:

- »Verfälscher der Schrift« (Sure 4,46)
- »O die ihr glaubt! Nehmet nicht die Juden und die Christen zu Freunden. Sie sind Freunde gegeneinander (man möchte hinzufügen: Schön wär's gewesen!; M. L.). Und wer von euch sie zu Freunden nimmt, der gehört fürwahr zu ihnen« (Sure 5,51)
- »Die Juden mussten gedemütigt werden, weil sie den Zeichen Gottes nicht glauben wollten und die Propheten unrechtmäßig erschlugen« (Sure 2,61)
- »Ihre Strafe: Verwandlung in Affen, Schweine und Götzenanbeter« (Sure 5,60)

Das ist Klartext. Und wie gesagt, der gläubige Muslim muss seinen Qur'an ernst nehmen. In der Hadith, der mündlichen Tradition, wird dann auch die erste Verschwörungstheorie ausgebreitet. Dort wird behauptet, dass die Juden Mohammeds schmerzhaften Tod durch Gift bewusst herbeigeführt hätten. Da wundert es kaum noch, dass unter Berufung auf den Qur'an in den bereits erwähnten ägyptischen Schulbüchern als angebliche »allgemeine Wesenszüge der Juden« Starrsinn, Gier, Verleumdung, Heuchelei sowie Verschwörung gegen den Islam und die Muslime genannt werden.

Nach alldem besteht für mich leider kein Zweifel daran, dass ein religiös motivierbarer Antisemitismus immer noch Bestandteil islamischer Glaubensüberzeugung und Weltsicht ist. Dabei hat dieser sich in der Praxis durchaus unterschiedlich ausgewirkt. Aber er ist immer da gewesen, hat zumindest stets auf der Lauer gelegen. Und das gilt auch heute noch.

Islamisch-jüdische Beziehungen nach Mohammed

Bald nach Mohammeds Tod setzt die überaus staunenswerte Expansion des Islam ein, die in der Geschichte der großen Religionen kein Gegenstück hat.

Bereits 711 überquerten Muslime unter dem Berber Tarik ibn Ziyad die Straße von Gibraltar. Hier, im heutigen Spanien, entfaltet sich das nächste Kapitel der islamisch-jüdischen Beziehungen. Die Juden dort hatten unter der christlichen Herrschaft schwer zu leiden gehabt. Die ersten judenfeindlichen Kirchengesetze wurden im Jahr 305 auf einer Bischofsversammlung in Elvira bei Granada beschlossen. 680 ordnete der Westgotenkönig Erwig an: Zwangstaufe oder Exil! Und nur fünfzehn Jahre vor der Eroberung Spaniens durch die islamischen Heere erklärte König Egica alle Juden zu Sklaven. Daher ist es verständlich, dass die Juden die Muslime damals als Befreier vom christlichen Joch begrüßt haben. Die Sympathie beruhte zunächst auf Gegenseitigkeit. In Córdoba, Granada, Sevilla und Toledo wurden Juden als Garnisonskräfte eingesetzt, was einen erheblichen Vertrauensbeweis bedeutete.

Zu Beginn des 10. Jahrhunderts regierte der große Kalif Abd ar-Rahman in Córdoba. Das bereits erwähnte System der Dhimma wurde eingeführt. Unter ihrem Schirm versammelte der Kalif viele jüdische Gelehrte an seinem Hof. So wurde der bedeutende Arzt Hisdai ibn Shaprut zum Chef der Zollverwaltung ernannt und wiederholt als Diplomat eingesetzt. In vielen Orten des Landes entstanden Zentren jüdischen Lernens und jüdischer Bildung.

Gern wird diese Epoche als »Goldenes Zeitalter« bezeichnet. Dieses rundherum positive Bild muss sicherlich relativiert werden, wie die Regeln der Dhimma ja belegen. Aber das Zusammenleben zwischen Muslimen und Juden war in jener Zeit weitaus reibungsfreier und fruchtbarer als in den Ländern der Christenheit. Der Islam hat sich damals dem Christentum gegenüber als geistig und zivilisatorisch eindeutig überlegen erwiesen.

Für die Juden in Sepharad, so bezeichneten sie selbst ihre Heimat, begann damals übrigens auch eine wichtige Phase ihrer inneren Entwicklung. Mit dem großen Rabbiner Moses ben Hanoch setzte die Loslösung von Babylon ein. Spanien wurde ein eigenständiges geistliches, religiöses, theologisches und philologisches Kraftzentrum. Ähnliches wiederholte sich wenig später in Ashkenaz: an Rhein und Mosel.

Dann aber verschlechterte sich die Lage der Juden im arabischen Spanien rasch. Bald nach der Jahrtausendwende begann der Niedergang des Kalifats von Córdoba. Die fanatischen Muslimsekten der Almoraviden und Almohaden übernahmen die Macht. Und von Norden her begann die schrittweise Wiedereroberung Spaniens durch die Christen, die *reconquista*.

1066 kam es zu ersten Judenverfolgungen in Granada. Bald nahmen sie so schlimme Ausmaße an, dass sich die Juden im ganzen Land zerstreuten und verbargen. Viele wanderten sogar in die christlich beherrschten Teile der Iberischen Halbinsel aus.

Im Grunde endet damals die Geschichte einer erträglichen, manchmal sogar fruchtbaren Koexistenz zwischen Muslimen und Juden. Im späten Mittelalter und in der frühen Neuzeit ist diese Koexistenz immer brüchig und gefährdet gewesen, wenn auch religiöser Antisemitismus in der islamischen Kultur nie eine derartige Bedeutung erlangt hat wie in der christlichen Welt. Im frühen Mittelalter haben sich übrigens auch wertvolle Ansätze für eine »islamische Philosophie« und eine beeindruckende islamische Rechtswissenschaft herausgebildet. Auf beides wird auch heute immer wieder gerne hingewiesen. Derartige Ansätze haben aber in der Folgezeit nicht nachgewirkt – im Gegenteil, sie haben sich zurückentwickelt. Deshalb sollen die folgenden Geschichtsepochen auch nicht weiter beleuchtet werden.

Der frühe Islamismus

Die nächste Stufe im islamischen Antisemitismus wird erst im 19. Jahrhundert erreicht, also nach den langen Jahrhunderten einer durch die Dhimma geprägten, schwierigen Koexistenz.

Die Welt des Islam fällt zurück

Seit den Niederlagen der Türken vor Wien wurde die Welt des Islam von immer schwereren Krisen heimgesucht. Der starre Blick auf das eherne, deshalb völlig unbewegliche Gesetz des Qur'an hatte dazu geführt, dass die wahren Ursachen dieser Schwäche nicht erkannt oder verdrängt wurden. Die Schuld wurde prinzipiell bei »den anderen«, also im »ungläubigen Europa«, später aber zunehmend auch bei den Juden gesucht.

Während im Westen die Aufklärung zu einer weitreichenden Befreiung der Europäer aus den Fesseln des Mittelalters führte, blieb in der Welt des Islam geistig, kulturell und zivilisatorisch alles beim Alten. Die unausweichliche Konsequenz: Diese Kultur fiel immer weiter zurück – und keineswegs nur im militärischen oder technologischen Bereich. Der Rückstand auf jenen Gebieten ist vielmehr das Ergebnis einer grundlegenden geistigen Stagnation. Die Auswirkungen dieser unglücklichen Entwicklung sind bis heute an allen Ecken und Enden zu spüren. Bei allem Respekt: Der Islam hat seine »Aufklärung« noch vor sich. Weiter reichende Ideen, Erfindungen, Neuerungen oder künstlerische Entwicklungen hat er seit Jahrhunderten kaum mehr hervorgebracht.

Diese lähmende Erstarrung wurde 1798 erneut schockartig erfahren. Napoleon landete in Ägypten und eroberte das Land fast mühelos. Nur die Engländer unter Nelson, also andere »Ungläubige«, konnten ihn wieder vom Nil vertreiben. Anfang des 20. Jahrhunderts war dann – mit Ausnahme des Osmanischen Reiches und des Iran – fast die gesamte islamische Welt in die Herrschaftsbereiche Großbritanniens, Frankreichs, Russlands und der Niederlande aufgeteilt. Deutschland war hier übrigens leer ausgegangen, was später noch von Bedeutung sein sollte.

Um aber zu meinem Thema zurückzukehren: Die wildesten Auswüchse des christlichen Antisemitismus haben zunächst das Osmanische Reich erreicht und sind dort auf fruchtbaren Boden gefallen.

So wurde die widerliche Ritualmord-Legende aus Europa in die christlichen Kreise des Orients getragen und dort bereitwillig aufgegriffen. Und wie so häufig eignete sich derartiger Unsinn prächtig als Ventil für Sozialneid. In Beirut (1824), Antiochia (1826), Damaskus (1840), Izmir (1872) und Istanbul (1874) kam es zu christlichen Übergriffen gegen die Juden, an denen sich auch die islamische Unterschicht beteiligte. Wenn man so will, ist der neuere islamische Antisemitismus damals aus Europa importiert worden.

Übrigens: Der über Jahrzehnte amtierende syrische Verteidigungsminister Mustafa Tlas hat noch 1983 in einem Buch behauptet, dass Juden das Blut nichtjüdischer Kinder trinken oder für die Zubereitung des Pessachbrots verwenden. Da stockt

einem der Atem. Aber wer unter den auf Political Correctness
setzenden Politikern des Westens wagt es schon, derartige Ver-
irrungen offen anzusprechen?

Etwa zur gleichen Zeit ging die Schwäche des Osmanischen
Reiches in einen quälenden Todeskampf über. Als Schutzmacht
für den arabischen Raum fiel es zunehmend aus. In das so ent-
standene Vakuum stießen der britische und französische Ko-
lonialismus. Die durch die beiden europäischen Großmächte
gestützten lokalen Herrscher wurden zu Symbolen der Unterwerfung unter die »Ungläubigen«. Gegen sie richtete sich ab
dem frühen 20. Jahrhundert der politische Widerstand des modernen arabischen Nationalismus, während im Osmanischen
Reich die Bewegung der Jungtürken entstand und Kemal Atatürk
allmählich an Bedeutung gewann.

Schon vor hundert Jahren also wurde der verständliche
Kampf gegen die Kolonialmächte zum Kampf gegen den Westen und dann auch gegen die Juden, die man als Verbündete
des Westens in einer großen antiislamischen Verschwörung
betrachtete. Die Aufnahme jüdischer Siedlungstätigkeit in
Palästina und der aufkommende Zionismus haben zu dieser
Einstellung beigetragen.

Islamischer Widerstand
Unter den Wortführern des Widerstandes brach nun ein tief
gehender Meinungsstreit aus. Wie sollte man auf die rasante
Entwicklung der europäisch-amerikanischen Zivilisation, auf
die politische und ökonomische Abhängigkeit vom Westen
und auf die eigene Ohnmacht reagieren?

Auf der einen Seite stand die große Gruppe derjenigen, die
für eine kontrollierte Öffnung eintraten. Nach Ende des Ersten Weltkrieges hat Kemal Atatürk sein Land, die Türkei, am
resolutesten auf diesen Weg geführt. Die marokkanischen Kö-
nige sind auf vorsichtigere Weise einen ähnlichen Weg gegan-

gen. So ist es mehr als ein Zufall, dass es bis in die jüngste Vergangenheit hinein in beiden Ländern keinen aggressiven Antisemitismus gegeben hat. Die Auswanderung vieler marokkanischer Juden nach Israel ist auf Zwang, aber auch auf andere Motive zurückzuführen. Die meisten der heute im Lande lebenden Juden haben sich unter einer liberalen Form der Dhimma eingerichtet; die zunehmende Öffnung der Grenzen in beide Richtungen hat hier kräftig mitgeholfen. In der Türkei hat das Gedankengut Atatürks, insbesondere eine weitreichende Trennung von Staat und Religion, die Juden zu weitgehend gleichberechtigten Bürgern gemacht. Und Ankara hat, trotz aller Sympathie für das Dritte Reich, in den dunklen Zeiten der Hitlerbarbarei deutschen Juden und politischen Flüchtlingen, so etwa dem späteren Berliner Bürgermeister Ernst Reuter und seiner Familie, Asyl und Sicherheit gewährt.

In Ägypten, dem Libanon, dem Irak und dem Iran haben sich dagegen Machtstrukturen herausgebildet, die unter Anlehnung an autoritäre europäische Regime mehr oder weniger brutale Diktaturen gewesen sind. Dabei hat übrigens der europäische Faschismus eine erhebliche Anziehungskraft ausgeübt. So sind die Falangisten im Libanon ohne das Vorbild der Hitlerjugend kaum denkbar. Auch die Baath-Partei ist nach faschistischem Muster aufgebaut worden.

Auf der Arabischen Halbinsel war nach dem Zusammenbruch des Osmanischen Reiches ein weitgehender Rückfall in traditionelle Herrschaftsformen zu beobachten. Nachdem das Erdöl zum alles überragenden Wirtschaftsfaktor geworden war, wurden die alten Stammesstrukturen mit Symbolen und Elementen westlicher Staatswesen »angereichert«. Im Wesentlichen aber blieben sie unverändert bestehen. Das beste Beispiel dafür ist bis heute die Königsfamilie der Saud. Hier kommt als zusätzliche Legitimation die Aufgabe als »Wächter der heiligen Stätten« Mekka und Medina hinzu.

Nach dem Ersten Weltkrieg sind die kolonialen Strukturen in Jordanien, Syrien und dem Irak überwunden worden. Nach dem Zweiten Weltkrieg folgte dieselbe Entwicklung in den Maghrebstaaten und in Libyen. Ähnlich wie in Ägypten und dem Iran haben sich dort zunächst feudalistische Herrschaftsmodelle entwickelt.

Der Islamismus bildet sich heraus

Eine zweite Gruppe aber sah und sieht die Lösung in einer radikalen Rückbesinnung auf die »wahren Werte des Islam« und den Qur'an. In unserem traditionellen Wortsinn handelt es sich hier um Reaktionäre. Heute haben wir uns angewöhnt, sie als Islamisten zu bezeichnen.

Die Islamisten halten die Rückbesinnung auf die ursprüngliche islamische Lebensweise für unerlässlich; der Sturz der abtrünnigen Regierungen in ihren Heimatländern ist dafür die wichtigste Voraussetzung. Diese Fundamentalisten sind vor allem deshalb antiwestlich und antisemitisch, weil sie den Westen und mit ihm die Juden als Ursprung aller gegenwärtigen Übel sehen.

Die radikalsten Vertreter dieses Islamismus waren zunächst die »Moslembrüder«, die seit 1928 von Ägypten aus agierten. Diese Spielart des Islamismus hatte von Anfang an ein klares Programm:

- Kampf gegen die heimischen Herrscher, jene »Lakaien des Westens«. Dabei ist es weitgehend gleichgültig, um welche Herrschaftsform es sich handelt oder wie sich das jeweilige Regime offiziell bezeichnet.
- In diesen Zusammenhang mag es passen, dass die Führer der Wahabiten, einer vor allem in Saudi-Arabien verbreiteten islamistischen Sekte, das saudische Königshaus bereits mehrfach mit einem offiziellen Bannfluch überzogen ha-

ben. Bei den Wahabiten hatte auch Osama bin Laden seine ursprüngliche geistige Heimat.

– In den Dreißiger- und Vierzigerjahren wurden dann die Nazis von vielen Islamisten der arabischen Welt als Helden betrachtet, weil sie die damaligen Kolonialmächte bekämpften und die Juden vernichten wollten. Der radikale Mufti von Jerusalem, al-Husseini, zettelte in Palästina blutige Aufstände gegen die Briten und die Juden an. Er verbündete sich mit Hitler und erhielt rechtzeitig Asyl in der Hauptstadt des Großdeutschen Reiches. Übrigens hat auch der große Anwar al-Sadat als deutscher Spion im von den Briten besetzten Ägypten gearbeitet. Nach dem Zweiten Weltkrieg fanden viele Nazis Unterschlupf in arabischen Ländern und dienten ihren neuen Herren in deren Krieg gegen Israel.

– Die Islamisten haben es nicht nötig, sich nüchtern den Herausforderungen der Zeit zu stellen. Sie können auf ihre Sündenböcke und ihre Verschwörungstheorien zurückgreifen. Ein radikaler religiös-ideologischer Antisemitismus ist eine der logischen Konsequenzen. Mit der Gründung des Staates Israel und der Auseinandersetzung zwischen Israelis und Palästinensern gewann dieser Antisemitismus zwar eine zusätzliche Dimension, doch im Grunde hat er seine Wurzeln anderswo.

Antisemitische Ausfälle
Für den wütenden Antisemitismus der Islamisten sollen noch einige Beispiele gegeben werden, mit denen wir dann in der Gegenwart landen:

– Sayyid Qutb, ein führender Vertreter der Moslembrüder, hat vor rund fünfzig Jahren ein Buch mit dem Titel *Our struggle with the Jews* geschrieben. Dort macht er die Juden und den Zionismus, die säkulare Moderne, die sexuelle Freizügigkeit und die Anziehungskraft der amerikanischen Massenkultur als neuralgische Punkte für die Krise des Islam aus. Seiner Ansicht nach sind die Juden für alle Übel verantwortlich, denn die haben die modernen Doktrinen des »atheistischen Materialismus« erfunden: den Kommunismus (Marx), die Psychoanalyse (Freud) und die Soziologie (Durkheim). So absurd das Ganze auch ist, so schlüssig kann es demjenigen erscheinen, der sich erst einmal auf die entsprechenden Verschwörungstheorien eingelassen hat. 1966 wurde Sayyid Qutb unter Nasser in Ägypten hingerichtet.

– Die Schriften seines jüngeren Bruders Mohammed aber liegen in ihrer deutschen Fassung in Berliner Buchhandlungen aus, wie ich einem informativen Zeitungsartikel entnehme. Dieser Mann schreibt: »Wir glauben, dass der Islam das beste aller Systeme (also keineswegs nur Religionen!; M. L.) auf Erden ist … Es besteht kein Zweifel daran, dass sich die Welt eines Tages in den Islam ergeben wird.«

– Die palästinensische Hamas ist ein Ableger der früheren ägyptischen Moslembrüder. In ihrer Charta aus dem Jahr 1988 heißt es unter anderem: »Der finstere Plan der Zionisten ist in den *Protokollen der Weisen von Zion* niedergelegt worden, und ihr heutiges Betragen ist dafür der beste Beweis.« Diese angeblichen *Protokolle,* ein Machwerk aus dem Umfeld der zaristischen Geheimpolizei, können übrigens überall in der arabischen Welt frei erworben werden. In den dortigen Medien werden sie immer wieder zitiert. Laut Hamas haben die Juden die französische und die amerikanische Revolution angezettelt sowie die Rotary und die Lions Clubs, die Freimaurerei und den Völkerbund ins Leben gerufen, »um die Welt über Mittelsmänner regieren zu können«. Da verschlägt es einem die Sprache. Dass all dies wortwörtlich aus den Hetzschriften der Nazis abgeschrieben sein könnte (vielleicht sogar ist), macht die Sache auch nicht besser. Und ebendiese Hamas hat in den palästinensischen Autonomiegebieten 2006 die Parlamentswahlen gewonnen.

– Diesen Verschwörungsfantasien der Islamisten entspricht es auch, dass der Holocaust schlichtweg geleugnet wird. In der regierungseigenen (!) syrischen Tageszeitung *Tishreen* erschien am 31. Januar 2000 ein Leitartikel mit folgender Behauptung: »Die Zionisten haben den Mythos vom Holocaust produziert, um die Intellektuellen und Politiker der Welt erpressen zu können.« Ist es auch Wahnsinn, hat es doch Methode. Heute bedient sich ihrer kein Geringerer als der iranische Präsident Ahmadinedschad.

Sicherlich: Man darf den Islamismus nicht mit dem Islam insgesamt gleichsetzen. Er ist eine ideologische Bewegung, die – nach dem Sieg über die »Ungläubigen« – eine ideale Gesellschaft verspricht, in der eine dauerhafte, gerechte Ordnung herrscht.

Die Redlichkeit gebietet es aber auch, darauf hinzuweisen, dass diese ideale Gesellschaft auf den »Gesetzen des Qur'an« beruht, also auf religiöser Vorherrschaft. Ohne die geradezu inbrünstige Berufung auf die »einzig wahre« Religion wäre der Islamismus nicht wirksam, ja nicht einmal denkbar.

Eine bittere Schlussfolgerung

Antisemitismus ist im Qur'an nicht zwingend angelegt. Nach wie vor halte ich Auslegungen für möglich, die einen wirklichen, durchdachten Respekt zwischen Muslimen und Juden zum Ziel haben.

Aber das setzt ehrlichen Willen voraus. Wo der fehlt, geben Qur'an und Tradition sehr viel Raum für eine Auslegung, die in Antisemitismus mündet. In der Geschichte ist gerade von dieser Auslegung reichlich Gebrauch gemacht worden, sodass auch heute noch »der« Islam im Zweifel eher antisemitisch ausgerichtet ist. Der palästinensische Schriftsteller Izzat Ghazzawi hat einmal erklärt: »Man muss einen Säkularisierungsprozess einleiten, der bereit und willens ist, die Wurzeln des Metaphysischen und Übernatürlichen zu sprengen.« Damit hat er zweifellos recht. Er gehört aber einer eher gefährdeten Minderheit an.

KAPITEL 4:
SÄKULARER ANTISEMITISMUS

Die Ideen der Aufklärung hatten sich in Europa zunächst rasch verbreitet und unter den gebildeten Zeitgenossen einen gewaltigen Widerhall gefunden. Zu diesen Ideen gehörte die Überzeugung, dass Menschen auf der ganzen Welt mit gleicher Würde und gleichen Rechten ausgestattet seien. Es war Ziel der Aufklärer, überkommene Abhängigkeiten zu überwinden, die diese Gleichheit infrage stellten. Allerdings galt das dann doch wieder nicht für alle, wie die Haltung vieler aufgeklärter Geister gegenüber Frauen, Arbeitern, Kolonialvölkern und Sklaven gezeigt hat.

Immerhin, in den meisten Ländern Westeuropas kam damals ein umfassender und beeindruckender Emanzipationsprozess in Gang. Bemühungen um rechtliche Gleichstellung und Integration der Juden in die Gesellschaft waren Teil dieses Prozesses. In Deutschland hat Christian Wilhelm Dohm, angeregt durch den bedeutenden jüdischen Denker Moses Mendelssohn, bereits 1783 diese Emanzipation in seiner Denkschrift *Über die bürgerliche Verbesserung der Juden* gefordert. 1812 hat dann der große Reformer Hardenberg die Gleichstellung der Juden in Preußen per Verordnung eingeführt.

Die Französische Revolution

Großartig – aber eine »Kopfgeburt«
In der Französischen Revolution hatte die Aufklärung seit 1789 ihre radikalste Ausprägung erfahren. Wie wir wissen, war ihre

Wirkung auf die gebildeten Stände, insbesondere auf die Intellektuellen und viele Künstler jener Zeit, ungeheuer – und zwar weit über Frankreichs Grenzen hinaus.

Der konsequente Kampf gegen die Machtpositionen der Monarchie, des Adels und der Kirche fand viele begeisterte Anhänger, auch unter den Juden Europas. Und mit der Devise »Liberté, Égalité, Fraternité« konnte man sich leicht identifizieren. Am 27. September 1791 beschloss die französische Nationalversammlung die völlige rechtliche Gleichstellung der Juden. Sie wurde später auch in den von Napoleon eroberten Territorien eingeführt.

Zu spät wurde erkannt, dass die Ideen der Französischen Revolution eine – allerdings großartige – »Kopfgeburt« waren. In der gesellschaftlichen Wirklichkeit, aber auch in der Vorstellungswelt der meisten Zeitgenossen waren sie nicht verankert. Das galt auch für aufklärerisch gesonnene Europäer, die ja weniger politische Programme als philosophisch-ethische Konzepte vertraten und bei deren Umsetzung eher ein behutsames Vorgehen favorisierten. So fraß diese erste Revolution der Neuzeit rasch ihre Kinder. 1794 wurde Robespierre hingerichtet.

Auch den weitsichtigen Juden in Frankreich oder Deutschland ging es, von wenigen Ausnahmen abgesehen, absolut nicht um eine Revolution, die man dann später auch als »Pathologie der Vernunft« bezeichnet hat. Das Erbe des Mittelalters, aber auch die gemäßigteren Ideen der frühen Aufklärer ließen sich nicht so leicht beiseiteschieben. Vielen Juden ging es deshalb in erster Linie um die Festigung und den Ausbau der im 18. Jahrhundert erreichten Schutz- und Gestaltungsrechte. So wie die meisten ihrer Zeitgenossen waren auch die europäischen Juden 1789 auf ihre umfassende Emanzipation nicht vorbereitet, auch diejenigen nicht, die entschieden für eine geistige Befreiung eintraten.

Die anfängliche Begeisterung schlug vielerorts rasch in Entsetzen um, als das religionsfeindliche Revolutionsregime in Paris und anderswo nicht nur die Kirchen, sondern auch die Synagogen in Ställe oder Lagerhallen umfunktionierte, als nicht nur Priester, sondern auch Rabbiner dem jakobinischen Terror zum Opfer fielen.

Napoleon diskreditiert die Revolution
Als dann Napoleon die Macht an sich riss und sich zur Eroberung Europas aufmachte, gerieten die Ideen der Französischen Revolution zusätzlich in Verruf.

Zum einen hatte Napoleon diese Ideen in den Dienst einer expansiven, ja imperialistischen Machtpolitik gestellt und sie damit verraten, wenngleich er bei der Gestaltung seines wachsenden Herrschaftsraums durchaus rational, fortschrittlich und zukunftsorientiert zu Werke ging. Zum anderen lag es für die unterworfenen Völker Europas nahe, Napoleons Autokratie und die Gedanken der Revolution in einen Topf zu werfen. Die durch den Kaiser der Franzosen eingeführten Ideen erschienen »zwangsimportiert« und waren schon deshalb verdächtig. Napoleon hat damit ungewollt den Boden für Restauration und Rückschritt bereitet, die sich seit dem Wiener Kongress 1815 auch in Form von Judenfeindlichkeit lähmend über den europäischen Kontinent legen sollten.

Widerstand gegen die Judenemanzipation

Ein europäisches Phänomen und ein großer Geburtsfehler
Die Emanzipation der Juden hatte überall in Europa das Ziel, sie den anderen Bürgern eines Staatsgebietes rechtlich gleichzustellen und mit allen Bürgerfreiheiten auszustatten. Dieser Emanzipationsprozess war aber mit einem gravierenden

Geburtsfehler ausgestattet. Das Gedankengut der Aufklärung, aber auch die Formel »Liberté, Égalité, Fraternité« waren universalistisch konzipiert. Das hieß nicht nur, dass sie weltweite Gültigkeit beanspruchten. Es bedeutete auch, dass sie mit den Schlacken der Vergangenheit auch tief sitzende kulturelle Verschiedenheiten beseitigen wollten. Es ging letztendlich um kulturelle Gleichschaltung innerhalb eines Staatsgebietes, um das Diktat der »allgemeinen Vernunft«. Damit aber mussten Aufklärung und Französische Revolution sich immer wieder an den kulturellen, historischen und religiösen Gegebenheiten jener Zeit reiben. Die großartigen Gedanken der Aufklärung zirkulierten innerhalb der Eliten, ihr langsames Durchsickern nach unten sollte lange dauern und ist wohl bis heute nicht abgeschlossen. Und auch die fürchterlichen Rückschläge in diesem Prozess sind alles andere als erstaunlich.

Außerdem dürfen wir nicht übersehen, dass manche Vertreter der Aufklärung durchaus auch antijüdisch eingestellt waren, nicht nur antiklerikal.

Der berühmte Voltaire sei hier beispielhaft zitiert (*Dictionnaire philosophique*, Bd. XXV): »Die Juden sind nichts als ein unwissendes und barbarisches Volk, das seit langer Zeit die schmutzigste Habsucht mit dem verabscheuungswürdigsten Aberglauben und dem unauslöschlichsten Hasse gegen alle Völker verbindet, bei denen sie geduldet werden und an denen sie sich bereichern.«

Allerdings – die Aufklärer waren in der Regel davon überzeugt, dass sich dieser Charakter durch die Verwirklichung ihrer Reformvorstellungen »verbessern« ließe. Sie haben die Juden als Menschen akzeptiert, nicht aber als Juden.

In Wirklichkeit ging es also für die Juden nicht nur um die Befreiung aus den schändlichen Ghettos des Mittelalters. Es ging auch um die uneingeschränkte Anpassung an die »neuen Werte« einer »neuen Gesellschaft«, einer »neuen Menschheit«.

Dieser universelle Anspruch war grandios. Doch er hat die Menschen und Kulturen jener Zeit nicht erreicht – auch die meisten Juden nicht.

Gewiss hat es eine jüdische Minderheit gegeben, die bereit war, sich den Postulaten von Aufklärung und Französischer Revolution uneingeschränkt zu stellen. Und auch dass die »Leitkultur« jener Zeit christlich blieb (1782 hatte der berühmte Freiherr von Knigge die »Umbildung der Juden nach den Sitten der Christen« gefordert), hat diese Minderheit so lange nicht gestört, wie eine Hoffnung auf ein durch die Aufklärung »geläutertes« Christentum bestand. Von daher lässt es sich erklären, dass diese Juden bereit waren, sich nach anfänglichem Widerstreben an die jeweiligen Nationalsprachen und Bildungssysteme der europäischen Staaten anzupassen. Ja, auch Sitten und Gebräuche einer christlichen Gesellschaft wurden von dieser Minderheit so lange übernommen, wie sie nicht in offenem Widerspruch zu eigenen Überzeugungen standen.

Ökonomische und soziale Ursachen für den Widerstand
Der Ansatz einer vollständigen Emanzipation, besser: der uneingeschränkten Anpassung, ist aber nicht nur im kulturellen Bereich gescheitert, sondern auch im ökonomischen und sozialen.

Ende des 18. Jahrhunderts gehörten mehr als achtzig Prozent der in Deutschland ansässigen Juden zur untersten Schicht, die »von der Hand in den Mund« lebte. An ihnen dürften Aufklärung und Französische Revolution zunächst spurlos vorbeigegangen sein. Und die Oberschicht der Salons oder einiger wohlhabender privilegierter »Schutzjuden« war äußerst dünn. Die Juden haben dann aber die neuen Rechte, die ihnen eine zunehmende Gleichstellung im wirtschaftlichen Bereich zumaßen, mit großer Energie genutzt.

Es gehört zu den üblen Märchen späterer antisemitischer Propaganda, dass Juden den Kapitalismus »erfunden« hätten.

Es stimmt aber, dass die Juden zu aktiven Mitspielern in einer Gesellschaft wurden, in der die soziale Stellung nicht mehr nur vererbt, sondern auch durch persönliche Leistung und Verdienste bestimmt wurde. Das wiederum hat zu einem raschen Aufstieg vieler tüchtiger Juden geführt. Die Konsequenz war unausweichlich: In einigen Branchen traten verstärkter Konkurrenzdruck und soziale Spannungen auf. Damit war eine weitere Ursache für den verbreiteten Widerstand gegen die Judenemanzipation gegeben.

Diese ökonomisch-sozialen Wurzeln hatten durchaus auch ihre kulturelle Komponente. Man denke nur an die zahlreichen Zünfte und andere Standesorganisationen. Sie waren in der Regel kapitalismusfeindlich eingestellt und konnten den Idealen eines liberalen Bürgertums nur wenig abgewinnen. Von daher gerieten auch die aufsteigenden Juden in die Schusslinie, selbst wenn das zunächst nicht mit antisemitischer Färbung geschah.

Für die Juden selbst ging es bei alledem keineswegs in erster Linie um den direkten wirtschaftlichen Vorteil, sondern um den »Einlass in die bürgerliche Gesellschaft«. Dies war für viele ein zentrales Lebensziel und auch Messlatte des eigenen Erfolgs.

Ideologische Ursachen für den Widerstand

Wie gesagt: Von ihrer Intention her waren die Gedanken der Aufklärung, aber auch die Ideen der Französischen Revolution übernational angelegt und anders auch gar nicht zu verstehen. Kann man sich vorstellen, dass Kant mit dem kategorischen Imperativ oder Schiller mit der »Ode an die Freude« nur die Preußen oder Württemberger und nicht die gesamte Menschheit ansprechen wollten?

Der Kampf gegen Napoleon hatte jedoch zur Folge, dass die Dimension der Nation insgesamt eine Bedeutung gewann, die sie bislang auch nicht ansatzweise besessen hatte.

In diesem Kontext führte der Hass auf die napoleonische Fremdherrschaft zu einer Feindseligkeit gegenüber den mit Frankreich identifizierten Prinzipien wie Liberalismus, Parlamentarismus und Demokratie (interessanterweise stießen durchaus ähnliche Entwicklungen in England und den Vereinigten Staaten von Amerika nicht auf solche Ressentiments!). Diese Prinzipien galten hierzulande als »französische Importe«, die den Deutschen »wesensfremd« seien.

Vor diesem ideologischen Hintergrund warf man den Juden Exklusivität und Mangel an Patriotismus vor – was später zu dem Gespenst der »Jüdischen Internationale« und schließlich zu dem üblen Machwerk der *Protokolle der Weisen von Zion* geführt hat. Bereits 1793 behauptete Fichte, dass der Kampf gegen die Judenemanzipation einen Akt der Selbstverteidigung gegen einen »mächtigen, feindselig gesinnten jüdischen Staat« darstelle, der mit allen übrigen in beständigem Krieg stehe und eine schwere Belastung für die Bürger bedeute.

Zu den alten religiösen, sozialen und ökonomischen Vorbehalten treten jetzt also kulturelle, nationalistische, ideologische und dann auch erste rassistische Argumente hinzu.

Die Grundlagen für einen säkularen Antisemitismus waren damit gelegt.

Der Blick auf Deutschland

Deutschland als Nation, das war damals lediglich ein Traum, ein fernes Ziel. Denken wir nur daran, dass der letzte deutsche Krieg noch 1866 stattgefunden hat! Damals hat Preußen mit seinen Verbündeten ja nicht nur gegen Österreich, sondern auch gegen Bayern, Württemberg, Hessen und Hannover gekämpft. Die Frage »Was ist des Deutschen Vaterland?« hätte sich einem Briten, Franzosen, Russen oder Spanier so überhaupt nicht gestellt.

Deutschland war also alles andere als eine Nation. Goethe hatte einmal gedichtet: »Zur Nation euch zu bilden, ihr hoffet es, Deutsche, vergebens; bildet, ihr könnt es, dafür freier zu Menschen euch aus« (Xenien, 96). Das war groß gedacht, ging aber an dem verständlichen Wunsch vorbei, eben auch eine Nation werden zu wollen. Und wenn man ihn nicht in der Praxis verwirklichen konnte, dann blieb zumindest der große Traum. Wie trefflich hat das doch Heinrich Heine formuliert, als er den Deutschen im Konzert der Europäer die Herrschaft im Reich der Träume zuwies! Wenn man schon keine Nation hatte, dann wollte man zumindest genau wissen und beschreiben, wie sie denn auszusehen hätte.

Eins war von vornherein klar: So wie die verhassten Franzosen wollte man es nicht machen. Dieser Vorbehalt richtete sich nicht nur gegen Napoleon, sondern auch gegen die Grundgedanken der Französischen Revolution und gegen die der Aufklärung. Zunächst einmal musste dieses erträumte Deutschland christlich sein. Die romantische Ader verlangte sodann nach Märchen und Mythen. Erinnern wir uns nur an die Gebrüder Grimm, an die neue Popularität der Minnesänger, an die Sammler von Volksliedern. Später folgte dann Richard Wagner. Rasch aber beriefen sich Männer wie Fichte, Arndt oder der Turnvater Jahn (»Den Deutschen kann nur durch Deutsche geholfen werden«, heißt es bis heute auf dem Sockel seines Denkmals im österreichischen Salzburg!) bei ihren Träumereien auch auf die »deutsche« Abstammungs- und Blutgemeinschaft. So kam es zu einer Verschmelzung von »Nation« und »Volk«.

Diese Abstammungsgemeinschaft setzte die Werte- und Gesinnungsgemeinschaft der Aufklärer zunehmend außer Kraft. Es ging mehr und mehr um die »überlegene deutsche Sittlichkeit«, die sich nach der Überzeugung ihrer Propagandisten nur durch die Besinnung auf diese Abstammungsgemeinschaft wiederherstellen ließ.

In diesem Bild der Nation blieb wenig Raum für die universellen Ideale von Freiheit, Gleichheit und Brüderlichkeit. Es gab keinen Platz für das demokratische Prinzip des praktischen Kompromisses. Es gab keinen Platz für Liberale oder Sozialisten. Und es gab keinen Platz für die Juden.

Vor diesem Hintergrund ist es erklärlich, dass selbst die begrenzte Emanzipation der Juden in Deutschland nach dem Wiener Kongress rasch ins Stocken kam. Dies galt besonders in den süddeutschen Staaten und Territorien. 1819 kam es dann in mehreren deutschen Städten zu den antijüdischen »Hep-Hep«-Krawallen, die den Exzessen des Mittelalters verzweifelt ähnlich sahen. Eine der Konsequenzen hieraus war die erste jüdische Auswanderungswelle aus Deutschland nach Nordamerika.

Die Salons der emanzipationsbereiten – allerdings meist konvertierten – Jüdinnen und Juden in Berlin und anderswo waren also eine Episode geblieben. Andererseits war noch nichts wirklich entschieden. Im liberalen Bürgertum, aber auch unter den Intellektuellen jener Zeit hatte sich eine breite Bewegung entwickelt, die eine Befreiung vom Joch der Restauration und teilweise auch eine Gleichstellung der Juden zum Ziel hatte. Insbesondere 1848 kam es zu einem Sturmlauf gegen das ganze reaktionäre, überständige System. In der Paulskirche haben denn auch jüdische Abgeordnete wie der Hamburger Gabriel Riesser gesessen, dessen imposantes Grabmal noch heute den jüdischen Friedhof in Ohlsdorf ziert. 1849 zerschlug die Reaktion diesen Aufbruch. Zumindest die wirtschaftliche Gleichstellung des Bürgertums aber ließ sich nicht mehr aufhalten, und dies kam auch den jüdischen Bürgern zugute. Dann wurde auch die politische Gleichstellung Wirklichkeit: 1869 im Deutschen Bund, 1871 im neuen Deutschen Reich.

Diese an sich positive Entwicklung darf nicht darüber hinwegtäuschen, dass die Emanzipation der deutschen Juden psychologisch und gesellschaftlich alles andere als akzeptiert war. Es bedurfte lediglich äußerer Anlässe, um all die bisher entwickelten Formen des Antisemitismus wieder zu aktivieren. Das antijüdische Stereotyp blieb – weitgehend unangefochten – fester Bestandteil der deutschen »Leitkultur«.

Der Antisemitismus wird zum europäischen Phänomen

Der Nationalismus verkommt zum Chauvinismus
Um die Mitte des 19. Jahrhunderts war das politische Denken in den meisten europäischen Staaten auch durch liberale und demokratische Elemente bestimmt gewesen. In der Folgezeit aber verkommt dieser »aufgeklärte Nationalismus« immer mehr zu seinem Zerrbild, zum Chauvinismus. Der grassierende Irrglaube an die Überlegenheit der eigenen Nation verband sich mit einer ausgeprägten Fremdenfeindlichkeit. Beinahe überall entluden sich aufgestaute Rachegefühle; die verlorenen Schlachten der Vergangenheit sollten zumindest in der Propaganda nachträglich doch noch gewonnen werden. Und der koloniale Imperialismus der Briten und Franzosen fand Nachahmer in den europäischen Ländern, die glaubten, bei der Verteilung des Kuchens zu kurz gekommen zu sein.

1871 wurde ausgerechnet in Versailles, Sinnbild für Macht und Größe des französischen Erzfeindes, das Deutsche Reich begründet. Bismarck mit seiner realpolitischen Weitsicht hat Deutschland zunächst davor bewahrt, in die schlimmen Exzesse des Chauvinismus abzugleiten. In der Gesellschaft, aber auch in der Welt des Geistes gärte es gewaltig. Und ein grassierender Antisemitismus war Bestandteil dieses Gärungsprozesses.

Säkularer Antisemitismus in anderen europäischen Ländern
Der säkulare Antisemitismus konnte nicht nur in Deutschland
auf den üblen Fundamenten aufbauen, die sein christlicher
Vorgänger entwickelt und in das kollektive Gedächtnis eingebrannt hatte. Zusammen mit den neuen Erscheinungsformen,
zu denen etwas später auch noch die rassistische Variante kam,
war der Antisemitismus zum Kennzeichen des Denkens großer
Bevölkerungsschichten geworden. Das soll an den Beispielen
Frankreich und Russland verdeutlicht werden.

Das Frankreich der Dritten Republik war im letzten Drittel des 19. Jahrhunderts ein Zentrum judenfeindlichen Denkens. In den 1870er-Jahren war die republikanische Staatsform endgültig durchgesetzt worden, womit auch eine völlige
Gleichstellung der jüdischen Bürger einherging. Doch als auf
den verlorenen Deutsch-Französischen Krieg eine schwere Wirtschaftskrise folgte, brachen die alten Vorurteile gegenüber
den »reichen, übermächtigen und unpatriotischen« Juden
wieder auf. Dabei stand die Hochfinanz (Rothschild!) im
Mittelpunkt der Kritik – durchaus nicht nur der Rechten, sondern auch der Linken. Kapitalismuskritik und Antisemitismus
sind in Frankreich seit damals eine enge Verbindung eingegangen, die bis heute nachwirkt. Und so kamen seit etwa
1880 zahlreiche antisemitische Schriften auf den Markt, die
immer wieder auch mit linkssozialistischen Ideen vermischt
waren.

Den Höhepunkt des chauvinistischen Antisemitismus bildete die Dreyfus-Affäre. Nicht von ungefähr spielten hohe Of-
fiziere dabei die entscheidende Rolle. Neben dem katholischen
Klerus war das Militär besonders republikfeindlich gesonnen
und nahm Juden nur unwillig in seine Reihen auf.

Als erster Jude im Generalstab war Alfred Dreyfus offenbar
ein Ärgernis für die Traditionalisten. Mithilfe gefälschter Briefe hängte man ihm einen Prozess wegen Vaterlandsverrat an,

und sofort begann die antisemitische Hetze, einschließlich einer üblen Vorverurteilung durch die Presse.

1894 wurde Dreyfus zu lebenslänglicher Deportation verurteilt. Ab 1896 kam die Wahrheit ans Licht. 1897 wurde der wahre Täter entdeckt, aber freigesprochen. 1898 löste Émile Zola mit seiner berühmten Streitschrift »J'accuse!« eine Kontroverse aus, die sich fast zu einer Staats- und Gesellschaftskrise ausweitete. Es kam zu erbitterten Auseinandersetzungen zwischen »Dreyfusards« und »Anti-Dreyfusards«, die üble antisemitische Hetze betrieben.

Dann aber kam es zu einer Wende. 1905 wurden Kirche und Staat endgültig getrennt, und die Armee wurde politischer Kontrolle unterstellt. 1906 wurde das Urteil annulliert; Alfred Dreyfus wurde freigesprochen und schließlich vollständig rehabilitiert. Und der Antisemitismus wurde auch im gesellschaftlichen Diskurs langsam, aber stetig zurückgedrängt.

Die Juden im Reich des russischen Zaren, der damals auch über große Teile Polens herrschte, befanden sich in einer völlig anderen Lage als ihre Glaubensgenossen im Westen Europas. Sie waren eine verarmte und isolierte Minderheit – übrigens nicht die einzige in diesem riesigen Land. Am wirtschaftlichen Aufschwung in den letzten Jahrzehnten des 19. Jahrhunderts haben die Juden kaum teilgenommen. Und ihre Zusammenballung auf wenige Siedlungsgebiete führte nicht nur zu einem Festhalten an der eigenen Tradition, verbunden mit einem starken Hang zur Kabbala-Mystik, sondern immer wieder zu schweren Konflikten mit den christlichen Nachbarn. Bereits in den Achtzigerjahren kam es zu den ersten Pogromen. Mehrere Tausend Juden fielen einer »Volkswut« zum Opfer, hinter der häufig genug die lokale Konkurrenz gesteckt hat, aber auch Misstrauen und Hass aus Moskau.

Verarmung und Verfolgung – hierauf mussten die Juden
Antworten finden. Da war zunächst die Emigration. Bis zum
Ausbruch des Ersten Weltkrieges sind zwei Millionen russischer
Juden allein in die USA ausgewandert. Andere, aber insgesamt
nur wenige, schlossen sich sozialrevolutionären Parteien und
Bewegungen an (was nach 1917 noch eine Rolle spielen sollte).
Und eine dritte Strömung fand großen Widerhall: der Zionis-
mus. Von ihm wird an anderer Stelle die Rede sein.

Höchst verhängnisvoll sollten sich bestimmte reaktionäre,
antiwestliche Strömungen in Russland auswirken. Mystizismus
und die dazu passenden Verschwörungstheorien schufen ganz
allgemein einen fruchtbaren Boden für vielerlei Wahnvorstel-
lungen, wie uns nicht nur die »Karriere« Rasputins am Zaren-
hof zeigt.

Drei üble Produkte des internationalen Antisemitismus

Wie stark antijüdische Vorbehalte und antisemitische Grund-
einstellungen damals die Gesellschaft auch im täglichen Leben beherrscht haben, das soll an drei besonders markanten
Beispielen gezeigt werden: den *Protokollen der Weisen von Zion*,
dem »Bäder-Antisemitismus« und dem Zerrbild des »jüdischen
Bolschewisten«.

Die Protokolle der Weisen von Zion

Sie sind vielleicht das schlimmste Beispiel antijüdischer Ver-
schwörungsfantasie. Dieses Machwerk ist ein Plagiat: Einer
gegen Napoleon III. gerichteten Satire des französischen Autors
Maurice Joly wurde eine antisemitische Tendenz aufgepfropft.
Eine weitere Quelle ist der Roman *Biarritz* von einem gewissen
Hermann Ottomar Friedrich Goedsche, der unter dem Pseudo-
nym Sir John Retcliffe schrieb. Darin erfindet er eine Szene auf

dem Prager Judenfriedhof: Dort treffen sich alle hundert Jahre Vertreter der zwölf jüdischen Stämme am Grab des Meisters der Kabbala, Simeon Ben Jehuda, um den Stand der jüdischen Welteroberung zu erörtern.

Es ist kaum zu glauben, aber diese frei erfundene Romanszene gewinnt nach und nach ein Eigenleben. Man entdeckt dann auch die Schriften des Abbé Augustin Barruel, der schon 1793 die Französische Revolution als Inszenierung von (jüdischen) Freimaurern und Philosophen verunglimpft hatte. Und so entstehen aus Zerrbildern der Fantasie die *Protokolle*, die eine jüdische Verschwörung zur Eroberung der Welt belegen sollen.

Ihre Urheber lassen sich bis heute nicht zweifelsfrei feststellen. Die *Protokolle* mögen wohl Ende des 19. Jahrhunderts in Paris und/oder in Moskau entstanden sein, sicherlich unter Mitwirkung der zaristischen Geheimpolizei Ochrana. Viel wichtiger als ihre Entstehungsgeschichte aber sind die ungeheuren Wirkungen, die von ihnen ausgingen. Das Publikum war nur zu geneigt, diese eingängige Erklärung der Welt und ihrer innersten Zusammenhänge zu glauben. Und deshalb wurde der Wahrheitsgehalt von vielen überhaupt nicht mehr hinterfragt!

Die *Protokolle* wurden 1905 in Russland zum ersten Mal publiziert. Über die engen Verbindungen, die zwischen deutschen und russischen Reaktionären und Antisemiten bestanden, kamen sie rasch auch nach Deutschland. 1919 sind sie dort in einem »völkischen« Verlag, ab 1929 im Parteiverlag der NSDAP erschienen. Hitler hat an dem Wahrheitsgehalt dieses Machwerks nicht gezweifelt. Mehr noch: In Gesprächen hat er sich gerühmt, aus den *Protokollen* für seine eigene Taktik und Strategie viel gelernt zu haben. 1934 wurden sie offizieller Lehrstoff an den deutschen Schulen.

1920 erschien eine englische Übersetzung der *Protokolle* in England. Und obwohl sie von dem Journalisten Philip Graves rasch als grobe Fälschung entlarvt wurden, förderte Henry Ford in den USA ihre Verbreitung über seine Zeitung *The Dearborn News*.

Bis heute sind die *Protokolle* in der arabischen Welt geradezu ein Bestseller geblieben. Und als ich im August 2006 auf meinem Computer in eine Suchmaschine schaute, gab es dort unter dem Stichwort *Protokolle der Weisen von Zion* nicht weniger als 2940 Hinweise. Wal-Mart, die größte Handelskette der Welt, hat die *Protokolle* über das Internet vertrieben. Als der amerikanische Konzern in die Kritik geriet, hat er sich auf den Antisemiten Henry Ford berufen – im Jahr 2004!

Der Bäder-Antisemitismus

Auch die heute so friedlichen deutschen Seebäder boten einst ein trübes Beispiel für überbordendes Nationalbewusstsein und einen grassierenden Antisemitismus. Wer kennt sie nicht, die Geschichten über die muschelbesetzten Strandfestungen, mit schwarz-weiß-roten Flaggen bestückt? Zumindest in Norddeutschland hat jeder bestimmt von den Studienratsfamilien gehört, die, im Gänsemarsch aufgereiht, dem Strand zustrebten. Kaisertreu und deutschtümelnd war man eben nicht nur daheim in Berlin oder Frankfurt, sondern auch in den Urlaubsorten. Dort waren Juden nicht überall gerne gesehen, insbesondere deshalb nicht, weil die deutschen Seebäder nach den damaligen Gepflogenheiten nicht nur der naturnahen Erholung, sondern eben der Anbahnung und Pflege auch wichtiger gesellschaftlicher Kontakte dienten.

Kein Wunder also, dass im letzten Drittel des 19. Jahrhunderts die Zahl der Kurorte und Seebäder zunahm, die sich als »judenfrei« bezeichneten und dies in ihren Prospekten und Annoncen auch kundtaten.

Dort hieß es dann in schamloser Offenheit, dass der Besuch »mosaischer« oder »nichtchristlicher« Gäste nicht erwünscht sei. Aber auch an einzelnen Hotels oder Pensionen war ver-

merkt: »Juden und Lungenkranken ist der Eintritt verboten«
oder »Judenreines/judenfreies Haus«. Das *Israelitische Familien-
blatt* hat bald darauf regelmäßig Listen mit den Namen »antisemitischer Erholungsorte« veröffentlicht. Lange vor dem Ersten
Weltkrieg enthielt diese Liste mehrere Dutzend Hinweise.

»Warum eigentlich manifestierten sich an Orten, die ge-
meinhin mit entspannter Ferienatmosphäre assoziiert werden,
öffentliche Ausgrenzung und Hass in der angedeuteten Weise?«, fragt Frank Bajohr, der sich mit dem Thema des Bäder-
Antisemitismus eingehend auseinandergesetzt hat.

Nun, den Hauptgrund habe ich bereits erwähnt: Der Urlaubsort war in erster Linie gesellschaftlicher Treffpunkt. Und
damit waren alle Vorurteile des normalen Alltags auch in den Fe-
rien präsent. Schlimmer noch, sie wurden dort verstärkt, weil in
der eher intimen Atmosphäre der Strandhotels die Unterschiede viel unmittelbarer aufeinanderprallten als in den großen
Städten.

Früher war der Sommeraufenthalt eine Sache des Adels und
seines gesellschaftlichen Umfeldes gewesen. Goethe und sei-
nesgleichen haben denn auch nicht Borkum, sondern Marien-
bad, Baden-Baden oder Monte Carlo besucht.

Jetzt aber ging es um die wohlhabenden bürgerlichen Mit-
telschichten, die die Seebäder bereisten. Dabei war der Jahres-
urlaub vor hundert Jahren alles andere als eine allgemeine Ge-
wohnheit, und von Massentourismus konnte überhaupt keine
Rede sein. Nur eine kleine Minderheit konnte sich eine jährliche
Ferienreise überhaupt leisten. Scholem Alejchem hat einmal mit
feinem Spott angemerkt: »Ins Bad reisten Menschen, die Gott
mit viel Geld gesegnet und mit viel Leibesfülle gestraft hatte.«

Der Besuch eines vornehmen Seebads blieb also Privileg,
war Statussymbol für alten Rang und neuen Aufstieg. Auf den
Strandpromenaden und in den Kurhotels spielten Repräsen-
tation und Renommee eine Rolle, die man sich heute kaum

vorstellen kann. Wichtig waren dabei die Auswahl des Quartiers, Kleidung und Gepäck, aber auch Auftreten und Konversation, wie man das heutige Partygeplauder damals nannte.

Ebenso verbreitet war die Erwartung, am Urlaubsort Kontakte zu knüpfen, die man später vielleicht geschäftlich nutzen konnte. Und schließlich waren die Seebäder ein Heiratsmarkt erster Güte. Wo sonst konnte man für die eigene Tochter so viele Herren von Rang und Stand zusammenbringen? Ein 1910 erschienener Werbeprospekt weist darauf hin, dass in Westerland auf Sylt in der Saison des Vorjahres 69 Verlobungen geschlossen wurden.

Der Ferienort war also Bourgeoisie pur, wie durch ein Brennglas betrachtet. Und genau das machte seine besondere Attraktion für die wirtschaftlich und sozial aufgestiegenen Juden aus. Als neu hinzugekommene Minderheit hingen sie an den Werten des Gutbürgerlichen noch mehr als die anderen. Die Demonstration des eigenen wirtschaftlichen Erfolges, die Hoffnung auf gesellschaftliches Ansehen und auf Akzeptanz – wo ließen sie sich leichter verwirklichen als im deutschen Seebad? 1894 hat Isidor Hirschfeld, Gründer und Inhaber eines angesehenen Hamburger Bekleidungsgeschäfts, Helgoland besucht. Als man ihn fragte, warum er dort hingereist sei, lautete die lapidare Antwort: »Man musste sich sehen lassen.«

Es kommen noch zwei Ursachen hinzu. Zum einen waren die Juden traditionell viel mobiler als der Rest der Bevölkerung – die Reisetasche packen war für sie nichts Ungewöhnliches. Und der Ferienort als Heiratsmarkt war vor allem für die Familien attraktiv, die zu Hause in der zuweilen kleinen jüdischen Gemeinde keine passenden Partner finden konnten. So waren denn die Juden unter den Badegästen besonders stark vertreten. Und manche werden wohl auch nicht die Zurückhaltendsten gewesen sein. Neureiche Allüren waren eben nicht von der Religion abhängig.

Diese Faktoren hatten zur Folge, dass der Antisemitismus des konservativen deutschen Bürgertums sich in den Ferienorten besonders drastisch austobte. Die sozialpsychologischen Prozesse der permanenten gesellschaftlichen Konkurrenz, der Ab- und Ausgrenzung, des Neides und des Ressentiments wurden unvermeidlich. Und sie gingen über bloßes Naserümpfen weit hinaus.

Nirgendwo so wie in den Seebädern prallte die traditionelle Schicht der adligen Sommerfrischler so unvermittelt auf die sozialen Aufsteiger, Juden eingeschlossen. Auf Sylt oder Usedom waren die traditionellen Vorrechte des Kleinadels nicht mehr viel wert. Auch Statussymbole spielten keine Rolle: Schließlich konnte man ja schlecht sein Rittergut mit in den Sommerurlaub nehmen. Wohlstand und Bildung waren im Ferienort wichtiger als Titel oder die Ahnentafel. Im *Untertan* lässt Heinrich Mann einen Herrn von Barnim folgenden Stoßseufzer tun: »Haben wir darum den ruhmreichen Krieg (von 1870/71; M. L.) geführt, dass mein väterliches Gut an einen Herrn Frankfurter verkauft wird?«

Insbesondere die weniger vermögenden Angehörigen der traditionellen Eliten fühlten sich also durch die massive Präsenz der sozialen Aufsteiger irritiert und herausgefordert. Und das betraf nicht nur die Juden.

Aber auch die nichtjüdischen Neureichen fühlten sich in ihren antisemitischen Ressentiments bestärkt. Auch für sie stellten die Juden eine höchst unerwünschte Konkurrenz dar, zumal deren Bildungsstand und damit Unterhaltungswert oft weit stärker entwickelt war. Eins aber blieb den Nichtjuden – auch sie waren schließlich Deutsche. Und so haben die Seebäder kräftig dazu beigetragen, dass sich das antisemitische Stereotyp des »jüdischen Parvenüs« herausbildete und als Feindbild für ganz unterschiedliche Schichten seinen unheilvollen Weg nahm.

1882 hat Theodor Fontane aus Norderney an seine Familie geschrieben: »Fatal waren die Juden; ihre frechen, unschönen Gaunergesichter (denn in Gaunerei liegt ihre ganze Größe) drängen sich einem überall auf...«

Und die preußisch-protestantische *Kreuzzeitung* schrieb im Juli 1905 in einem Beitrag mit dem Titel »Der Jude auf Reisen«: »In den Modebädern und Sommerfrischen aber zeigt sich die Macht des Geldes; die Unterschiede in Rang und Stand verschwinden, und wer vom Juden profitiert, huldigt seiner Eitelkeit. Daher das selbstbewusste Auftreten der Juden, das leider nur zu oft in Rücksichtslosigkeit und Unverschämtheit ausartet... In unserem deutschen Vaterland den hier eingewanderten jüdischen Asiaten die Herrschaft überlassen – das geht wirklich nicht an.«

Nach dem Ersten Weltkrieg wurde alles noch schlimmer – wie die antisemitischen Exzesse insgesamt. Als der Tourismus die Berge entdeckte, mussten auch diese möglichst »judenrein« gehalten werden. So schloss der Deutsch-Österreichische Alpenverein nach einigem Widerstreben seine jüdischen Mitglieder fast ausnahmslos aus. Und was den Preußen ihr Fontane, das war den Bayern ihr Ludwig Thoma. Der schrieb im *Miesbacher Anzeiger*: »Teiteles Cohn und Isidor Veigelduft, die dürfen im Sommer nach wie vor ihre verschnörkelten Haxen in die Lederbuxen stellen, am Arm ihre Rebekka im Dirndlg'wand, nach Veilchen und Knoblauch duftend.«

Und natürlich machte die politisch-ideologische Radikalisierung, die man in den städtischen Zentren beobachten konnte, auch vor den Urlaubsorten nicht halt. Berüchtigt waren damals vor allem Zinnowitz an der Ostsee und Borkum, wo der »Borkum-Pastor« Münchmeyer mit den »deutschen Abenden« sein antisemitisches Unwesen trieb. Als letztes Beispiel soll ein Stimmungsbericht von der Nordsee-Insel Juist aus dem Sommer 1920 genügen: »Schwarz-weiß-rote Flaggen flattern am Strande (nicht vergessen: die Farben der Weimarer Republik waren Schwarz-Rot-Gold!; M. L.) ... auf dem Burggraben wird das Hakenkreuz eingemauert und weht hoch in der Luft auf den Fahnen. Sechs Juden hat ein junger Mann aus Berlin gezählt. Daraufhin entwarf er ein antisemitisches Gedicht und ließ es am schwarzen Brett des Kurhauses anschlagen.«

Diesen Bäder-Antisemitismus hat es keineswegs nur in Deutschland gegeben. Bekannt ist eine ähnliche Entwicklung in den USA, die dort unter der Bezeichnung »Resort Antisemitism« oft beschrieben wurde.

Interessant ist, dass beide Phänomene fast gleichzeitig entstanden sind. Dies deutet darauf hin, dass ähnliche soziale Kontexte ähnliche sozialpsychologische Wirkungen zeigen können. Und aus vielen Untersuchungen wissen wir, dass sich auch in der angeblich so demokratischen Gesellschaft Nordamerikas rasch Standesunterschiede herausbildeten, die peinlich beachtet wurden, auch wenn der Adel dabei keine Rolle spielte.

Schon im 19. Jahrhundert sind in den USA Werbeanzeigen von Urlaubsorten erschienen, in denen es hieß »Keine Moskitos, keine Malaria, keine Juden« oder »Keine Juden, Hunde oder Schwindsüchtige« oder »Höhe 1000 Fuß – zu hoch für Juden«. 1914 hat die jüdische Anti Defamation League diesen »Resort Antisemitism« untersucht und zusammenfassend festgestellt: »Sie (die Hotelbesitzer; M. L.) ließen durchblicken, dass Juden ein unkultiviertes, lautes und vulgäres Volk seien, das Geld für das einzige Kriterium von Vornehmheit halte.« Die Parallelen zu dem erwähnten Brief Fontanes aus Norderney sind erstaunlich!

Eins aber ist in den USA ganz anders gelaufen als in Deutschland: Die Juden wehrten sich. Nachdem der jüdische Kaufmann Seligman einen Musterprozess gegen den mächtigen Hotelier Hilton gewonnen hatte, wurden überall Antidiskriminierungsgesetze verabschiedet. Damit wurden allerdings nur die gröbsten Formen des Antisemitismus überwunden. Die »Resorts« entwickelten subtile Gegenstrategien, die übrigens nahezu bis in die Gegenwart hinein gewirkt haben. Man wandelte sein Haus in einen Klub um, man behauptete: »Alles ausverkauft!«, man verwies auf »ausgewählte Gäste« oder »begrenzte Kundschaft«. Das ließ und lässt sich nur ganz allmählich überwinden.

Gleichzeitig aber haben die Juden eine andere Strategie entwickelt, die nur unter den spezifischen Bedingungen der USA möglich war. Sie bauten sich »Gegenwelten«. Was Urlaub und Erholung angeht, entstanden auf diese Weise die jüdischen Urlaubsorte der Catskills und des »Borscht Belt«, deren spezifisch ostjüdisch-amerikanische Urlaubskultur bis in die Achtzigerjahre des 20. Jahrhunderts hinein bestanden hat.

Über dieses Vorgehen schreibt der amerikanische Autor Rich Cohen: »Es geht um Juden, die sich anders verhalten, als man es von Juden erwartet, um Juden, die die Welt in ihren Köpfen verlassen, um es in der realen Welt, der Welt der Sinne, Gerüche, einer Welt voller Chuzpe, Stärke, Mut und Schmerz zu etwas zu bringen.« Die Juden Amerikas haben dort Erfolg gehabt, wo ihre Brüder in Europa scheiterten. Zwar hatten auch sie mit antisemitischen Vorurteilen zu kämpfen, aber der amerikanische Antisemitismus wurde eben nicht zentraler Bestandteil der bürgerlichen »Leitkultur«.

»Der Jude als Bolschewist«
Die antisemitischen Vermischer von Judentum und Sozialismus griffen gerne auf Karl Marx zurück, der 1847/48 zusammen mit Friedrich Engels das *Kommunistische Manifest* verfasst hatte. Da war es – das Schreckgespenst einer Revolution, der Generalangriff auf das konservative Bürgertum! Das konnte doch nur von den Juden kommen, jenen Feinden alles Bestehenden!

Nun war Karl Marx zwar mit sechs Jahren getauft worden und zusammen mit seinen Eltern zum Protestantismus konvertiert. Einen ordentlichen Antisemiten aber beeindruckte das überhaupt nicht, war er doch davon überzeugt: »Einmal ein Jude, immer ein Jude.« Dabei wurde völlig ignoriert, dass Marx in mehreren Schriften ein distanziertes Verhältnis zum damaligen Judentum bekundet hat, das der Kommunismus eines Tages sowieso überwinden würde, und nirgends bewusst auf jüdisches Gedankengut zurückgreift. Die meisten seiner Schriften waren den Rechten unbekannt, und Revolution, Kommunismus – das war ohnehin Teufelszeug!

Kein Wunder, dass der Hass auf die »Sozis« und auf die Juden Arm in Arm ging. Moses Hess bekam das zu spüren, auch als er sich 1862 gegen Marx stellte. Sein »Vergehen«: Er wollte sozialistische Ideale mit jüdischer Tradition verknüpfen und bekam deshalb nicht nur von Marx rasch den »Kommunisten-Rabbi« an die Jacke gehängt. Nicht besser erging es Ferdinand Lassalle, der 1863 den Allgemeinen Deutschen Arbeiterverein und damit die deutsche Sozialdemokratie begründet hatte. Dabei genügte es, dass er aus einer jüdischen Familie stammte. Auch sein Tod im Duell wegen einer Frau vermochte nicht, ihm posthum die Achtung der Konservativen einzutragen.

Nun haben sozialistische Ideen bei Juden durchaus Resonanz gefunden. Dafür aber gibt es nüchterne und logische Gründe:

- Im Zarenreich wurden die Juden unterdrückt, und immer wieder kam es zu blutigen Pogromen. Wo sonst hätten säkularisierte Juden Hoffnung finden können als in sozialistischen und zionistischen Ideen? Thron und Adel, Staat und Kirche waren gegen sie eingestellt.
- In Deutschland, wo politische Betätigung möglich war, waren die großen Parteien eher antisemitisch orientiert oder – wie das katholische Zentrum – christlich geprägt. Wo sonst als bei den Sozialisten (oder bei den wirklich Liberalen) hätten deutsche Juden ihre politische Heimat suchen können?

Bei alledem darf nicht übersehen werden, dass die Mehrheit der Juden große Vorbehalte gegenüber sozialistischen Ideen und Gruppen hegten. Diese störten nämlich ihren gesellschaftlich-wirtschaftlichen Aufstieg und stellten einen deutlichen Bruch mit den jüdischen Traditionen dar.

Die Oktoberrevolution in Russland 1917 brachte dann auch Juden an die Spitze von Bewegung und Regierung. Und bei den turbulenten politischen Experimenten in Bayern und Ungarn im Jahr 1919 war es nicht anders (Kurt Eisner hier, Bela Kun dort). In Russland ist besonders Leo Trotzki (eigentlich Leib Bronstein) bekannt geworden, der von 1918 bis 1925 Volks-kommissar für das Militärwesen war und damit Oberbefehls-haber der Roten Armee. Nun stimmt es, dass die Bolschewiki, die Rote Armee, aber auch die bereits 1917 gegründete Ge-heimpolizei Tscheka in dem bis 1921 andauernden, überaus blutigen Bürgerkrieg mit ihren Gegnern alles andere als zim-perlich umgegangen sind. Und es trifft auch zu, dass sich in beiden Organisationen Juden aktiv betätigt haben.

Dabei muss aber beachtet werden, dass einige gegenrevolu-tionäre Gruppierungen grausame Massaker an Juden verübt hatten, insbesondere die Weißen Garden in der Ukraine. Das hat die Juden geradezu in die Arme der Bolschewiki getrieben. Und eine wirklich beherrschende Stellung haben Juden im kommunistischen Machtapparat nie eingenommen. Zudem haben sie sich gerade nicht als Juden verstanden. Das sind eben-so historische Tatsachen wie die Ermordung Trotzkis und vieler anderer Juden durch Stalins Killer in den Dreißigerjahren und danach.

Die Kombination von »Jude« und »Bolschewist« passte aber so nahtlos in das Weltbild der Antisemiten, dass solche Fakten nicht zur Kenntnis genommen wurden. Eine kontinuierliche Hetzpropaganda hat dann zu einem Feindbild geführt, das Hit-ler und anderen 1941 zur Rechtfertigung des Überfalls auf die

Sowjetunion dienen sollte. Und in der jüngeren Vergangenheit ist das alte Stereotyp wieder belebt worden – auch bei uns in Deutschland.

Rassenlehre und Rassenwahn

Frühe Rassenlehren
Bereits 1727 hatte der Graf von Boulainvilliers behauptet, dass der französische Adel der überlegenen Rasse der langköpfigen »Nordischen Franken« entstamme, während die anderen Stände Nachfahren der unterworfenen keltischen Gallier seien (unwillkürlich wird man dabei an Bertolt Brechts Stück *Die Rundköpfe und die Spitzköpfe* erinnert). Diesen und ähnlichen Fantasien sind die Aufklärer entschlossen entgegengetreten. So war John Locke davon überzeugt, dass der Geist eines Menschen zum Zeitpunkt der Geburt ein unbeschriebenes Blatt sei und der Charakter sich durch die Erziehung, den Boden oder das Klima herausbilde. Damit war die Debatte »Nature or Nurture« (Vererbung oder Milieu) eröffnet, die bis heute nicht beendet ist.

Gegen Ende des 18. Jahrhunderts hatten dann aber Gelehrte mit der Suche nach Konstanten in der menschlichen Natur begonnen, die gegenüber allen persönlichen und gesellschaftlichen Wechselfällen unveränderlich blieben. Das alles blieb verschwommen und allenfalls pseudowissenschaftlich, machte jedoch hier und da durchaus Eindruck. Dem Nazipamphlet *Volk und Rasse* aus dem Jahr 1937 entnehme ich folgendes Zitat des großen Goethe: »Die Hauptsache ist, dass die Rasse rein bleibt, so werden wir ein Volk! So werden wir eine Einheit, und so nur werden wir fähig, das Grundelement des Urvolkes der Germanen zu erhalten und zu steigern.« Ich gebe dies mit aller gebotenen Vorsicht wieder. Aber wenn dieses Zitat authen-

tisch ist, wirft es ein eigenartiges Licht auf unseren Dichter-
fürsten!

Zwischen 1853 und 1855 veröffentlichte Arthur Graf von
Gobineau seinen *Versuch über die Ungleichheit der menschlichen
Rassen*. Zum ersten Mal wurde die Rasse als der große Motor
der Geschichte dargestellt. Weltgeschichte wurde als eine Geschichte von Rassenkämpfen definiert. Und alte religiöse Vorurteile wurden in »biologischen« oder »rassischen« Formeln
neu aufgegossen. Dieser »wissenschaftliche Rassismus« wollte
die Welt auf seine Weise erklären. Ihm ging es aber auch darum, bestimmte Machtverhältnisse als »natürlich« und unveränderlich festzuschreiben.

Charles Darwin, Gregor Mendel und die Folgen
Charles Darwins bahnbrechendes Werk *Über die Entstehung
der Arten* (1859) hat, wie wir wissen, gewaltige Folgen gehabt.
Gelehrte auf beiden Seiten des Atlantiks begannen rasch (und
zumeist voreilig), das Prinzip der »natürlichen Zuchtwahl« auf
den Menschen anzuwenden. Und insbesondere deutsche Sozial-
Darwinisten (Ploetz, Schallmayer und andere) entwickelten
Thesen vom »Niedergang der Rassen«. Ihre düsteren Progno-
sen stützten sich einerseits auf die These, dass das öffentliche
Gesundheitswesen den natürlichen Ausleseprozess hemme.
Andererseits verwiesen sie darauf, dass die Elenden und Behinderten mehr Kinder in die Welt setzten als die Begabten
und Widerstandsfähigen – mit angeblich schlimmen Konsequenzen. Auf derartigen Grundlagen entwickelte sich dann in
mehreren Ländern eine neue pseudowissenschaftliche Diszi-
plin, die »Rassenhygiene«. Man wollte »menschlichere« Formen der Auslese finden, um die Willkür der natürlichen Auslese zu überwinden. Aber: »Auslese« musste sein. Eine ähnliche
Wirkung lösten die Pflanzenexperimente des österreichischen
Mönchs Gregor Mendel aus, die wesentliche Grundlagen für

die moderne Vererbungslehre gelegt haben. Dabei war es niemals seine Absicht gewesen, die zweifelhafte Übertragung der Darwin'schen Erkenntnisse auf den Menschen und die Gesellschaft zu befördern.

Frühe Rassenlehren, aber auch die ersten Ansätze für »Rassenhygiene« sind wissenschaftlich durchaus angreifbar. Antisemitisch jedoch sind sie noch nicht gewesen. Gewiss wurde die Überlegenheit der westlichen »Kulturrassen« gegenüber den »Naturvölkern« hervorgehoben. Aber Ploetz zum Beispiel hat Arier und Juden als die beiden herausragenden Kulturrassen bezeichnet. Außerdem hat er unter Berufung auf Mendel darauf hingewiesen, dass keine der Menschenrassen wirklich »reinrassig« sei. Allerdings – Unterscheidung von Rassen bedeutet immer auch Klassifizierung. Und Klassifizierung bedeutet Rassenwahn.

Der Kult des »Nordischen«

Andere Rassenforscher aber sind von Anfang an einen anderen Weg gegangen. Sie knüpften direkt bei den Fantasien von Boulainvilliers und Gobineau an, verbanden sie dann aber mit den neuesten »wissenschaftlichen« Erkenntnissen der Rassenlehre. Das tat durchaus nicht nur der berüchtigte Houston Stewart Chamberlain. So hat der Professor Karl Valentin Müller, immerhin Mitglied der SPD (!), 1927 behauptet, dass die Ziele der Arbeiterbewegung nur für Menschen mit »nordischer Herkunft« gültig sein könnten. Daher konnte Hitler sich noch 1934 nicht nur auf Chamberlain, sondern auch auf Müller berufen, als er das Arbeiterproblem kurzerhand nicht als Klassen-, sondern als Rassenproblem bezeichnete.

Bereits 1909 hatte die Gesellschaft für Rassenhygiene beschlossen, die Mitgliedschaft auf Angehörige der »Weißen« oder »Nordischen« Rasse zu beschränken. Und der führende »Rassenforscher« Fritz Lenz hatte bereits 1917 Gobineaus Vision

vom »Germanischen Volk, dem letzten Bollwerk der Nordischen Rasse« gefeiert. In der Weimarer Republik ist dann, von
wenigen Ausnahmen abgesehen, die »Rassenlehre« endgültig
in »völkisches« und auch nationalsozialistisches Fahrwasser
geraten. Und dieses Fahrwasser war eindeutig antisemitisch.

Der säkulare Antisemitismus war also durchaus ein europäisches, ja ein internationales Phänomen. Nirgendwo sonst aber
hat er sich so konsequent, so bedrohlich entwickelt wie im
Deutschland des 19. und frühen 20. Jahrhunderts. Und deshalb
soll jetzt von dieser deutschen Variante die Rede sein.

TEIL II

DIE DEUTSCHE VARIANTE

»Der Tod ist ein Meister aus Deutschland.«

Paul Celan

KAPITEL 5:
DIE DEUTSCHE VARIANTE BILDET SICH HERAUS

In Deutschland hat der Antisemitismus eine ganz besondere Ausprägung erfahren. Sie war bereits vor 1933 weitestgehend vorhanden, ist also kein Produkt der Nazizeit. Nirgendwo anders (höchstens vielleicht in Österreich) ist der Antisemitismus für weite Teile der Bevölkerung fester Bestandteil des Alltags gewesen. Und nur in Deutschland hat er den Charakter einer verquasten »Weltanschauung« angenommen, auf der Hitler und seine Anhänger mühelos aufbauen konnten.

Diese Feststellung ist wichtig und schmerzlich. Viele haben sich angewöhnt, die Zeit der Nazis aus der Kontinuität der deutschen Geschichte herauszulösen, als habe es sich gleichsam um einen Betriebsunfall gehandelt. Und die Zeit vor Hitler wird zuweilen in verklärender Nostalgie betrachtet. Die historische Wahrheit sieht anders aus. Was den deutschen Antisemitismus angeht, so müssen wir uns nicht nur mit der Nazizeit kritisch auseinandersetzen, sondern auch mit den langen Jahrzehnten zuvor. Anders werden wir den Tatsachen nicht gerecht werden können.

Wilhelm Busch und die anderen

Bereits im 19. Jahrhundert waren antijüdische Klischees und antisemitische Ressentiments fester Bestandteil des Denkens und Fühlens im deutschen Bürgertum. Das galt auch für geachtete und bewunderte Schriftsteller und Künstler. Dazu einige wenige Beispiele:

Theodor Fontane ist bereits im Zusammenhang mit dem Bäder-Antisemitismus erwähnt worden. In seinem veröffentlichten Werk lassen sich kaum antisemitische Stellen finden. Man muss schon in seine private Korrespondenz blicken, um zu erkennen, wie er wirklich dachte. So hat er kurz vor seinem Tod 1898 in einem Brief geschrieben: »Wir hatten uns in etwas Menschenrechtliches verliebt und schwelgten in Emanzipationsideen, auf die wir noch nicht Zeit und Gelegenheit gehabt hatten, die Probe zu machen.« »Etwas Menschenrechtliches« – deutlicher kann man die Distanz zu den Gedanken der Aufklärung kaum formulieren! Diese Abkehr wird auch nicht durch den Hinweis relativiert, dass man auf die Emanzipationsideen noch keine Probe machen konnte. Das liegt ja nicht an den Ideen, sondern an den Probierenden.

Doch es kommt noch ärger: »Überall stören sie (die Juden), alles vermanschen sie, hindern die Betrachtung jeder Frage als solcher… Es ist, trotz all seiner Begabungen, ein schreckliches Volk – ein Volk, dem von Uranfang an etwas dünkelhaft Niedriges anhaftet, mit dem sich die arische Welt nun mal nicht vertragen kann. Welch Unterschied zwischen der christlichen (Welt) und der jüdischen Verbrecherwelt. Und das alles unausrottbar.«

Hier ist er brutal formuliert, der angeblich »unausrottbare« Unterschied zwischen der »christlichen, arischen Welt« und der »jüdischen Verbrecherwelt«! Man wird es so deutlich sagen müssen: Die Ansichten des alten Theodor Fontane und die Überzeugungen der üblen Antisemiten seiner Zeit liegen nah beieinander.

Auch der bereits erwähnte Ludwig Thoma stand mit seinen antijüdischen Klischees durchaus nicht allein. Nehmen wir als Beispiel nur Wilhelm Busch. Ich erinnere mich aus meiner Kinderzeit an den Zweizeiler »Die Zwiebel ist des Juden Speise, das Zebra trifft man stellenweise«. Dass dies nicht ganz so vergnüglich gemeint war, merkt man sehr rasch an der begleitenden Zeichnung, die den Juden übel karikiert. Und 1882 hat er dann in *Plisch und Plum* gereimt:

> »Kurz die Hose, lang der Rock,
> Krumm die Nase und der Stock,
> Augen schwarz und Seele grau,
> Hut nach hinten, Miene schlau,
> So ist Schmulchen Schievelbeiner
> (Schöner ist doch unsereiner!).«

Das alles spricht für (oder besser: gegen) sich. Die Reihe ließe sich fortsetzen und auf andere Bereiche der Kunst erweitern. So füllt die Auseinandersetzung über die Frage, wie stark und gegebenenfalls ab wann und unter welchen Umständen Richard Wagner antisemitisch gesinnt war, ganze Bücherschränke und Kongressberichte.

Immerhin, ein Ausspruch Wagners sollte nicht unter den Tisch fallen: »Ich halte die jüdische Rasse für den eigentlichen Feind der reinen Humanität und all dessen, was in ihr edel ist.« Vielleicht ermöglicht dieser Satz ja ebenso ein eindeutiges Urteil wie die Lektüre seiner 1850 verfassten Schrift *Über das Judentum in der Musik*.

Es bleibt eine einfache Frage: Haben all diese von uns so verehrten Größen deutscher Kunst und Kultur nicht ebenso nachhaltig zur Entwicklung einer antisemitischen Weltanschauung beigetragen wie die Schmähschriften des »Quintetto Infernale«, von dem gleich die Rede sein soll?

Jedenfalls hätte sich Hitler auch auf sie berufen können, als er in *Mein Kampf* über die »Erkenntnisse« seiner Wiener Jahre schrieb: »Die besten Kenner aber dieser Wahrheit über die Möglichkeiten der Anwendung von Unwahrheit und Verleumdung waren zu allen Zeiten die Juden; ist doch ihr ganzes Dasein schon auf einer einzigen großen Lüge aufgebaut, nämlich der, dass es sich bei ihnen um eine Religionsgemeinschaft handle, während es sich um eine Rasse – und zwar was für eine – dreht.«

Ein »Quintetto Infernale«

Wilhelm Marr
Er hat um 1879 den Begriff des Antisemitismus und damit einen Schlüsselbegriff für eine einheitliche »Weltanschauung« geliefert. Marr ging dabei von vermeintlichen »Rasseneigenschaften« der Semiten aus. Und waren die Juden etwa keine Semiten? Das teuflisch Attraktive an diesem neuen Begriff war, dass er die scheinbar objektive Rassentheorie und ein hohes Maß an Mehrdeutigkeit miteinander verband. Unter Antisemitismus konnte man hinfort alles Mögliche verstehen.

Otto Glagau
Er hat über die damals in bürgerlichen Kreisen viel gelesene *Gartenlaube* den Antisemitismus propagiert. Dieses Bürgertum war durch den Börsenkrach des Jahres 1873 wirtschaftlich schwer getroffen worden – ein Sündenbock musste her. Und so machte Glagau ab 1878 die Juden nicht nur für die gesamte Handhabung des Bankwesens und damit für jenen Crash verantwortlich, sondern gleich für den ganzen Kapitalismus, der als jüdische Erfindung verteufelt wurde.

Bereits 1876 hatte er geschrieben: »Die Weltgeschichte kennt kein zweites Beispiel, dass ein heimatloses Volk, eine physisch wie psychisch entschieden degenerierte Race, bloß durch List und Schlauheit, durch Wucher und Schacher über den Erdkreis gebietet.« Und 1879 formulierte er: »Die soziale Frage ist die Judenfrage.« In den Köpfen vieler seiner Leser hat sich dieses

Schlagwort verselbstständigt und ist dann nicht mehr hinterfragt worden. Aus einer völlig haltlosen These ist so ein Vorurteil geworden, das zum Bestandteil deutscher »Leitkultur« werden sollte.

Heinrich von Treitschke
Der Nachfolger des großen Leopold von Ranke galt als der führende deutsche Historiker. Sein Hauptwerk *Deutsche Geschichte im 19. Jahrhundert* war bei uns das meistgelesene wissenschaftliche Werk seiner Zeit. Treitschke hat den Antisemitismus hoffähig gemacht. 1879 (also zeitgleich mit Marr und Glagau) vertrat er die Auffassung, die Juden bildeten eine Gefahr für das »neue deutsche Leben, richtig erkannt«. Und dann kam es knüppeldick: »Die Juden sind unser Unglück!« Für die vielen, die sich gern auf den großen Treitschke beriefen, war die Judenfrage nun nicht mehr nur ein Problem unter anderen, sondern der Kern allen Übels.

Adolf Stoecker
Der Hof- und Domprediger in Berlin hat den Antisemitismus auf eine für viele deutsche Protestanten akzeptable Weise umformuliert. In den Achtzigerjahren (1878 hatte er die Christlich-soziale Arbeiterpartei gegründet) erkannte er, dass reiner Antiliberalismus und romantische Nostalgie als politisches Programm nicht ausreichten. Also musste ein kämpferischer Anspruch her. Den hat dieser Mann Gottes im Antisemitismus gefunden und in seinen »Reden zum Judenthum« im Herbst 1879 propagiert.

Karl Eugen Dühring
Er hat als Privatgelehrter die Nationalökonomie und die Philosophie betrieben. 1887 veröffentlichte er eine unter Antisemiten weit beachtete Schrift unter dem Titel *Die Judenfrage als Frage der Racenschädlichkeit für Existenz, Sitte und Cultur der Völker.*

Bereits damals plädierte er für den Ausschluss der Juden aus dem öffentlichen Dienst, für ihre Entfernung aus Justiz, Presse und öffentlichem Leben sowie für das Verbot von Mischehen. Nahezu alles findet man im frühen Parteiprogramm der NSDAP wieder.

Von Marr, Glagau, Treitschke, Stoecker und Dühring führt eine Linie bis zu Adolf Hitler. Diese Männer haben entscheidend dazu beigetragen, dass der Antisemitismus in Deutschland zu einem integralen Bestandteil der Weltsicht »staatstragender« Bevölkerungskreise wurde. Er war zum »kulturellen Code« geworden, um einen Begriff von Shulamit Volkov zu gebrauchen. Eine vergleichbare Entwicklung hat es in keinem anderen Land Europas gegeben.

Die Frage ist nun: Was hat zum Entstehen dieses radikalen deutschen Antisemitismus beigetragen?

Rassentheorie und Vereinnahmung der christlichen Tradition

Bereits frühe Rassentheorien waren davon ausgegangen, dass es nicht nur physisch unterschiedliche Menschenrassen gebe, sondern sich diese auch mental und psychologisch, also über ihre »angeborenen« Eigenschaften und sozialen Verhaltensmuster, voneinander unterschieden.

Wer diesen Unfug glaubte, war rasch auch vom nächsten Denkschritt zu überzeugen. Hatten nicht schon die frühen Kirchenväter den Juden bestimmte negative Eigenschaften zugeschrieben? Und war dergleichen nicht immer wieder durch kirchliche Autoritäten beider Konfessionen bekräftigt worden? Nun denn – jetzt war es »wissenschaftlich bewiesen«: Es lag an der »Rasse«! Von daher ließ sich auch behaupten, dass sich die Juden nicht wirklich anpassten, unflexibel in ihren Gewohnheiten waren, stur an ihrem Glauben festhielten. Rassen, das sind eben fertige Produkte, die sich nicht mehr ändern lassen.

Der bereits erwähnte Brite Houston Stewart Chamberlain hat dann gegen Ende des 19. Jahrhunderts diese Wahnideen einen Schritt weitergetrieben. Anders als bisher reiht er die Juden nicht mehr nur ganz unten auf der Rangliste der Rassen oder Völker ein. Er erklärt sie kurzerhand zu einer lebensgefährlichen »Gegenrasse«. Bei Chamberlain taucht das Fantasieprodukt einer arisch-christlichen Weltanschauung auf, die der jüdisch-materialistischen Weltanschauung diametral entgegengesetzt sein soll. Übrigens: Chamberlain erklärt auch den Liberalismus, den Sozialismus und die Demokratie zu Merkmalen dieser von den Ariern zu bekämpfenden Weltsicht. Über den Ausgang dieses Kampfes gibt es keine Ungewissheit: »Der Tüchtige überlebt«, und deshalb gehört der Endsieg den Ariern. Es wundert nicht, dass Hitler Chamberlain genau gelesen und sehr geschätzt hat.

Natürlich hatten die Deutschen kein Monopol auf Rassenlehre und Rassenwahn. Nirgendwo sonst aber ist beides auf eine so konsequente und damit auch gefährliche Weise miteinander verknüpft worden.

Antisemitische Bewegungen und Organisationen

Auch in Deutschland hatten im letzten Drittel des 19. Jahrhunderts Gruppierungen Zulauf, die offen mit antisemitischen Programmen auftraten. Eine einigermaßen vollständige Übersicht würde den Rahmen sprengen; deshalb soll an dieser Stelle nur von der antisemitischen Partei die Rede sein.

Man kann sich das heute nicht vorstellen, aber ab 1893 haben im Deutschen Reichstag antisemitische Parteien mit bis zu achtzehn Abgeordneten gesessen. Hier ein Auszug aus einer Reichstagsdebatte des Jahres 1895. Das Wort hat der antisemitische Reichstagsabgeordnete Hermann Ahlwardt: »Meine Herren, die Ansteckungskraft und die Ausbeutungskraft des Judenthums sind es, um die es sich handelt. Wenn man nun sagt, der Jude ist auch ein Deutscher, so muss ich das entschieden zurückweisen. Der Jude ist kein Deutscher ... Die Rasse, aus der heraus er geboren ist, ist das Entscheidende ... Ein Pferd, das im Kuhstall geboren ist, ist noch lange keine Kuh (Stürmische Heiterkeit).«

Mitte der Achtzigerjahre hatten im Reichstag die beiden konservativen, konfessionellen Parteien eine Mehrheit besessen – die protestantischen Deutschkonservativen und das katholische Zentrum. Nach den Wahlen 1887 kam es dann zu einer Koalition dieser Deutschkonservativen mit den Liberalen. Das führte zu einer Zerreißprobe auf der protestantischen Seite. Adlige Grundbesitzer und Großlandwirte, vor allem aber die große Schar der protestantischen Handwerker fühlten sich »verraten« und »heimatlos«. Mit den Liberalen wollten sie keine gemeinsame Sache machen. Also wechselten sie scharenweise zu den Antisemiten über, die sie denn auch heftig umwarben.

Wirtschaftliche und soziale Beweggründe

Bereits zwei Jahre nach der Reichsgründung von 1871 kam es zur ersten schweren Wirtschaftskrise, der 1890 eine zweite folgte. Beide waren mit dem millionenfachen Abstieg in die Armut und in die soziale Unsicherheit verbunden. Wer sucht schon die Gründe bei sich selbst? Wer ist in einer derartigen Situation noch voll für rationale Argumente zugänglich? Nein, die Schuld musste bei jemand anderem liegen! Als Sündenbock boten sich die Juden an.

Bismarck hat mit seiner Innenpolitik versucht, diesen wirtschaftlichen und sozialen Fehlentwicklungen entgegenzuwirken. Sein Kampf gegen die Sozialisten, jene »vaterlandslosen Gesellen« und Anhänger der internationalen Arbeiterbewegung, sein Antreten gegen die ultramontanen (»Rom-hörigen«) Katholiken der Zentrumspartei machten aus ganzen Gruppen der Bevölkerung »Reichsfeinde«. Besonders im protestantisch geprägten Bürgertum aber verband sich dieses Vorgehen mit der tiefen Abneigung gegen den »jüdischen Liberalismus« und eine forcierte Industrialisierung. Vor diesem Hintergrund ist Treitschkes Satz »Die Juden sind unser Unglück« zu sehen.

Dieser weit verbreitete Hass auf die Juden hatte kaum einen Bezug zur Wirklichkeit. So gab es, von Schneidern, Bäckern und Fleischern einmal abgesehen, im Bereich des Handwerks praktisch keine jüdische Konkurrenz. Bei Freiberuflern und den Dienstleistungen lag die Situation ähnlich. Aber die Verfechter des Antisemitismus ignorierten diese Tatsachen! Andernfalls hätten sie ihre Ideologie nicht predigen können. Also: »Die Judenfrage ist die soziale Frage« – und viele, allzu viele glaubten es einfach.

Auf dem Weg zu einer »Weltanschauung«

Chauvinistischer Nationalismus, Sozialneid, »völkische« Einstellungen, rassistische Fantasien und Antisemitismus – all das hat sich in Deutschland miteinander vermischt. Und auch die für die damalige Zeit typische Untertanengesinnung hat ihre düstere Rolle gespielt. So entwickelte sich eine »Weltanschauung«, die sich auf Ressentiments, rückwärtsgewandte Sehnsüchte und wahnhafte säkulare Glaubenssätze gründete. Wer sie infrage stellte, wurde kurzerhand zum Feind erklärt.

In dieser »Weltanschauung« hatten Juden und Antisemitismus ihren festen Platz. Sie, die Juden, waren für die von der Sehnsucht nach einer vorindustriellen und vordemokratischen Welt getriebenen Bevölkerungskreise das Symbol der verhassten Moderne. Schlimmer noch, sie waren Angehörige einer feindlichen »Rasse«, unabänderlich in ihre »jüdische Verbrecherwelt« eingebunden. Um noch einmal Volkov zu zitieren: Der Antisemitismus war zum »kulturellen Code« vieler Deutscher geworden.

Natürlich trifft diese traurige Feststellung längst nicht auf alle Deutschen zu. Nicht nur Einzelne, sondern ganze Gruppen haben sich dieser gefährlichen Entwicklung mutig entgegengestellt. Aber es ist wohl nicht ganz falsch zu behaupten, dass die eben beschriebene Weltsicht fester Bestandteil der bürgerlichen »Leitkultur« geworden war.

Bereits vor dem Ersten Weltkrieg war also die deutsche Variante weitgehend ausgebildet.

Der Erste Weltkrieg

Kriege stellen immer Einschnitte dar, und wahrscheinlich ist der Erste Weltkrieg einer der tiefsten gewesen. Ob in Russland, Deutschland oder Frankreich – überall haben sich seit 1914 die mit den Juden zusammenhängenden Fragen wie in einem Brennglas gebündelt. Dies hat allerdings zu durchaus unterschiedlichen Ergebnissen geführt.

Der bekannte Ausspruch Wilhelms II. »Ich kenne keine Parteien mehr, ich kenne nur noch Deutsche« galt im übertragenen Sinn auch für die deutschen Juden. Wie die Sozialdemokraten wurden auch sie unter »Burgfrieden« gestellt (eine allerdings verräterische Formulierung!). Und sie sind zu den Fahnen geeilt, all die, die die Hoffnung auf Gleichstellung und gesellschaftlichen Rang nicht aufgegeben hatten. Jetzt war die Gelegenheit, es den anderen zu zeigen! Man wollte sich weder in Patriotismus noch in Kampfesmut übertreffen lassen. Auch die Inschriften auf den Grabmälern jüdischer Soldaten waren um keinen Deut anders als die ihrer nichtjüdischen Kameraden.

Und der jüdische Philosoph Hermann Cohen lieferte dazu die notwendige Überhöhung, als er 1915 meinte: »Das Deutschtum muss zum Mittelpunkt eines Staatenbundes werden, der den Frieden in der Welt begründen und in ihm die wahrhafte Begründung einer Kulturwelt stiften wird ... Der gerechte Krieg (!) ist die Vorbereitung des ewigen Friedens.« War ihm bewusst, dass er damit den großen Immanuel Kant zum Büttel wilhelminischer Großmannssucht machte?

Aber auch an der Heimatfront wurden jüdische Patrioten aktiv. Alfred Ballin und Walther Rathenau beispielsweise haben führende Positionen in der deutschen Kriegswirtschaft eingenommen. Dann aber wendete sich das Kriegsglück. Nun setzte eine wütende Kritik der Rechten an den »Schiebern« und »Kriegsgewinnlern« in der Heimat ein. Und da war es wieder – das antisemitische Grundgefühl. Immer wieder wurde der Patriotismus der deutschen Juden infrage gestellt. Zudem ordnete die Reichsregierung 1916 eine »Judenzählung« für das Heer an. Sie gab damit haltlosen Vorwürfen nach, die eine weit verbreitete Drückebergerei unter den Juden behaupteten. Dieser Vorgang löste eine tiefe, für manche traumatische Enttäuschung aus. Das Land, für das man sein Leben einsetzen wollte, schien zum Verrat bereit.

Es kamen der November 1918, das Ende, die Abdankung des Kaisers, die Ausrufung der Republik und die Unterschrift unter die Verträge von Versailles. Spätestens zu diesem Zeitpunkt waren die deutschen Juden in einer schlimmeren Lage als jemals zuvor seit dem frühen 19. Jahrhundert. Denn jetzt konnten die Antisemiten ihnen auch noch die Niederlage

(Dolchstoßlegende!) und den »Schandfrieden« in die Schuhe schieben. Der Weg von einem Antisemitismus des Wortes zu einem Antisemitismus der Tat war vorgezeichnet, wenn auch noch nicht beschritten.

In Frankreich lagen die Dinge wesentlich besser. Die Dreyfus-Affäre hatte klärend gewirkt. Die seit damals zu beobachtende Integration der Juden in die französische Gesellschaft erhielt durch deren aktive Teilnahme am »Großen Krieg« eine zusätzliche Schubkraft. Und am Ende waren die Franzosen auf der Siegerseite, sodass Wirkungen, wie sie in Deutschland eintraten, dort überhaupt nicht auftraten.

In Russland hingegen haben die Nöte der Kriegszeit die bereits vorhandenen Verschwörungsfantasien und Hasstendenzen gegen die Juden weiter verstärkt. Es kam zu Massenevakuierungen und Pogromen. Überall witterte man Verrat, zumal das Jiddische sich in russischen Ohren so ähnlich wie die Sprache der Feinde anhörte. Erst mit der herannahenden Revolution wurde die rechtliche Emanzipation der Juden endlich verwirklicht. Die Übergangsregierung des Alexander Kerenskij hat sie im März 1917 durchgesetzt. Gleichzeitig aber sind in den Wirren dieses Jahres bei antisemitischen Ausschreitungen Zehntausende umgebracht worden.

Die Zeit der Weimarer Republik

Bei Kriegsende 1918 war die Landkarte Europas total verändert. Die Donaumonarchie und das Osmanische Reich waren untergegangen. Aber auch für Deutschland kann man von einer ähnlich tiefen Zäsur sprechen. Überall mussten mit radikaler Wucht neue Regierungs- und Staatsformen gefunden werden. Insbesondere in den Verliererstaaten war damit aber auch der Boden für den Totalitarismus bereitet. Das führte zum raschen

Aufflammen reaktionärer Kräfte und Tendenzen, was wiederum den Nährboden für zusätzlichen Antisemitismus schuf.

Antisemitische Strukturen
Ab 1919 haben sich in Deutschland üble antisemitische Strukturen rasch herausgebildet.

Da war unter anderem der Deutschvölkische Schutz- und Trutzbund, der 1922 auf fünfhundertdreißig aktive Ortsgruppen und mehr als zweihunderttausend Mitglieder zurückgreifen konnte. Er hat sich mit den berüchtigten Freikorps und anderen Terrorgruppen verbündet. Da war die Deutschnationale Volkspartei, die zunehmend in antisemitisches Fahrwasser geriet und dann Juden aus ihren Reihen ausschloss. 1923 betrug die Mitgliederzahl dieser Partei stolze neunhundertfünfzigtausend! In ihr waren vor allem die führenden Schichten des ehemals kaiserlichen Deutschland vertreten. Und da war natürlich die NSDAP, die im letzten Drittel der Weimarer Republik als Massenorganisation ihren unheilvollen Weg beschritt.

Übrigens fand der deutsche Antisemitismus auch massenhafte Verbreitung über die Medien. Für 1920 allein schätzt man, dass rund zwanzig Millionen Zeitschriften, Broschüren und Bücher »völkischer« und/oder antisemitischer Machart unters Volk gebracht worden sind. Und als ab 1919 die widerlichen *Protokolle der Weisen von Zion* in deutscher Sprache erschienen, belief sich die Gesamtauflage rasch auf mehrere Hunderttausend.

Antisemitische Aktionen
1919 wurden Rosa Luxemburg und Karl Liebknecht ermordet. Das antisemitische Milieu der Mörder kann ebenso wenig bestritten werden wie deren Motive. Dass aber jede wirkliche Reaktion der breiten Öffentlichkeit ausblieb, ist sicherlich ebenso bezeichnend.

Der Deutschvölkische Schutz- und Trutzbund begann Listen
mit den Namen von »Volksschädlingen« zusammenzustellen
und zu veröffentlichen. Die damals noch kleine NSDAP griff bereits 1921 Juden und besonders Funktionäre jüdischer Organisationen auf offener Straße an.

Erst als 1922 Walther Rathenau ermordet wurde, reagierten
Politik, Medien und die breite Öffentlichkeit. Aber der Weg
zur Gewalt war beschritten. Und er sollte nicht mehr verlassen
werden.

Mangelnde Gegengewichte

Für das Gewicht des Antisemitismus in der Weimarer Republik
ist neben seiner bedrohlichen Radikalität und der Stärke seiner
Trägerschichten die Haltung der übrigen politischen und gesellschaftlichen Kräfte entscheidend gewesen. Sie waren entweder nicht willens oder nicht in der Lage, ausreichende Gegengewichte zu bilden.

Was die Parteien angeht, so wurde bereits erwähnt, dass die
Deutschnationale Volkspartei Juden aus der Partei ausschloss
und zunehmend auf antisemitische Propaganda setzte. Das
katholische Zentrum ging seinen eigenständigen Weg, wollte
koalitionsfähig bleiben und hat deshalb keinen wirklich aktiven Gegenpol gegen die Antisemiten gebildet. Die Haltung
der katholischen Kirche selbst war zweideutig. Den rassistisch
geprägten Antisemitismus hat sie immer abgelehnt; traditionell »antijudaistische« Relikte mögen aber dazu geführt haben,
dass sie sich in jenen Jahren nicht klar vor die Juden gestellt
hat.

Im Milieu des deutschen Protestantismus waren antisemitische Positionen stark und einflussreich. Das galt insbesondere
für den norddeutschen Raum.

Die Sozialdemokratie ist in ihrer Stellung klar und eindeutig gewesen, lange vor Otto Wels und seiner berühmten

Reichstagsrede am 23. März 1933. Sie trat für eine demokratische Republik, für den Rechtsstaat, für die volle Gleichberechtigung aller Bürger, also auch der Juden, und gegen reaktionären Nationalismus ein. Ähnliches wird man auch von den der SPD nahestehenden Gewerkschaften sagen können. Die Haltung der Kommunisten hingegen war alles andere als unmissverständlich. Die Bilder vom gemeinsamen Berliner BVG-Streik mit der NSDAP lassen sich ebenso wenig vergessen wie die 1924 in Nürnberg beschlagnahmten Flugblätter mit der Überschrift »Nieder mit der Judenrepublik!«. Die Kommunisten sahen ihren Hauptgegner nicht in der politischen Rechten, sondern in der Sozialdemokratie, wie wir bei Kurt Tucholsky und Hermann Hesse gleichermaßen nachlesen können.

Es gab also keine ausreichenden Gegengewichte gegen die antirepublikanischen, antidemokratischen und auch antisemitischen Kräfte. Hinzu kommt, dass die Justiz von den Anhängern dieser Kräfte durchsetzt war. Nicht nur die Demokratie war instabil, der Rechtsstaat war es auch. Auf diesem Nährboden konnte der Antisemitismus als »kultureller Code« vieler Deutscher prächtig gedeihen. Aber auch Juristen, die nicht antisemitisch eingestellt waren, mögen durch den bedeutenden und hoch geschätzten Staats- und Völkerrechtler Carl Schmitt beeinflusst gewesen sein. Der hatte bereits 1923 geschrieben: »Jede wirkliche Demokratie beruht darauf, dass nicht nur Gleiches gleich, sondern das Nichtgleiche nicht gleich behandelt wird. Zur Demokratie gehört also notwendig erstens Homogenität und zweitens – nötigenfalls – die Ausscheidung oder Vernichtung des Heterogenen.« Welch ein schändliches Demokratieverständnis! Und wie entlarvend doch das Wörtchen »nötigenfalls« wirkt!

Ein kurzer Blick zu den Nachbarn
Auch jenseits der deutschen Grenzen hatten der Weltkrieg und
seine Folgen zu tiefen Brüchen in der gesellschaftlichen, sozialen und ideologischen Entwicklung geführt.

In mehreren europäischen Ländern entstanden starke faschistische Bewegungen, die hier und da auch die Herrschaft
an sich rissen. Häufig genug war dieser Faschismus mit ganz
spezifischer Fremdenfeindlichkeit verknüpft – alte Rechnun-
gen sollten beglichen werden. In der Slowakei war er antiunga-
risch, in Ungarn antirumänisch, in der Ukraine antipolnisch,
in Polen antideutsch und antirussisch. Spätestens als Benito
Mussolini in Italien die Macht ergriff, wurde es augenfällig:
Der Faschismus war Herrschaftsprogramm geworden und mit
ihm auch der Antisemitismus (obwohl dieser gerade in Italien
nicht stark ausgeprägt gewesen ist). All das hinterließ bei den
extremen Nationalisten und Antisemiten in Deutschland tiefen
Eindruck, auch Bewunderung, wie sie in dem Verhältnis von
Hitler zu Mussolini später sichtbar werden sollte.

Auf der anderen Seite hat der blutige Sieg der Bolschewiki in
Russland für weiteste Kreise Westeuropas ein neues, mächtiges
Feindbild geschaffen. Die Angst vor der roten Weltrevolution
und ihrem mächtigen Arm, der Komintern, ließ sich politisch
leicht ausschlachten. Der Hass auf den »jüdischen Bolschewismus« wurde geschürt. Was tat es schon, dass es sich hierbei um
eine Verzerrung der tatsächlichen Verhältnisse handelte?

Insgesamt hat die Entwicklung in mehreren europäischen
Nachbarländern die Gegner des deutschen Antisemitismus
nicht gestärkt, sondern eher geschwächt.

Die wirtschaftliche und soziale Entwicklung
Natürlich gibt es keine unmittelbare Wechselbeziehung zwischen ökonomischen oder sozialen Fakten einerseits und geistigen oder politischen Einstellungen andererseits. Und man

macht es sich auch eindeutig zu leicht, wenn man die Machtübernahme durch die Nazis direkt auf die Massenarbeitslosigkeit in Deutschland zurückführt.

Aber indirekte Wechselwirkungen gibt es schon! Und auch die haben den Antisemiten in die Hände gespielt. Da war die schwere Notlage unmittelbar nach Kriegsende. Da war der rasante soziale und gesellschaftliche Abstieg wichtiger »staatstragender« Schichten des Kaiserreichs. Dann stürzte die Weimarer Republik in die schlimmste Inflation der deutschen Geschichte – mit allen negativen Folgen für die Arbeitnehmer und ihre Familien, für die Rentner und die Sparer. Nach einer allzu kurzen Erholung Mitte der Zwanzigerjahre schlug dann die Weltwirtschaftskrise umso grausamer zu.

Übrigens, was wir uns nicht immer klarmachen: All diese gewaltigen Erschütterungen haben sich in der kurzen Zeitspanne von nur vierzehn Jahren abgespielt! Die psychologischen Konsequenzen mussten verheerend sein.

Man wird wohl sagen können, dass in den späteren Jahren der Weimarer Republik viele Verzweifelte, durchaus nicht nur Arbeitslose, in Hitler ihren Erlöser gesehen haben. Die Frage aber ist nicht so sehr, wer die NSDAP gewählt hat und warum. Die eigentliche Frage ist die, was ihren Aufstieg und ihre Machtübernahme möglich gemacht hat.

Man wird deshalb hinter die ökonomischen Fakten und die sozialen Spannungen blicken müssen. Dann kommen all die erwähnten Schwächen der Weimarer Republik in den Blick. Mehr noch – dann wird erneut deutlich, dass die tieferen Ursachen in weit verbreiteten Einstellungen aus dem 19. und frühen 20. Jahrhundert wurzelten. Und dazu gehörte auch der Antisemitismus.

Also von wegen Goldene Zwanziger!

In der Zeit zwischen den Kriegen hat sich der Antisemitismus deutlich radikalisiert. Der verhasste Jude war nicht mehr

nur Symbol der verhassten Moderne. Nach dem verlorenen
Krieg war er auch zum Symbol einer verhassten Staatsform geworden. Immer häufiger wurde ebendeshalb die Weimarer Republik von ihren Feinden auch als »Judenrepublik« bezeichnet.

Hitler und die NSDAP vor 1933

Hitler und die NSDAP haben es in den turbulenten Jahren der
Weimarer Republik mit zunehmender Meisterschaft verstanden, die schweren Probleme jener Zeit für ihre Ziele zu nutzen,
wobei sie alle modernen Methoden der Massenbeeinflussung
anwandten.

Zu diesen Zielen gehörte von Anbeginn, getragen durch einen radikalen Antisemitismus, die »Endlösung der Judenfrage«, auch wenn dies nicht von Anfang an immer so ausgedrückt
wurde.

Der Antisemit Adolf Hitler

Es kann kein Zweifel daran bestehen, dass Adolf Hitler bereits
sehr früh von einem glühenden Hass gegen die Juden besessen
und von einem radikalen Antisemitismus beseelt war.

In einem Brief aus dem Jahre 1919 zeigt er sich überzeugt davon, dass das Endziel für Deutschland die unerbittliche Entfernung der Juden aus dem »Volkskörper« zu sein habe. 1920 hat
er in einer Rede mit dem Titel »Warum sind wir Antisemiten?«
in München gesagt: »Ariertum bedeutet sittliche Auffassung der
Arbeit … Judentum bedeutet egoistische Auffassung der Arbeit.
Die notwendigen sozialen Reformen zugunsten derer, die Tag
für Tag für die Volksgemeinschaft arbeiten, müssen einherge-
hen mit dem Kampf gegen den Gegner jeder sozialen Einrichtung, das Judentum. Die Tat bleibt bei uns unverrückbar fest,
sie heißt: Entfernung des Judentums aus unserem Volke.«

Und in *Mein Kampf* fordert er, dass zehn- oder fünfzehntausend jüdische »Schieber und Kriegsgewinnler« »unter Giftgas gehalten« werden sollten, weil sie Deutschland im Ersten Weltkrieg in den Rücken gefallen seien.

Die eigentliche Grundlage seiner antisemitischen Überzeugungen ist rassistischer Natur. Hierzu folgende Auszüge aus *Mein Kampf*:

»Die Sünde wider Blut und Rasse ist die Erbsünde dieser Welt und das Ende der sich ihr ergebenden Menschheit... Rassenkreuzung... heißt aber denn doch nichts anderes als Sünde treiben wider den Willen des ewigen Schöpfers... Was wir heute an menschlicher Kultur, an Ergebnissen von Kunst, Wissenschaft und Technik vor uns sehen, ist nahezu ausschließlich schöpferisches Produkt des Ariers... Den gewaltigsten Gegensatz zum Arier bildet der Jude... Das jüdische Volk (ist) bei allen scheinbar intellektuellen Eigenschaften dennoch ohne jede wahre Kultur, besonders aber ohne jede eigene Kultur.«

Die NSDAP – von Anfang an antisemitisch

»Seine« Partei, die NSDAP, war von Anfang an bereit, ihm zu folgen. Ihr 25-Punkte-Programm aus dem Jahre 1920 enthielt folgende Forderungen: »Kein Jude kann Volksgenosse sein«... »Die Juden müssen unter Fremdengesetzgebung stehen... Kein Jude darf ein öffentliches Amt bekleiden.« Zu jener Zeit war das alles von den Auffassungen anderer antisemitischer Gruppierungen gar nicht weit entfernt. Zudem war die Partei zu jener Zeit noch völlig unbedeutend, sodass ihr Geschrei zunächst nicht groß auffiel.

Dieser Antisemitismus der Nazis war Bestandteil einer »völkischen« und antidemokratischen Weltanschauung. In ihrer Hetze spielten zudem andere Punkte wie der »Schandfrieden von Versailles«, die Pläne von Dawes und Young, die sozialen Spannungen, später dann die Weltwirtschaftskrise und ihre

Auswirkungen eine wichtige Rolle. Zwar war all das auch mit üblen Ausfällen gegen die Juden verbunden, aber es ist nicht ganz einfach festzustellen, welche Bedeutung der Antisemitismus für den politischen Erfolg der NSDAP gehabt hat.

Dieser Antisemitismus der Partei war, wie bei Hitler selbst auch, mythischer Natur. Er war Teil einer rassistischen Weltanschauung. Es ging um den »Endkampf« mit der jüdischen »Rasse« und schließlich die »Erlösung« der arischen Rasse selbst (das »Christliche« wurde zunehmend zurückgedrängt). Es ging um »Rasseneinheit«, war sie doch zwingende Voraussetzung für das Überleben und den endgültigen Sieg. Ein weltweiter »Endsieg« der Arier und eine weltweite »Endlösung« für die Juden (für Hitler die »Rassentuberkulose der Völker«) hingen von daher eng zusammen.

Hitler schreibt in *Mein Kampf*: »Werden unser Volk und unser Staat das Opfer dieser blut- und geldgierigen jüdischen Völkertyrannen, so sinkt die ganze Erde in die Umstrickung dieses Polypen; befreit sich Deutschland aus dieser Umklammerung, so darf diese größte Völkergefahr als für die gesamte Welt gebrochen gelten.«

Alfred Rosenberg, der Chefideologe der NSDAP, hat das nach 1933 einmal so formuliert: »Heute erwacht ein neuer Glaube: Der Mythus des Blutes, der Glaube, mit dem Blut auch das göttliche Wesen der Menschen überhaupt zu verteidigen. Der mit hellstem Wissen verkörperte Glaube, dass das nordische Blut jenes Mysterium darstellt, welches die alten Sakramente ersetzt und überwunden hat.«

Falls dieser Quatschkopf überhaupt logisch denken konnte, musste dies bedeuten, dass er die Juden nicht zu den Menschen zählte.

Insgesamt wird man sagen dürfen, dass der Antisemitismus der NSDAP lediglich eine Verdichtung und Radikalisierung einer weit verbreiteten Ideenwelt war. Das eigentlich Neue bei den Nazis lag anderswo, nämlich in der Dynamik ihrer Bewegung sowie in dem persönlichen Fanatismus Adolf Hitlers und seiner engsten Gefolgsleute.

Vom »Antisemitismus der Pamphlete«
zum »Antisemitismus der Tat«
Es hat aber noch einen anderen, meiner Ansicht nach wesentlichen Unterschied gegeben, der zum Neuen im nazistischen Antisemitismus gehört.

Hitler ist es seit Beginn seiner politischen Aktivitäten nicht nur um Überzeugung gegangen, sondern in erster Linie um die Macht, die allein ihm die Möglichkeit geben würde, diese Überzeugung auch durchzusetzen. Darum konnte er mit Texten und Pamphleten nichts anfangen, es sei denn, sie waren eindeutig Instrumente der gezielten politischen Propaganda. Bereits in *Mein Kampf* hatte er behauptet, nicht »Geschriebenes«, sondern das »gesprochene Wort« habe alle weltbewegenden Ereignisse hervorgerufen.

Deshalb hat er den politischen Kampf von Anfang an auf die Straße getragen, spätestens seit dem eher tragikomischen Marsch auf die Münchner Feldherrnhalle am 9. November 1923. An die Stelle der Ideologie trat die Rhetorik. Wenn man schon die Menschen bei ihren Gefühlen packen wollte, dann aber auch richtig. Die Sprache der Nazis, das waren die Rede, die Deklamation, die Demagogie, das Gebrüll. Und ebenso wichtig: Es waren Symbole und Bilder, jene zeitgemäßen Mittel der Massenbeeinflussung.

Bei vielen Zeitgenossen hat diese Vorgehensweise Hitlers und der NSDAP zu einem verhängnisvollen Irrtum geführt. Man hat diese Propaganda, diese verbale Aggression nur als Worte, aber nicht beim Wort genommen. »So schlimm wird es schon nicht kommen«, »es wird nichts so heiß gegessen, wie es gekocht wird« – derartige Reaktionen mögen typisch gewesen sein. Diese Aggression war aber kein Ersatz für die Tat, sondern deren Vorbereitung. Hitler hat daraus von Anfang an keinen Hehl gemacht. Das hätte man wissen können, wenn man nur aufmerksam hingehört hätte.

Jüdische Strategien und Gegenstrategien

Am zunehmenden Antisemitismus in der Weimarer Republik hat es auch nichts geändert, dass die gleiche Zeit nicht nur die formale Gleichstellung der deutschen Juden bekräftigt, sondern ihre kulturelle Emanzipation und faktische Integration mächtig befördert hat. Ja, in den Bereichen der Kunst, der Kultur, der Wissenschaft und auch der Wirtschaft wird man zu Recht von einer Blüte im deutschen Judentum sprechen können. Und wer konnte wirklich absehen, wie kurz diese Blüte andauern würde?

Vielleicht ist dies der Platz, um auf die jüdischen Strategien gegen den um sich greifenden Antisemitismus einzugehen.

Über den Erfolg zur gesellschaftlichen Anerkennung

Die meisten Juden in Deutschland haben sich auf ihre Weise mit dem Gegensatz zwischen ihrer formalen Gleichstellung und einer ständigen antisemitischen Diskriminierung auseinandergesetzt. Und fast immer erschien der eigene Erfolg als der sicherste Garant für bürgerliche Reputation. Bei vielen galt das Motto »Über Geld zur Geltung«. Man sollte mit Kritik an dieser Vorgehensweise und mit hämischen Kommentaren zu ihrem Scheitern vorsichtig sein. Die nichtjüdischen Aufsteiger in Deutschland haben schließlich den gleichen Weg gewählt.

Andere wiederum suchten den Erfolg im Bereich der Kultur und der Wissenschaften. Über Jahrzehnte hinweg wurde es geradezu Bestandteil jüdischer Gegenstrategien, diesen eigenen Beitrag zur Geschichte der deutschen Kultur hervorzuheben. Er wurde zur Quelle des eigenen Selbstwertgefühls, für viele geradezu Wesensmerkmal der eigenen jüdischen Identität. Auf die deutschen Antisemiten hat das alles allerdings wenig Eindruck gemacht.

Dieser Erfolg war atemberaubend, wie wir wissen. Ein Drittel der Nobelpreise, die deutsche Wissenschaftler bis 1930 erhielten, ist an Juden gegangen. Und über die große Bedeutung jüdischer Wissenschaftler für die Physik, die Medizin oder die Psychologie ist genauso ausführlich geschrieben worden wie über die überragende Stellung jüdischer Künstler im Kulturleben Deutschlands.

Natürlich hat es Gründe für diesen Erfolg gegeben.

An erster Stelle wird immer wieder die tiefe Tradition des Thora- und Talmud-Studiums genannt. Das ist auch nicht falsch, muss aber mit einer gewissen Vorsicht gesehen werden. Gerade diejenigen Juden aus religiösen Familien, die das Studium der Schriften mit dem Studium der Wissenschaften vertauschten, haben häufig den Bruch mit der eigenen Umwelt in Kauf genommen, was nicht zuletzt finanzielle und soziale Unsicherheit bedeutete. Leichter war es da schon für die Söhne (und einige wenige Töchter) aus wohlhabenden, »arrivierten« Familien. Es ist ja bekannt, wie stolz Selfmademen sein können, wenn ihre Kinder in die Wissenschaft gehen. Das war und ist bei Juden auch nicht anders als bei all den anderen.

Bei einer intellektuellen Tätigkeit wie der Beschäftigung mit der Wissenschaft spielt der Zweifel, auch der Selbstzweifel, eine wichtige Rolle. Und diese kreative Skepsis war natürlich in einer Randgruppe wie der der deutschen Juden stärker vertreten als in der großen Mehrheit der Bevölkerung. Schließlich aber erschien die wissenschaftliche Karriere als eine recht sichere Aufstiegsleiter in die gute Gesellschaft, zumal dort einige der Vorbehalte, auf die man als Kaufmann gestoßen wäre, nicht oder kaum existierten. Für diese Eintrittskarte war man auch bereit, traditionelle Bindungen und Fesseln hinter sich zu lassen. Häufig sind jüdische Wissenschaftler konvertiert, um die begehrte Professur zu erhalten.

Übernahme der bürgerlichen Werte
Eines der packendsten Bücher in diesem Zusammenhang ist Fritz Sterns Doppelbiografie über Bismarck und seinen jüdischen Finanzier Gerson von Bleichröder. Am Ende eines vielschichtigen und erfolgreichen Lebens musste selbst ein bedeutender Bankier wie von Bleichröder erleben, dass es in Deutschland für einen unternehmerischen Geist gute Möglichkeiten gab, reich zu werden – war man aber Jude, blieb es unendlich schwer, bürgerliche Respektabilität zu erwerben, also wirklich »dazuzugehören«. Und dennoch sind viele Juden bewusst diesen Weg der »Verbürgerlichung« in seiner spezifisch deutschen Variante gegangen.

Dabei waren sie mit einigen Forderungen der Gesellschaft konfrontiert:

– Veränderung der Berufsstruktur: Eine Abkehr von den traditionellen »Judenberufen« ließ sich unschwer bewerkstelligen, wenn damit in bestimmten Branchen auch ein begrenztes Überangebot entstand.
– Aneignung und Anwendung der deutschen Sprache. Auch dies stellte kein Problem dar. 1822 bereits hat die Talmud-Thora-Schule in meiner Heimatstadt Hamburg Abendkurse in Deutsch eingeführt. Und später haben Juden nicht nur deutsch gesprochen oder geschrieben; sie haben auch deutsch gedichtet und geträumt.
– Annahme des »deutschen Bildungsideals«. Das war nicht nur keine Schwierigkeit, es wurde geradezu eine, wenn auch idealistische, Leidenschaft. Viele Juden kannten die deutschen Klassiker um ein Vielfaches besser als ihre nichtjüdischen Nachbarn.

– Übernahme der bürgerlichen Sittlichkeit. Solange es sich dabei um formale Regeln und andere Äußerlichkeiten handelte (bestes Beispiel ist vielleicht die Kleidung), gab es vielleicht ein paar Probleme mit den »Ostjuden«. Ansonsten aber wurde auch diese Forderung willig erfüllt.

Aber den Antisemiten reichte das alles nicht. Die Juden waren bereit, ein hohes Maß an Zugeständnissen zu machen und dabei auch einen Teil ihrer Identität aufzugeben. Die Zweifel an ihrer Loyalität blieben. Immer noch hielt man ihnen ihre »Andersartigkeit« vor, die von den Rassisten als Minderwertigkeit verstanden wurde.

Die meisten Juden wollten nicht nur so wie die anderen Deutschen leben, sie wollten mit den anderen Deutschen leben. Viele sind einen Schritt weiter gegangen. Davon zeugt die rasch wachsende Anzahl von Mischehen in der Zeit der Weimarer Republik, die in den großen Städten über fünfzig Prozent aller durch einen Juden oder eine Jüdin geschlossenen Ehen ausmachte. Viele nichtjüdische Deutsche aber lehnten all das ab. Und sie entwickelten subtile Strategien des verdeckten oder gar offenen Ausschlusses, wie ich sie am Beispiel des Bäder-Antisemitismus beschrieben habe.

Doch selbst viele kluge Juden haben das immer wieder verdrängt. So schrieb Walther Rathenau 1897 in seiner Schrift »Höre, Israel!«:

»Es besteht die unbestreitbare Wahrheit, dass die besten Deutschen (!) einen tiefen Widerwillen gegen jüdisches Wesen und Treiben hegen … Und was thut Israel, um vom Banne befreit zu werden? Weniger als nichts … Den Besten unter Euch habt Ihr das Leben zuwider gemacht, sodass sie Euch den Rücken kehrten … Doch ich weiß: Es sind Einzelne unter Euch, die … sich aus der Ghettoschwüle in deutsche Waldes- und Höhenluft (!) sehnen.« Diese Analyse verschlägt einem ebenso

den Atem wie der folgende Rat: »Was also muss geschehen? Ein
Ereignis ohne geschichtlichen Vorgang: die bewusste Selbster-
ziehung einer Rasse (!) zur Anpassung an fremde Anforderun-
gen... Das Ziel des Prozesses sollen nicht imitierte Germanen,
sondern deutsch geartete und erzogene Juden sein.« Und folgender Ausspruch krönt das Ganze: »Wer sein Vaterland liebt,
der darf und soll ein wenig Chauvinist sein.«

Welch eine tragische, im Fall von Rathenau sogar tödliche
Fehleinschätzung der wirklichen Zusammenhänge!

Strategie der negativen Integration
Eine andere Antwort auf die allgegenwärtige Ausgrenzung war
die »Strategie der negativen Integration«. Da den Juden der Zugang zu Einrichtungen eines antisemitisch eingestellten Bürgertums verschlossen blieb, begannen sie nach und nach, eigene
Institutionen zu gründen. Dieses Vorgehen war Ausdruck ver-
letzten Stolzes, aber auch ein klares Zeichen für das Scheitern
der Anpassungsstrategie. Dies hat viele der in jüdischen Institutionen tätigen Menschen jedoch nicht davon abgehalten, den
Weg der Integration weiterzugehen. Nur: Es gab jetzt eine Art
»Sicherheitsnetz«, das mit Rückschlägen fertig zu werden half.
Die jüdischen Einrichtungen waren besonders im Bildungs-
und im gesellschaftlich-sozialen Bereich aktiv.

Übrigens: Die Arbeiter- und dann auch die frühe Frauenbe-
wegung sind einen ganz ähnlichen Weg gegangen. Man übernahm Wertvorstellungen der bürgerlichen Gesellschaft, ohne
jedoch ein aktives, geschweige denn akzeptiertes Mitglied zu
werden.

Zwei zusätzliche Entwicklungen mögen diese Strategie der
negativen Integration befördert haben. Zum einen kam im
ersten Viertel des 20. Jahrhunderts der Übertritt zum Christentum allmählich außer Mode. Bei den zahlreichen Mischehen
blieben die Ehepartner in der Regel Mitglieder ihrer ursprüng-

lichen Glaubensgemeinschaft, sofern sie überhaupt religiös waren.

Und dann zwang die »Ostjudenfrage« zur Neubesinnung. Als Juden in großer Zahl aus dem Zarenreich nach Deutschland einwanderten, reagierten die »Alteingesessenen« zunächst mit Distanz und Abwehr. Störenfriede waren sie, die »Schnorrer«, diese merkwürdigen Zeitgenossen mit ihren Kaftanen und Gebetstüchern, die überdies noch Jiddisch sprachen. Ihre Gegenwart drohte die so schwer erkämpfte Respektabilität zu gefährden. Also musste man alles tun, um sie möglichst rasch nach Amerika zu verfrachten!

Andere Neueinwanderer aber blieben, insbesondere in Berlin. Ihre zahlenmäßige Bedeutung war recht gering. 1910 haben sie nur elf bis zwölf Prozent der in Deutschland lebenden Juden ausgemacht. Sie lösten aber nicht nur antisemitische Reaktionen oder Verlegenheit bei den einheimischen Juden aus, sondern auch einen Prozess der Selbstfindung. Die Präsenz der »Ostjuden« weckte Erinnerungen an die Wurzeln der jüdischen Existenz in Deutschland selbst. Hatten nicht auch die Arrivierten einmal ganz ähnlich angefangen?

Zionismus

Der Zionismus – und damit verbunden die Auswanderung nach Palästina – hat unter den deutschen Juden nur wenige Anhänger gehabt. Franz Rosenzweig sprach vom »Vulgärzionismus« und meinte in seiner Schrift *Deutschtum und Judentum* von 1915: »Der Zwang zur Assimilation ist so alt wie der Galut (die jüdische Diaspora; M. L.); er ist so alt wie das (jüdische) Volk selbst.« Damit traf er wohl die Stimmung der großen Mehrheit, die auf Integration setzte. Allerdings, eine stärkere Rückbesinnung auf jüdische Tradition lässt sich in vielen Gemeinden beobachten. Aber nur wenige haben das, was sich in ihrem antisemitischen Umfeld wirklich tat, begriffen. Zu diesen gehörte Jakob Wassermann, der 1921 schrieb: »Es ist vergeblich, das Volk der Dichter und Denker im Namen seiner Dichter und Denker zu beschwören. Jedes Vorurteil, das man abgetan glaubt, bringt, wie Aas die Würmer, tausend neue zutage.«

Eine Schlussbemerkung

Ich habe diese Phase des säkularen Antisemitismus auch deshalb ausführlicher geschildert, weil immer wieder die Frage diskutiert wird, wie es zu Hitler kommen konnte, ob Ähnliches anderswo hätte passieren können oder wieder möglich wäre. Hier, glaube ich, sollten wir Extrempositionen vermeiden.

Adolf Hitler und die Nationalsozialisten sind ganz sicher kein »deutscher Betriebsunfall« gewesen. Die Nazis konnten auf einer geschichtlichen Erfahrung, auf einer gesellschaftlichen Einstellung, auf Ideologien aufbauen, die zu einer weit verbreiteten antisemitischen Weltsicht geführt hatten. Es muss also all das ans Tageslicht gebracht werden, was Hitlers Aufstieg möglich gemacht hat. Auf der anderen Seite sollte man nicht in das andere Extrem verfallen, den Deutschen eine »natürliche« Nähe zum antisemitischen Totalitarismus zu attestieren. Es gibt keine »Ewigen Antisemiten«, ebenso wenig wie es »Ewige Juden« gibt.

In der hier beleuchteten Epoche gibt es eben auch viele Beispiele für feste und bedachte ethische Bindung, für große kulturelle Vielfalt, für individuellen Mut und standhafte Gegenpositionen. Dass diese schließlich dem Unmenschentum der Braunhemden unterlagen, ist kein Argument gegen ihre Relevanz und die Bewunderung, die wir ihnen entgegenbringen sollten.

KAPITEL 6:
DIE NAZIZEIT

Die Jahre bis zum Krieg

Am 30. Januar 1933 wurde Adolf Hitler zum Reichskanzler ernannt. Die Nationalsozialisten übernahmen die Macht in Deutschland. Damit geschah in der Geschichte des säkularen Antisemitismus etwas Neues: Er wurde zur offiziellen Doktrin eines Staatswesens.

Die Nazis zögerten nicht, ihre antisemitischen Ideen in die Tat umzusetzen. Dabei gingen sie mehrgleisig vor. Sie setzten einen sich wechselseitig verstärkenden Prozess von antijüdischen Gewaltaktionen und staatlichen Repressionsmaßnahmen in Gang. Dessen Tempo wurde lediglich hin und wieder gebremst – aus taktischen, insbesondere außenpolitischen Gründen. Unterstützt wurde beides durch umfassende Gleichschaltung und unablässige Propaganda. Und parallel dazu baute sich die SS ihren eigenen Staat im Staat. Ob diese Mehrgleisigkeit geplant war, weiß ich nicht. Entscheidend aber ist, dass sie existierte und überaus wirksam war.

Da war der »Antisemitismus auf der Straße«, das Betätigungsfeld der SA-Männer in ihren Braunhemden. Das Prügeln und Verhöhnen, das Grölen und Totschlagen hatte die SA bereits in der Weimarer Republik gelernt. Sprechchöre zwangen nunmehr missliebige Richter, Verhandlungen abzubrechen; Professoren wurden an Vorlesungen gehindert; Passanten wurden auf offener Straße niedergeschlagen; Boykotts gegen jüdische Ärzte, Rechtsanwälte und Geschäftsleute wurden organisiert; Synagogen wurden beschmiert und Friedhöfe geschändet.

Und da war der staatliche Antisemitismus der Gesetze und Verordnungen. Schon seit Jahren hatte die NSDAP zielstrebig an Plänen für eine »judenfreie« Zukunft gearbeitet. Es waren Blaupausen für alles Mögliche vorhanden: für Rassengesetze, für Erbgesundheitsämter, für die schrittweise Entrechtung der deutschen Juden und einiges andere mehr. Vieles davon war in der braunen Kampfpresse veröffentlicht worden, hätte also genauso bekannt sein können wie das Parteiprogramm der NSDAP aus dem Jahre 1920 oder die antisemitischen Tiraden Adolf Hitlers in *Mein Kampf*. Es sei noch einmal an die Kernsätze jenes Parteiprogramms erinnert:

- »Staatsbürger kann nur sein, wer Volksgenosse ist. Volksgenosse kann nur sein, wer deutschen Blutes ist. Kein Jude kann daher Volksgenosse sein.«
- »Wer nicht Staatsbürger ist, soll nur als Gast in Deutschland leben können und muss unter Fremdengesetzgebung stehen.«
- »… fordern wir, dass jedes öffentliche Amt nur durch Staatsbürger bekleidet werden darf.«

Ohne Skrupel, sondern mit radikaler Konsequenz und großer Energie machte sich die deutsche Bürokratie daran, genau diese Kernforderungen umzusetzen. Bereits am 3. März 1933 erklärte Hermann Göring, damals preußischer Innenminister, in der Frankfurter Festhalle: »Meine Maßnahmen werden nicht angekränkelt sein durch irgendwelche juristischen Bedenken und durch irgendwelche Bürokratie. Hier habe ich keine Gerechtigkeit zu üben, hier habe ich nur zu vernichten und auszurotten, weiter nichts.« Wieder einmal wurde in aller Öffentlichkeit dargelegt, welcher (Un-)Geist von nun an herrschen würde. Hitler

selbst hatte klargestellt: »Politische Parteien sind zu Kompromissen geneigt, Weltanschauungen niemals.«

Und dann ging es Schlag auf Schlag:

- Am 20. März 1933 wurde das KZ Dachau eingerichtet. Am
  1. April 1933 erging ein Aufruf zu einem eintägigen Boykott
  jüdischer Geschäfte, Ärzte und Rechtsanwälte. Dieser Aufruf
  hat keinen großen Erfolg gehabt, aber er hat zu dem Klima
  der Furcht beigetragen, das für die Nazizeit von Anfang an
  typisch war.
- Am 7. April 1933 kam es zu Zulassungsbeschränkungen
  für jüdische Studenten an den deutschen Hochschulen. Am
  gleichen Tag begann mit dem »Gesetz zur Wiederherstellung
  des Berufsbeamtentums« die Entfernung der Juden aus dem
  Staatsdienst. Noch im selben Monat wurde das Schächten
  gesetzlich verboten.
- Ab September 1933 wurde der rasche und gründliche Ausschluss der Juden aus dem offiziellen Kulturleben in Szene
  gesetzt. Mit der Emigration jüdischer Professoren, Künstler
  und Intellektueller begann der größte geistige Aderlass in
  der deutschen Geschichte.

All das ist bereits 1933 geschehen. Und es ging weiter:

- 1934 wurden die *Protokolle der Weisen von Zion* zum offiziellen Lehrstoff an deutschen Schulen. Allen Neuvermählten
  wurde auf dem Standesamt *Mein Kampf* ausgehändigt (von
  wegen: »Wir haben ja nichts gewusst«!).
- Am 15. September 1935 traten die Nürnberger Gesetze in
  Kraft. Den Juden wurde die Reichsbürgerschaft entzogen.
  Eheschließungen und auch außerehelicher Verkehr mit nichtjüdischen Deutschen wurden als sogenannte »Rassenschande«
  verboten und bestraft.

– Ab dem 14. November 1935 wurde den Juden das Wahl-
recht entzogen; alle jüdischen Beamten wurden entlassen;
kein Jude durfte mehr ein öffentliches Amt bekleiden. Interessant, dass diese Maßnahmen durch Verordnung umgesetzt wurden. Ein Gesetz hielt man offenbar nicht mehr für
nötig.
– Im Juli 1938 wurde eine besondere Kennkarte für Juden ab
dem 1. Januar 1939 beschlossen. Jüdische Männer mussten
den zusätzlichen Vornamen »Israel«, jüdische Frauen den
zusätzlichen Vornamen »Sara« annehmen.

Aber es reichte nicht, die deutschen Juden aus der Gesellschaft
und aus dem »Volkskörper« auszuschließen. Diese Angehörigen einer »feindlichen Rasse« mussten entehrt, gedemütigt
und entwürdigt werden. Davon zeugen die folgenden Maßnahmen:

– Ab November 1935 durften jüdische Kinder nicht mehr den
gleichen Sportplatz oder die gleiche Umkleidekabine wie
ihre nichtjüdischen Altersgenossen besuchen.
– Im Juni 1937 ordnete der SS-Führer Heydrich per Geheim-
erlass an, dass »jüdische Rassenschänder« nach Abschluss
eines ordentlichen Gerichtsverfahrens in »Schutzhaft« zu nehmen, also in die Konzentrationslager zu überführen seien.
Am 15. Juli ist das KZ Buchenwald in der Nähe von Weimar
errichtet worden. Kurz nach dem »Anschluss« Österreichs
sollte das KZ Mauthausen folgen.
– Ab Juni 1938 wurde dann die erneute Verhaftung aller Juden mit Vorstrafen (dazu gehörten beispielsweise auch Ver-
kehrsdelikte) und ihre Einweisung in die Konzentrationslager angeordnet. Jüdische Ärzte durften nur noch jüdische
Patienten behandeln. Nur einen Monat später verloren alle
jüdischen Ärzte ihre Approbation; sie durften nur noch als

sogenannte »Krankenbehandler« für Juden tätig sein. Im September wurde dann auch die Zulassung aller jüdischen Rechtsanwälte aufgehoben.

So sah es also in dem Deutschland aus, mit dem der britische Premierminister Chamberlain und sein französischer Amtskollege Daladier im September 1938 das Friedensabkommen von München schlossen. Diese Art von Realpolitik war nicht nur zynisch; sie sollte sich bald darauf auch als außerordentlich töricht erweisen.

Mit den Repressionsmaßnahmen gegen die Juden aber ging es systematisch weiter, in der »besten« Tradition deutscher Gründlichkeit:

– Am 9. November 1938 wurde die »Reichspogromnacht« als »spontaner Volkszorn« inszeniert. Nur wenige Tage später verschleppte man etwa dreißigtausend Juden in Konzentrationslager. Allen ihren Leidensgenossen wurde der Besuch von Theatern, Kinos, Konzerten und anderen kulturellen Veranstaltungen untersagt. Zum Jahresende mussten alle Juden ihre Führerscheine abliefern.
– Das Jahr 1939 begann ebenso schrecklich, wie das Jahr 1938 geendet hatte. Ab dem 1. Januar durften Juden nicht mehr mit Nichtjuden zusammenarbeiten. Vierzehn Tage später erloschen die Zulassungen für jüdische Zahnärzte, Veterinäre und Apotheker. Und auch eine Ausgangssperre ab zwanzig Uhr wurde angeordnet.

Die Ausplünderung der Juden

Vor Jahren habe ich in Hamburg ein Haus gekauft, das der jüdische Juwelier Adolf Schlesinger um 1900 für sich und seine

Familie gebaut hatte. Im Adressbuch jener Zeit ist Herr Schlesinger als Hausbesitzer eingetragen, in anderen Unterlagen als
Juwelier, der zusammen mit seinem Partner Knapp ein Geschäft
auf dem vornehmen Jungfernstieg betrieb. 1935 enden die Ein-
tragungen. In diesem Jahr hat Adolf Schlesinger sein Haus an
die Deutsche Unilever verkauft, die es einem ihrer Direktoren
zur Verfügung stellte. Der Nachkomme dieses Direktors glaubte sich zu erinnern, dass der Verkauf seinerzeit zu einem »vernünftigen Marktpreis« erfolgt und Adolf Schlesinger mit seiner
Familie in die USA ausgewandert sei. Was aus seinem Geschäft
geworden ist, weiß ich nicht. Wahrscheinlich ist es liquidiert
worden, denn unter der ehemaligen Adresse ist für 1936 ein
Geschäft mit dem Namen Feurich Keks AG aus München ver-
zeichnet. So wie Herrn Schlesinger ist es vielen, vielen Juden in
Deutschland ergangen.

Die wirtschaftliche Ausplünderung der Juden hatte eine jahrhundertealte Tradition, wie wir wissen. An diese Traditionen
knüpften die Nazis an.

Radau-Antisemitismus
Es begann auch hier mit dem Radau-Antisemitismus. Im Frühjahr 1933 veranstaltete die SA »Judenjagden« in den jüdischen
Wohn- und Geschäftsvierteln. Jüdische Geschäfte wurden beschmiert, Schaufensterscheiben eingeworfen, mit und ohne
nachfolgende Plünderung. Boykottaufrufe und andere Repressalien lösten sich ab. Das Ziel: ein Klima der Unsicherheit
und Angst zu schaffen. Und wirklich: Schon zum 1. April 1933
entließ Karstadt in Hamburg alle jüdischen Mitarbeiter frist-
los. Gleiches tat die Deutsch-Südamerikanische Bank bis zum
Sommer des gleichen Jahres.

Diese Phase des Radau-Antisemitismus endete mit der Röhm-
Affäre 1934. Sie wurde allerdings, mit kalt geplanter Spontaneität,
während der »Reichspogromnacht« wiederholt.

Geplante Repression und taktische Abwägung

Bereits 1933 erfolgten zahlreiche Aktionen, um jüdische Kon-
kurrenten auszuschalten. Sie sind durchgeführt worden, bevor
noch staatliche Zwangsmaßnahmen beschlossen waren. Ihre
Urheber waren insbesondere Berufsverbände, die auf Druck
ihrer Mitglieder handelten. So formierte sich in Hamburg ein
»Arbeitsausschuss nationaler Anwälte der Hansestadt«, der den
Ausschluss jüdischer Mitglieder aus der Anwaltskammer aktiv
vorbereitete. Ebenso ging der Maklerverband vor. Im Dezember
startete der Gesamtverband deutscher Handwerker eine Flug-
blattaktion unter dem Motto »Deutsche Hausfrauen kaufen
nur in deutschen Geschäften«.

Insgesamt ist ab 1933 ein Prozess der schleichenden »Arisierung« jüdischer Betriebe zu beobachten. Sie wurden, wie im
Fall von Adolf Schlesinger, mehr oder weniger freiwillig verkauft
oder von ihren Eigentümern geschlossen. Zur systematischen
Ausplünderung der Juden kam es aber erst später. Dabei mag
auch Rücksicht auf die öffentliche Meinung im Ausland (wo
ja viele wichtige Geschäftspartner saßen) eine Rolle gespielt
haben. Immerhin: 1935 führte der von Goebbels betriebene
Ausschluss der Juden aus dem Kulturleben auch dazu, dass den
in diesem Bereich tätigen Geschäftsleuten (Kunst- und Antiqui-
tätenhändler, Kinobesitzer, Verleger, Buchhändler und andere
mehr) die Existenzgrundlage entzogen wurde und sie aufgeben
mussten. 1936 zwang man die jüdischen Apotheker, ihre Geschäfte zu verpachten, was einem Berufsverbot gleichkam. Das
kam der »deutschen« Konkurrenz sehr gelegen, konnte man
sich doch in das gemachte Bett des für Apotheker geltenden
Gebietsschutzes legen.

Ab 1935 spielten dann auch die »Gauwirtschaftsberater«
der NSDAP als eigentliche Genehmigungsinstanz eine wichtige und düstere Rolle. Sie diktierten die Preise – und dies nicht
nur zulasten der jüdischen Betriebsinhaber, sondern auch zu-

gunsten der Parteigenossen und anderer Kumpane. In Hamburg war hier von 1935 bis 1940 ein Carlo Otte tätig, zum Zeitpunkt seiner Übernahme gerade mal fünfundzwanzig Jahre alt. Er sorgte zum Beispiel dafür, dass der offizielle Schätzpreis für das Textilhaus Franz Simon von 390 000 auf 290 000 Mark gedrückt und das Geschäft dann an zwei NSDAP-Mitglieder verscherbelt wurde.

Die »Reichspogromnacht« und die endgültige Ausplünderung
Im April 1938 wurde eine Anmeldepflicht für alle jüdischen Vermögen über fünftausend Mark eingeführt; im Juni folgte eine Verordnung über die Registrierung und Kennzeichnung jüdischer Gewerbebetriebe. Und nach der »Reichspogromnacht« fackelte Hitler nicht lange, wie immer, wenn es gegen Wehrlose ging:

– Am Tag danach forderte er in einer Unterredung mit Goebbels und Göring die »endgültige Ausschaltung« der Juden aus der Wirtschaft.
– Am 12. November wurde Juden der Betrieb von Handels- und Handwerksgeschäften ab dem 1. Januar 1939 untersagt.
– Wenig später wurde der Zwangsverkauf von Grund und Boden in jüdischem Besitz verfügt.

Stellvertretend möchte ich hier ein Beispiel für diese beispiellose Ausplünderung nennen: Albert Aronson aus Hamburg.
Im Sommer 1938 gehörten ihm noch eine Schokoladenfabrik, eine Importfirma für Zigaretten sowie mehrere hochwertige Grundstücke. Mit einem Gesamtvermögen von rund vier Millionen Mark zählte er zu den wohlhabenden Geschäftsleuten der Stadt. Sechs Wochen später ist er nach London emigriert. Zu diesem Zeitpunkt war sein Vermögen auf sechsundsechzigtausend Mark geschrumpft. Und das kam so:

Wer auswandern wollte, musste über flüssige Mittel verfügen, um die damit verbundenen Zwangsabgaben entrichten
zu können. Also nahm Aronson beim Bankhaus Warburg einen
Kredit in Höhe von achthunderttausend Mark auf. Um diesen
Kredit zu tilgen und die Kosten für die Auswanderung tragen
zu können, musste er seine Grundstücke zu einem Schleuder-
preis verkaufen, während seine Firmen »arisiert« wurden. Von
diesem Kredit durfte Aronson sechsundsechzigtausend Mark
oder 5413 Pfund Sterling nach London transferieren. Der
Rest floss als Abschlagszahlung an die Deutsche Golddiskont-
bank. Und jetzt wurde ihm die Rechnung präsentiert: Aronson musste 613 713 Mark »Reichsfluchtsteuer« und 245 410
Mark »Judenvermögensabgabe« bezahlen. Außerdem zahlte
er hunderttausend Mark an einen Geheimfonds des Hamburger Gauleiters Kaufmann, um die Freigabe seines Passes zu
erreichen.

Mit anderen Worten: An der »Auswanderung« Albert Aron-
sons haben die Nazis 959 123 Mark verdient!

Die Juden bleiben wehrlos
Wer nicht 1933 oder kurz darauf verkauft hatte und emigriert
war, blieb als deutscher Jude weitgehend wehrlos. Dem Radau-Antisemitismus der ersten Phase und der »Reichspogromnacht« konnte man ohnehin nichts entgegensetzen. Vermögens-
transfers waren bereits ab 1934/35 unmöglich oder nur unter
absolut erpresserischen Bedingungen durchführbar. Eine strenge Devisenüberwachung kam hinzu; schon kleinste Verstöße
dagegen wurden hart bestraft. Tausende von Firmeninhabern
saßen in Konzentrationslagern, der Zugriff auf privaten Grund-
besitz war zunehmend versperrt. Mit der Androhung einer Aus-
wanderungssperre konnten die Machthaber die Konditionen
für die als »Arisierung« bezeichnete Übergabe einer Firma an
Nichtjuden diktieren.

Viele jüdische Geschäftsleute haben über Jahre hinweg versucht zu retten, was zu retten schien. Wer gibt schon gerne sein Lebenswerk und die Existenzgrundlage seiner Familie auf? Als sich das als unmöglich erwies, wollte man nur noch eines: Deutschland verlassen! Dafür nahm man schließlich die völlige Enteignung und Ausplünderung in Kauf. Wie vergeblich auch dieser Schritt für viele war, wissen wir.

Propaganda und Erziehung

Propaganda und Erziehungswesen haben für das Regime eine entscheidende Rolle gespielt. Die Nazis wussten sehr wohl, dass ihre Herrschaft nicht nur auf Gewalt, sondern auch auf Verführung und Zustimmung beruhen musste. Schließlich hatten sie in der »Kampfzeit« vor 1933 gelernt, wie sich Massen mobilisieren und organisieren ließen.

Unter Goebbels wurde das Ministerium für Volksaufklärung und Propaganda als erstes spezifisches Naziressort eingerichtet. Anschließend wurde auf Biegen und Brechen »gleichgeschaltet«: Kunst und Kultur, Kinderbetreuung, Bildung und Erziehung, Jugendorganisationen und gesellschaftliche Gruppierungen, Freizeit und Sport. Hitler, Goebbels und ihre »willigen Helfer« haben dabei modernste Psychologie und Technologie eingesetzt. Sie hatten die suggestive Kraft der damaligen »neuen Medien«, Rundfunk und Film, erkannt. Sie begriffen, dass die Herrschaft über die Schlagzeilen und die Bilder auch zur Herrschaft über die Köpfe führen konnte. Ihnen war völlig klar, wie wichtig bei alledem Symbole und Inszenierungen waren.

Und auch willige Helfer gab es in großer Zahl. Genau wie im Bereich der Politik und der Wissenschaften suchte die rechtskonservative und antisemitisch infizierte »Geisteswelt«

die Nähe zur Macht und verschaffte ihr damit zusätzliche Legitimation in den Augen der normalen Bürger. Es entstand ein geistiges Klima, das durch solch fürchterlichen Unsinn geprägt war, wie ihn der »Philosoph« Ernst Krieck formulierte:

»Es erhebt sich mit dieser Revolution das Blut gegen den formalen Verstand, die Rasse gegen das rationale Zweckstreben, die Ehre gegen den Profit, die Bindung gegen die ›Freiheit‹, Politik gegen den Primat der Wirtschaft, Staat gegen Gesellschaft, Volk gegen Einzelmensch und Masse.« Wer das glaubte oder ernst nahm, der musste auch die schändlichen Bücherverbrennungen begrüßen.

Und wie gesagt, die »willigen Helfer« verschafften dem Regime Prestige und ließen sich leicht als »Kronzeugen« aufführen. Ob sie sich das jemals klargemacht haben, die Gustav Gründgens, Richard Strauss, Gerhart Hauptmann, Emil Jannings, Martin Heidegger und Carl Schmitt?

Aus meinen Gesprächen mit Verwandten und anderen älteren Menschen habe ich erfahren, wie wirksam diese Propaganda gewesen ist – auch noch nach dem »Zusammenbruch« des Jahres 1945:

So wurde mein Geburtshaus von der Bahnstraße instinktiv immer noch in die Hitlerstraße verlegt. Stolz wurden Fotos herumgereicht, die den einen oder die andere in der Uniform von HJ oder BDM zeigten. An der Wand hingen Teller, die »Julfeste« anzeigten, durch die Christi Geburt als nordischer Mythos verfälscht worden war. Es gab Alben von der Olympiade 1936 mit ihren Zigarettenbildchen und die Erinnerung an den Film von Leni Riefenstahl. Und ein Onkel hatte dank KdF (Kraft durch Freude, eine nationalsozialistische Freizeitorganisation) sogar einmal an einer Schiffsreise nach Norwegen teilgenommen. Ja, selbst der Volksempfänger war wohl nie richtig als Propagandaradio wahrgenommen worden.

Über all diese Vehikel ist nicht nur die Verehrung des Führers, sondern auch der Hass gegen die Juden verbreitet worden – und dies nicht nur im *Stürmer* oder in dem Propagandafilm *Jud Süß*.

Die »biologistische« Ideologie der Nazis

Grundelemente

Ich glaube, dass die Einzigartigkeit des Nationalsozialismus und auch des Holocaust nur aus seiner biologistischen Weltsicht richtig verstanden werden kann. Der Naziarzt Rudolf Ramm hat das 1943 so ausgedrückt: »Biologie und Erbkunde sind die Wurzeln, aus denen die nationalsozialistische Weltsicht erwachsen ist.«

Die führenden Nazis mit Hitler an der Spitze waren bereits lange vor ihrer Machtergreifung von der Wahrheit auch der verwegensten »Rassenlehren« überzeugt. Sie bemächtigten sich der »Erkenntnisse der Wissenschaft«, deuteten sie ideologisch um und verknüpften sie mit Teilen des religiösen Antisemitismus sowie mit »nordischen« Mythen zu einem fürchterlichen und tödlichen Gebräu.

Die Grundbausteine dieses wahnhaften Denkens waren ganz einfach:

- Für den Charakter des Menschen ist die Natur (Erbanlage) ausschlaggebend; das Milieu (Familie, Erziehung, Sozialisation) spielt demgegenüber eine untergeordnete Rolle.
- Die Erbanlage aber ist entscheidend durch die Rassenzugehörigkeit eines Menschen bestimmt. Weder die Menschen noch die Rassen sind gleich.
- Soziale Konflikte sind in Wirklichkeit immer auch »biologische« Probleme, die sich durch den Einsatz der »Rassen- und Sozialbiologie« lösen lassen.

– Höchstes Ziel dieser Politik ist die »Reinigung und Kräftigung der arischen Rasse«. Schon deshalb muss die Vermischung mit anderen, »minderwertigeren« Rassen vermieden werden.

– Die »jüdische Rasse« ist demgegenüber eine negative »Gegenrasse«, die durch eine Anhäufung bösartiger Merkmale gekennzeichnet ist. Um »Ansteckungsgefahr« zu vermeiden, muss sie aus dem Volkskörper entfernt werden.

So grauenhaft diese Thesen auch sind, für viele formal gebildete Zeitgenossen ließen sie den Antisemitismus als intellektuell akzeptabel, ja attraktiv erscheinen. Und sie verschafften den Tätern ein gutes Gewissen. Zu diesen Tätern haben in erster Linie Mediziner und Angehörige verwandter Disziplinen gehört.

Der Naziarzt Fritz Klein erklärte: »Aus Respekt vor dem menschlichen Leben würde ich einen entzündeten Blinddarm aus einem kranken Körper entfernen. Der Jude ist ein entzündeter Blinddarm im Körper der Menschheit.« Mit dieser Argumentation dürften er und seine Gesinnungsgenossen sich sogar noch auf den hippokratischen Eid berufen haben.

Zwangssterilisation

Bereits in *Mein Kampf* hatte Hitler geschrieben: »Wer körperlich und geistig nicht gesund und würdig ist, darf sein Leid nicht im Körper seiner Kinder verewigen.« Gewiss, Gesetze zur Zwangssterilisation findet man auch in anderen Ländern: 1920 gab es sie in fünfundzwanzig Bundesstaaten der USA. Nirgendwo sonst aber sind Maßnahmen gegenüber Geisteskranken und anderen Menschen, die man für genetisch minderwertig hielt, mit solcher Konsequenz durchgeführt worden wie im Deutschland der Nazis. 1933 hatte das »Erbgesundheitsgesetz« die rechtlichen Grundlagen dafür geschaffen. Es war auf etwa vierhundertzehntausend »Erbkranke« anwendbar, die an Krankheiten wie Schizophrenie oder Epilepsie litten. Die Schätzungen über die

Zahl der tatsächlichen Opfer liegen zwischen zweihundert-
und dreihundertfünfzigtausend. Diese Unterschiede sind angesichts des Schweigens der Betroffenen und ihrer Familien völlig
verständlich.

Und nur in Deutschland war die Zwangssterilisation Vorläufer
und Bestandteil eines viel weiter reichenden Programms, eines
Massenmord-Programms. Über nennenswerte Proteste von Medizinern, Kirchen oder anderen Kreisen gegen die Zwangssterilisation habe ich übrigens nichts finden können.

Das »medizinische Töten«
Hierfür wird häufig der irreführende Begriff Euthanasie ver-
wendet. Euthanasie als gewollter Weg in einen leichten oder
gnädigen Tod, das kennen wir ja bereits aus der Römerzeit.
Doch bei den Nazis ging es nicht um das Recht des Einzelnen,
ohne Leiden zu sterben. Es ging vielmehr um das Recht des
Staates zu bestimmen, wer »für die Gemeinschaft nutzlos« war
und deshalb umgebracht werden durfte.

Bereits 1920 hatten die renommierten Professoren Binding
und Hoche die Vernichtung »lebensunwerten Lebens« als reine
Heiltätigkeit aus Barmherzigkeit bezeichnet. Ähnliche Stimmen gab es durchaus auch jenseits der deutschen Landesgrenzen. Aber nur hier in Deutschland wurde dieses Programm in
die Tat umgesetzt!

Damit hatte sich die Staatsmacht (nicht etwa der Richter)
zum Herrscher über Leben und Tod aufgeschwungen. Schlimmer noch: Sie maßte sich an zu bestimmen, was »lebenswertes«
Leben sei.

Hitler, der am »Gnadentod« (so nannte man das damals
beschönigend) bereits seit Längerem stark interessiert war, hat
während des Nürnberger Reichsparteitages 1935 mit Gerhard
Wagner, dem Führer des NS-Reichsärztebundes, die Grundzüge
der Tötungen besprochen.

Der organisierte Mord an geistig oder körperlich behinderten Kindern begann im Mai 1939. Viele Tausende sind in Krankenhäusern und Heilanstalten durch Spritzen oder den gezielten Einsatz von Giftgas umgebracht worden. Um die Perversion auf die Spitze zu treiben: Jüdische Kinder wurden in dieses Programm nicht einbezogen. Man hielt sie eines derartigen »Gnadenaktes« für unwürdig!

»Reichsleiter Bouler und Dr. med. Brandt sind unter Verantwortung beauftragt, die Befugnisse namentlich zu bestimmender Ärzte so zu erweitern, dass nach menschlichem Ermessen unheilbar Kranken bei kritischer Beurteilung ihres Krankheitszustandes der Gnadentod gewährt werden kann.« Dieses widerliche Zeugnis zynischer Heuchelei ist ein »Führererlass« vom Oktober 1939. Er war so geheim, dass er auf Hitlers privatem Briefpapier geschrieben worden ist.

Damit begann die nächste Phase, der staatlich sanktionierte Mord an Erwachsenen. Bei der Registrierung der »Patienten« wurden diese in Kategorien eingeteilt. In dem betreffenden Meldebogen sind unter »Kategorie 4« solche »Patienten« aufgeführt, »die nicht deutschen oder artverwandten Blutes« sind. Bereits hier ließ man die Maske fallen. Um die Aktion geheim zu halten, wurden »Tötungszentren« in Deutschland und den besetzten Gebieten eingerichtet – 1941 gab es derer dreißig.

Ein makabrer Streit zwischen Ärzten und Bürokraten setzte ein: Wie kann man die Tötung von Tausenden am wirksamsten bewerkstelligen? Dieser Streit entschied sich im Tötungszentrum Brandenburg im Januar 1940. Dort wurde zum ersten Mal Kohlenmonoxyd eingesetzt. Bald darauf wurden die ersten Gaskammern gebaut. Damit war das technische Instrumentarium für den Holocaust geschaffen.

Allein in dem »Tötungszentrum« Hadamar sind von Januar bis August 1941 mehr als zehntausend »Patienten« umgebracht worden. Als man zu Nummer zehntausend kam (alles war fein

säuberlich registriert!), war das der Anstaltsleitung eine kleine
Feier wert. Die Täter und ihre Helfer wurden mit Freibier be-
lohnt. Auch das ist ein bezeichnender Beitrag zu der von Hannah
Arendt beschriebenen »Banalität des Bösen«.

Nach erheblicher Unruhe in der Bevölkerung (die meisten
Tötungszentren lagen auf Reichsgebiet) und deutlichen Protes-
ten insbesondere aus der katholischen Kirche ordnete Hitler
1941 das Ende des offiziellen Euthanasieprogramms an. An
einzelnen Orten wurde es allerdings auf örtliche Initiative hin
fortgesetzt, sozusagen als normale Krankenhausroutine. Im
bayrischen Kaufbeuren fanden sogar noch einige Monate nach
Kriegsende Tötungen statt.

Wie konnte das geschehen?
Offensichtlich sind in keinem Fall deutsche Ärzte angewiesen
worden, geisteskranke Patienten oder behinderte Kinder zu töten. Sie wurden dazu in die Lage versetzt, und sie haben ihre
Aufgabe ohne Protest, oft sogar aus eigener Initiative erfüllt.
All diese Ärzte hatten den Eid des Hippokrates geschworen. Sie
handelten zumeist auf der Grundlage von Gesetzen. Die Öffentlichkeit wird das alles kaum zur Kenntnis genommen haben.
Und wo Argwohn aufkam, wurde er unterdrückt. Schließlich
waren die Ärzte in Deutschland »Halbgötter in Weiß«, deren
Kompetenz und Moral man nicht infrage stellte. Was aber ist
mit den Medizinern selbst? Wie konnte es dahin kommen,
dass Töten im Namen der Heilung akzeptiert wurde, dass die
Grenze zwischen Heilung und Töten bereitwillig beseitigt und
damit auch ein entscheidender Schritt hin zum Völkermord
des Holocaust getan wurde?

Zunächst muss wiederholt werden, dass viele Elemente der
»Rassenhygiene« auch in anderen Ländern diskutiert und teilweise auch umgesetzt wurden (USA und Sowjetunion, Norwegen und Schweden, England und Frankreich). Dass dies mit

anderer Begründung und anderer Zielsetzung geschah, war für die deutschen Täter unwichtig. Man hatte Präzedenzfälle, auf die man sich berufen konnte, um das eigene Gewissen zu beruhigen.

Zudem stimmten viele Vertreter der medizinischen Profession mit der Sichtweise der Nazis überein, dass soziale Probleme letztendlich auf medizinische oder biologische Anomalien zurückzuführen seien. Sie durften den Nationalsozialismus sozusagen als »angewandte Biologie« verstehen. Das aber entsprach der Überzeugung vieler Wissenschaftler und Praktiker. Und wo Zweifel an dieser Richtung bestanden, wurde geschwiegen. Hier kam die alte medizinische Standesethik zum Tragen. Öffentliche Kritik am Kollegen war nicht opportun und unter dem Repressionsregime der Nazis auch noch gefährlich.

Dass es dabei immer mehr gegen die Juden ging, hat die Sache für viele erleichtert. Waren sie nicht wirklich eine »kranke Rasse« und eine kriminelle dazu? Hatten die »Erbgesetze« das nicht gerade offiziell festgestellt? Andererseits: Gab es nicht viel zu viele jüdische Ärzte, die auf einem übersetzten Markt das eigene Fortkommen behinderten? Und waren diese nicht für ein »bürokratisiertes und sozialisiertes« Gesundheitswesen verantwortlich?

All das sind Erklärungen. Und natürlich waren die Mediziner auch dem Druck der Verhältnisse ausgesetzt. Allerdings war es keineswegs so, dass sie sich nur widerwillig fügten. Viele von ihnen sind willige Wegbereiter einer mörderischen Ideologie gewesen, die den Völkermord möglich gemacht hat. Andere Täter konnten sich auf sie berufen. Sie haben die ethischen Grundlagen des hippokratischen Eides verraten und sind schuldig geworden. Ist es wirklich nur ein Zufall, dass etwa die Hälfte aller deutschen Ärzte Mitglied der NSDAP gewesen ist?

Die Reaktion der »normalen« Deutschen

Immer wieder ist die Frage gestellt worden: Wie konnten die
Deutschen den Nationalsozialismus zulassen; warum ließen
sie Hitler und seine Spießgesellen gewähren? Man wird hier
mehrere Antworten miteinander verknüpfen müssen, um in
die Nähe der Wahrheit zu gelangen.

Viele Deutsche waren antisemitisch eingestellt
An den Antisemitismus des Wortes hatten sich viele Deutsche
1933 längst gewöhnt. Da lösten auch die Nazis keinen Schrecken mehr aus.

Schließlich hatten ihre Koalitionspartner von 1933 sich daran ebenso wenig gestört wie der Reichspräsident Hindenburg.
Warum sollte man sich selbst also anders verhalten? Wenn dazu
noch Ärzte, Juristen, Künstler und Erzieher, »Respektsperso-
nen« also, freudig mitmachten, warum sollte man päpstlicher
sein als der Papst?

Ich glaube, dass eine Vertreibung oder gar Ermordung der
Juden auch für viele überzeugte Antisemiten damals nicht vorstellbar war. Aber auch viele »normale« Bürger waren überzeugt,
dass es in Deutschland zu viel jüdischen Einfluss gebe und dass
man ihn irgendwie zurückdrängen müsse. Das erklärt wohl,
warum die ersten, auf Ausgrenzung zielenden Repressionsmaßnahmen der Nazis von der Bevölkerung eher zustimmend
aufgenommen wurden.

Und was den Radau-Antisemitismus der SA-Schlägerbanden
anging, so tröstete man sich damit, dass dies wohl nur eine
Übergangserscheinung sein würde.

Apropos »Übergangserscheinung«: In einigen historischen
Arbeiten wird angenommen, dass viele Deutsche Hitler selbst
für eine derartige »Übergangserscheinung« hielten. Ich glaube das nicht. Vielmehr bin ich überzeugt, dass die meisten

Deutschen mit ihm und seinem Regime ganz einverstanden
waren.

Als dann das Regime die Hemmschwelle rigoros nach unten
drückte, war es für die meisten schon zu spät zur Umkehr. Von
den Juden war ein mehr als übles Zerrbild entworfen worden.
Dem Opfer wurde so der Mantel des Bösen umgehängt. Und
Böses muss vernichtet werden, ohne dass der deutsche Biertisch
sich wahrscheinlich klar darüber war, was hier mit »Vernichtung« gemeint war. Zur Not konnte man sich dabei ja auch auf
Martin Luther und den Hofprediger Stoecker, einige Kirchenväter und die Passionsspiele berufen.

Aus den internen Berichten der NS-Sicherheitsorgane wissen
wir, dass erst die Schrecken der »Reichspogromnacht« Unruhe in dieses herkömmliche Bild gebracht haben. Der Durch-
schnittsdeutsche war ein »guter Bürger« oder wollte es doch
sein. Was da auf der Straße passierte, verstieß gegen seinen Sinn
für Sicherheit, Ordnung und Eigentum. Es wurden Zweifel laut.
Hatte der »Führer« das gewusst? Hatte er das gewollt? War nicht
gerade er ein Garant für Law and Order, wie wir heute sagen
würden?

Damals stand man gewissermaßen am Scheideweg. Es gab
in der Bevölkerung eine deutliche Missbilligung gegenüber
dem brutalen Vorgehen der Nazis gegen die Juden. Andererseits hatte der Terror seine Wirkung getan. Er hatte ein Klima
der Furcht erzeugt, in dem sich diese Missbilligung nicht mehr
zu artikulieren wagte. Viele verkrochen sich noch mehr in das
Schneckenhaus des Privaten und schwiegen.

Die Nazis aber waren entschlossen, den vorgezeichneten
Weg der »Endlösung« weiterzugehen. Nur, ab jetzt würden die
nächsten Schritte möglichst lautlos, jenseits der Wahrnehmung
einer breiten Öffentlichkeit geschehen. Es kam die Stunde der
SS und der »Bürokraten des Todes«.

Die Deutschen, ein Volk von Untertanen

Heinrich Mann hat ihn in seinem Roman unsterblich gemacht, den deutschen Untertan. Man war der Obrigkeit hörig gewesen, wie auch immer sie firmiert hatte. Man war es gewohnt zu gehorchen, nach oben zu ducken und nach unten zu treten. Man hielt auf Ordnung, und Ruhe war die erste Bürgerpflicht. Hinzu kam, dass die kurze Zeit der Weimarer Republik und die Erfahrungen mit ihr nicht einmal im Ansatz ausgereicht hatten, ein Bewusstsein für »gelebte Demokratie« zu verankern. Weimar, das war für die meisten Deutschen eine wirre Abfolge von Parteienstreit, wirtschaftlicher Not und Straßenkampf gewesen.

Und jetzt kam mit Hitler jemand, bei dem das augenscheinlich ganz anders war. Die Nazis standen, wenn man einmal von der SA absieht, für »Ruhe und Ordnung«. Es herrschten »klare Verhältnisse« und eine scheinbare Legalität. Und ging es etwa nicht legal zu, wenn die Staatsmacht sich in Uniformen, Fahnen und Aufmärschen manifestierte? Hinter dieser Fassade, die der Untertanenseele so gut gefiel, konnten die Nazis ihren revolutionären Anspruch höchst erfolgreich verstecken.

Da war eine Legalitätspraxis, hinter der in den zurückliegenden Jahren der revolutionäre Anspruch und die eigenen Schwächen erfolgreich verborgen geblieben waren. Ja, es stimmt: Für die meisten Deutschen ging nun einmal Legalität vor Legitimität. Auch die rasche Gleichschaltung und der »Führerstaat« (»Führer befiehl, wir folgen«) entsprachen jenem weit verbreiteten Wunsch nach Ordnung.

Wen wundert es da, wenn bereits am 1. Mai 1933 weite Teile der deutschen Arbeiterschaft »Reih in Reih« mit denen demonstrierten, die man noch gestern als Klassenfeinde bekämpft hatte? Bis zur Einrichtung der Deutschen Arbeitsfront war es dann nur noch ein kleiner Schritt. Als dann schließlich das Militär seinen Eid auf Adolf Hitler leisten musste, war sozusagen ein krönender Abschluss erreicht. Wir wissen, dass sich

selbst führende Militärs diesem Eid bis zum Letzten verpflich-
tet fühlten – auch gegen bessere Erkenntnis, auch gegen das
Gewissen. Was will man da vom einfachen Soldaten verlangen?
Einen Eid bricht man eben nicht, auch wenn es ein Eid auf den
Führer ist.

Die rasche Ausschaltung aller Gegenkräfte
Wichtige Grundregeln der Demokratie und des Rechtsstaats
waren über Notverordnungen bereits seit 1930 außer Kraft
gesetzt worden. Beide – die Demokratie und der Rechtsstaat –
waren nur wenige Monate nach der Machtübernahme durch
Hitler zerstört. Parteien und Gewerkschaften hatten zu existieren aufgehört. Deren Gegenwehr war so schwach gewesen, dass
André François-Poncet, der damalige französische Botschafter
in Berlin, bitter bemerkte: »Die deutsche Demokratie hat nichts
retten können, nicht einmal ihr Gesicht.«

Noch nie zuvor in der deutschen Geschichte hatte sich eine
Umwälzung so komplett, so rasch und mit solch atemloser
Wucht vollzogen. Die Gleichschaltungsorgie im Gefolge des
»Ermächtigungsgesetzes« tat ihr Übriges. An wen hätten sich
die Zweifler und Kritiker, die Gegner und die Verzweifelten
denn ab Sommer 1933 wenden sollen?

Gewiss, es blieben die Kirchen. Sie waren die einzigen Institutionen, die sich dem totalen Herrschaftsanspruch der Nazis
entziehen und bis zu einem gewissen Grad auch widersetzen
konnten. Allerdings: Zum »Widerstand des Gewissens« haben
auch sie nicht aufgerufen – mit Ausnahme der Barmer Synode
und der Bekennenden Kirche. Sie ließen sich trotz erheblichen
Drucks nazistischer Sympathisanten auf der evangelischen Seite
nicht gleichschalten. Viele Kirchgänger und viele ihrer Oberhir-
ten aber waren durch eine konservativ-nationale Grundhaltung
und eine hohe Loyalität geprägt. Hier haben viele Jahrhunderte
kirchlicher Tradition nachgewirkt.

Bei den Katholiken kam noch das Reichskonkordat hinzu, das der Vatikan am 8. Juli 1933 paraphiert hatte. Es hat den Wirkungsbereich der katholischen Kirche geschützt; es hat sie und ihre Institutionen aber auch neutralisiert und darüber hinaus Hitler und den Nazis einen erheblichen Gewinn an Prestige beschert.

Anfangserfolge der Nazis
Über das lange nachwirkende Unheil, das die nationalsozialistische Propaganda in den Köpfen so vieler Menschen angerichtet hat, habe ich bereits gesprochen.

Im Februar 1933 hatte Hitler in einer Rundfunkrede versprochen, innerhalb von vier Jahren die Arbeitslosigkeit zu überwinden. Darüber, wie er das schaffen wollte, schwieg er sich wohlweislich aus; es war den meisten seiner Zuhörer wohl auch egal.

Und statistisch konnten sich die Erfolge durchaus sehen lassen. Die deutsche Wirtschaftsleistung betrug 1939 das Doppelte derjenigen von 1932. Die Arbeitslosigkeit ging von 25,9 Prozent 1933 auf 4,1 Prozent 1937 zurück. Und auch die Kaufkraft lag wesentlich höher als in den angeblich so Goldenen Zwanzigern. Die Methoden der Nazis waren einfach, aber zunächst wirkungsvoll: gewaltige Großprojekte (Autobahnen, Siedlungsbau, Schienenwege), Autarkiestreben, Preiskontrollen, Reichsarbeitsdienst und vor allem Aufrüstung, Aufrüstung, Aufrüstung. Darüber explodierten die Staatsschulden. Als Reichsbankpräsident Schacht im Januar 1939 zurücktrat, war ihm wohl klar geworden, dass Hitler einen einfachen Weg aus der Schuldenfalle anstrebte: den Eroberungskrieg und die nachfolgende Ausplünderung der besiegten Völker.

Von alldem aber haben die Normalbürger nur die glänzende Fassade mitbekommen. Deutschland war wieder in Arbeit und Brot und – »Wir sind wieder wer!«. Dieses neue Selbstwertgefühl wurde durch internationale Erfolge noch gesteigert. Da waren all die Abkommen, die den »Schandfrieden« von Versailles außer Kraft setzten. Dann kehrte das Saarland »heim ins Reich«. Da war die Annäherung zwischen Hitler und Mussolini. Dann wurde das entmilitarisierte Rheinland besetzt. Völkerrechtsbruch? Wen scherte das schon, solange die anderen Staaten schweigend zuschauten! All das schuf eine breite Welle nationaler Euphorie, zu der die Berliner Olympiade 1936 und auch der »Anschluss« Österreichs 1938 mächtig beitrugen.

»Never change a winning team!« Das ist nicht nur im Sport eine alte Weisheit. An dieser glänzenden Fassade prallte nicht nur die isolierte Kritik der »Miesmacher« ab. Gleichzeitig ging auch so gut wie jedes Unrechtsbewusstsein angesichts der antisemitischen Repressionen verloren. Die Maßstäbe waren endgültig verschoben worden.

Die Zukunft gehört der Jugend!
Hitler hat mit zweiunddreißig Jahren den Vorsitz der NSDAP übernommen; als er Reichskanzler wurde, war er dreiundvierzig Jahre alt. Zum gleichen Zeitpunkt zählten Hermann Göring vierzig, Joseph Goebbels sechsunddreißig, Heinrich Himmler zweiunddreißig, Reinhard Heydrich achtundzwanzig und Baldur von Schirach vierundzwanzig Jahre.

Eine junge Truppe also, die auch mental einen klaren Schnitt zur Vergangenheit mit ihren Traditionen vollzog. Man gab vor, diese Traditionen zu ehren, ließ es aber bei Ritualen bewenden, um der älteren Bevölkerung ein willkommenes Gefühl der Kontinuität und Sicherheit zu geben. In Wirklichkeit jedoch ging es um die »befreiende Tat«, die »völkische Revolution«, und die konnte man nur mit den Jungen machen. Wo es passte, wurden Sachkenntnis und Erfahrung der Älteren genutzt – ihr Rat aber wurde nicht mehr wirklich gehört.

Zum gleichen Generationenschnitt gehörte dann auch ein Jugendkult, wie ihn meines Wissens kein anderes Volk jemals zuvor betrieben hat.

Wie gesagt, all diese Einflüsse und Ursachen muss man zusammen sehen, um die Reaktion der »normalen« Deutschen auf Hitler einigermaßen zutreffend bewerten zu können. Ein antisemitisches Grundgefühl bei vielen, mangelnde Erfahrung mit Demokratie und Rechtsstaat, die Mischung aus Verführung und Terror – all das hat eine wichtige Rolle gespielt. Was aber wohl am schwersten wiegt: Feste sittliche Maßstäbe waren nur bei wenigen Deutschen vorhanden.

Das ist eine bittere Feststellung, keine Schuldzuweisung. Sie begründet aber die schwere Verantwortung, die wir bis heute mit uns tragen und zu tragen bereit sein müssen.

Die Reaktion der Juden

Eine beinahe grenzenlose Naivität
Der jüdische Historiker Julius Schoeps hat einmal bemerkt: »Keinem Menschen war es 1933 bis 1935 möglich, die Verbrechenstaten, die die Nationalsozialisten einmal begehen würden, auch nur im Entferntesten vorauszuahnen. Wer so etwas behauptet, ist ein Lügner ...« Dieser Satz ist in seiner Absolutheit nicht haltbar und wird durch viele Gegenbeispiele widerlegt.

Richtig daran aber ist, dass die Juden in Deutschland von der Wucht des Geschehens ebenso überrumpelt wurden wie ihre nichtjüdischen Landsleute. Selbst die politisch Informierten unter den deutschen Juden haben Hitler und die NSDAP zumindest bis 1933 in der Regel nicht ernst genommen; wohl nur wenige werden *Mein Kampf* gelesen haben. Nicht alle besaßen die Sensibilität eines Kurt Tucholsky oder eines Joseph Roth. Schreckten nicht alle »gutbürgerlichen« Kräfte vor den

Radaubrüdern der SA, den marktschreierischen Auftritten des
»böhmischen Gefreiten« (so Hindenburg über Hitler) und den
nebulösen Ideen seiner Gefolgsleute zurück? Und die Massen,
die Hitler zujubelten, waren die nicht doch nur »Masse«? Und
schließlich gab es ja auch noch den Marschall Hindenburg, den
greisen Präsidenten, und die Reichswehr. So haben, wie wir
wissen, auch viele Juden gedacht. Zudem fühlte man sich nach
wie vor als Deutscher und verwies gerne auf die Teilnahme am
Ersten Weltkrieg und die dort erworbenen Auszeichnungen.
Man war geneigt, nicht nur den Radau-Antisemitismus der SA
als eine vorübergehende Sache anzusehen, sondern auch die
Regierung des Reichskanzlers Hitler selbst. Und man konnte
sich nicht vorstellen, dass Recht und Ordnung in Deutschland
von nun an etwas völlig anderes bedeuten würden als alles,
was man bisher kannte.

Max Liebermann hat beim Anblick der braunen Marschko-
lonnen angewidert bemerkt: »Ick kann jar nicht so viel fressen,
wie ick kotzen möchte!« Von Leo Baeck aber, dem Oberrabbiner
von Berlin, ist aus dem März 1933 folgende Einschätzung
überliefert: »Die nationale deutsche Revolution … hat zwei in-
einandergehende Richtungen: Der Kampf zur Überwindung
des Bolschewismus und die Erneuerung Deutschlands … Der
Bolschewismus ist … der heftigste und erbittertste Feind des
Judentums … Die Erneuerung Deutschlands ist ein Ideal und
eine Sehnsucht innerhalb der deutschen Juden.« Baeck hat seine
Haltung dann gründlich geändert. Aus seinen Worten aber
spricht erneut die grenzenlose Naivität, wie sie insbesondere
für die »alteingesessenen«, liberalen und national gesinnten
Juden jener Zeit typisch gewesen ist.

Auswandern fällt nicht leicht
Es gab jedoch auch viele, die sehr früh bemerkten, dass dem Antisemitismus der Worte jetzt der Antisemitismus der Tat folgen

würde. Bereits 1933/34 ist es zu einer ersten Auswanderungswelle jüdischer Akademiker, Künstler und Politiker gekommen.
Für sie war die Bedrohung nach den ersten antisemitischen
Gesetzen deutlich spürbar geworden. Die meisten von ihnen
flohen zunächst in die Nachbarländer Hitlerdeutschlands. Diese waren leicht zu erreichen; außerdem erhielt die Flucht so
einen provisorischen Charakter, denn viele glaubten ja, »der
Spuk würde nicht allzu lange dauern«. Anderen wiederum
hatten die neuen Herrscher die Entscheidung abgenommen:
Sie waren ausgebürgert worden.

Eine zweite Auswanderungswelle fiel in die Zeit nach dem
Inkrafttreten der Nürnberger Gesetze 1935, die breite Teile des
deutschen Judentums rechtlos gemacht hatten. Raus um jeden
Preis! So mochte man wohl gedacht haben, auch wenn dieser
Preis erpresserisch hoch war. Die Nürnberger Gesetze mit ihren
minutiösen Bestimmungen, wer als Jude zu gelten hatte, haben
dann auch die Konvertierten und Getauften zum Nachdenken
gebracht. Auch sie konnten sich nun nicht mehr sicher fühlen.
In Deutschland selbst setzte eine jüdische Binnenwanderung
in die großen Städte ein. Nur dort konnte man jetzt noch auf
menschliche Nähe hoffen!

Eine letzte Welle wanderte dann 1938/39 aus, insbesondere nach der »Reichspogromnacht«. Längst waren allen Juden
die Augen aufgegangen. Es folgten verzweifelte Versuche, nun
doch noch zu entkommen. Ab dem 23. Oktober 1941 war der
Fluchtweg endgültig versperrt. Jede Emigration wurde gestoppt.
Und nur zwei Tage später wurden die ersten Hamburger Juden
ins Ghetto nach Lodz deportiert.

Man sagt das so leicht: auswandern! Dieser Entschluss ist
wohl fast jedem schwergefallen. Familien und Freundeskreise
wurden auseinandergerissen; man musste von der Kultur, die
einen geprägt hatte, Abschied nehmen. Die Ungewissheit vor
der Zukunft kam ebenso hinzu wie die materielle Not. Viele

sind an dieser schweren Prüfung zerbrochen und in den Freitod gegangen.

Und noch eins muss angemerkt werden: Gegangen sind Gebildete und Wohlhabende, Meinungsführer und Vorbilder. Geblieben sind die Alten und Hilfsbedürftigen, die kinderreichen
Familien jüdischer Arbeiter und Angestellten. Sie alle hatten
keine Chance. Geblieben aber sind auch die, die helfen, pflegen, bilden und die Hölle ein wenig erträglicher machen wollten: Rabbiner, Lehrer und Erzieher, Ärzte und Pflegepersonal. Sie
sind die eigentlichen Helden jener Jahre.

»Isolationshaft« außerhalb der deutschen Kerkermauern
Wie reagiert man darauf, wenn das eigene Kontaktfeld und das
der Familie schrittweise zerstört wird? Wie ist es, wenn man
nicht mehr eingeladen wird, wenn Menschen, die einen gestern
noch grüßten, heute stumm an einem vorbeigehen? Wie fühlen
sich Kinder, die von ihren Schul- und Spielkameraden getrennt
werden, nicht mehr auf den geliebten Spiel- oder Sportplatz
dürfen, gehänselt und verprügelt werden? Was empfindet man,
wenn ringsherum die Zeichen des Hasses und der Verachtung
sich mehren?

Ein derartiger Prozess lässt niemanden unberührt. Es gab
diejenigen, die unter ihrer Isolierung zerbrochen sind. Die
Mehrzahl wird wohl instinktiv Schutz bei denjenigen gesucht
haben, die unter dem gleichen Schicksal litten. Das Motto
war nicht »Einigkeit macht stark«; es war »Geteiltes Leid ist
halbes Leid«. Und diese Haltung war aus der schlimmen Geschichte des Judentums nur allzu bekannt. Das sollten diejenigen nicht übersehen, die im Nachhinein bei den deutschen
Juden das nötige Aufbegehren, den nötigen Heroismus ver-
missen.

Jüdische Solidarität

Als Reaktion auf die Machtübernahme der Nazis entstanden neue Organisationen der jüdischen Selbsthilfe. Im April 1933 konstituierte sich der Zentralausschuss der deutschen Juden für Hilfe und Aufbau. Im September wurde die Reichsvertretung der deutschen Juden gebildet. Im gleichen Jahr wurde dann noch der Jüdische Kulturbund auf Reichsebene gegründet.

Ebenso wichtig aber waren die Aktivitäten auf lokaler Ebene, über die sich ein ungemein vielfältiges jüdisches Leben entwickelt hat. Vor dem Hintergrund der Ereignisse ist es kaum verwunderlich, dass die Bindung an die Religion, aber auch zionistische Gedanken und Projekte nunmehr eine größere Bedeutung gewannen. All diese Vereinigungen mussten sich um die Billigung der Herrschenden und ihrer Bürokratie bemühen. Das hat die führenden Persönlichkeiten in schwerste Gewissenskonflikte gestürzt. Sie sollten sich ab 1938 ins Unermessliche steigern.

Seit einiger Zeit werfen jüngere Historiker (auch in Israel) diesen Menschen vor, sie hätten sich mit den Machthabern »arrangiert«. Doch was würde »Widerstand« im jüdischen Alltag jener Jahre wohl bewirkt haben? In Wirklichkeit ging es um schwierigste Abwägung in jedem Einzelfall. Wer kann sich wirklich in eine derartige Situation hineinversetzen, in der es nur noch darum gehen kann zu retten, was zu retten ist, in der man ständig nur die Wahl zwischen zwei Übeln hat?

1938 wurde per Erlass die Reichsvertretung der deutschen Juden zur Reichsvereinigung der Juden in Deutschland. Im gleichen Jahr verloren die jüdischen Kultusvereinigungen ihren offiziellen Status. Die Judenreferate der Gestapo machten unmissverständlich klar, dass man eine »einwandfreie Geschäftsführung« und eine »sachliche Zusammenarbeit« erwartete. Es bedarf keiner großen Fantasie, sich vorzustellen, was das in den Zeiten der Konzentrationslager und der »Reichspogromnacht« bedeutete.

Insgesamt haben deutsche Juden in den Jahren vor dem Holocaust stilles Heldentum in einem Ausmaß bewiesen, das uns auch heute noch Bewunderung abnötigen sollte.

KAPITEL 7:
DER HOLOCAUST

Der geplante Völkermord an den Juden stellt die letzte, unvorstellbar schreckliche Stufe in der Entwicklung des deutschen Antisemitismus dar. Sie muss zwar gesondert von den geschichtlichen Wurzeln des Antisemitismus betrachtet werden, doch ohne diese Wurzeln wäre sie überhaupt nicht möglich gewesen. In einer Mischung aus Blutrausch und kaltem Kalkül, verblendeter Charakterlosigkeit und Größenwahn kam es zum größten Verbrechen unserer Geschichte.

Historische Merkposten

Die Geschichte des Holocaust wäre Thema eines eigenen Buches. Deshalb nur einige knappe Hinweise auf die Ereignisse, die für die Fragen nach dem Wie und dem Warum wichtig sind:

- 1. September 1939: Deutschland überfällt Polen; Beginn des Zweiten Weltkrieges. Nur einen Tag später wird das Konzentrationslager Stutthof bei Danzig errichtet.
- 21. September 1939: Heydrich ordnet die »Konzentration« und Zählung der polnischen Juden, die Registrierung jüdischer Arbeitskräfte und jüdischen Vermögens an. Noch im Oktober wird in Piotrków Trybunalski das erste Ghetto errichtet; im November beginnt die Deportation der Juden aus Lodz in andere Teile Polens; im Dezember wird das gesamte jüdische Vermögen beschlagnahmt.

- 27. April 1940: Himmler ordnet die Errichtung des Konzen- trations- und Vernichtungslagers Auschwitz an; ihm folgen bis 1942 die Vernichtungslager Chelmno (Kulmhof), Belzec, Sobibor, Majdanek und Treblinka.
- 29. Mai 1940: In einem Memorandum an Hitler wird die Abschiebung aller Juden aus den besetzten Gebieten nach Afrika vorgeschlagen (»Madagaskar-Plan«).
- 30. Juni 1940: In Dorohoi werden zweihundert Juden durch ein rumänisches Infanteriebataillon ermordet. Nicht nur dort sollten die Nazis und ihre Schergen willige Helfer finden.
- 3. September 1941: In Auschwitz finden erste Vergasungen statt – nur wenige Tage nach Beendigung des »Euthana- sieprogramms«, dessen Fachleute nun für neue Aufgaben zur Verfügung stehen.
- 20. Januar 1942: Auf der Wannseekonferenz wird die gesamt- europäische »Endlösung« koordiniert.
- 30. April 1942: In Djatowlo leisten bei einer Mordaktion die Juden bewaffneten Widerstand. Das war die erste von vielen Widerstandsaktionen innerhalb und außerhalb der Ghettos und der Vernichtungslager, die im Aufstand des Warschauer Ghettos (April und Mai 1943) ihren heroischen Höhepunkt finden sollten.
- 4. Mai 1945: Die SS-Mannschaften verlassen das Konzentra- tionslager Mauthausen. Der Holocaust hat mehr als sechs Millionen Menschenopfer gefordert. Weitaus die meisten von ihnen waren Juden.

Der Krieg – für Hitler nur ein Mittel zum Zweck

Es ging um weltanschauliche Ziele
Wer *Mein Kampf* heranzieht und die ideologischen Grund- lagen des Nationalsozialismus unter die Lupe nimmt, muss

zu dem Schluss gelangen, dass der Angriffskrieg für Hitler und seine Gefolgsleute eine Notwendigkeit war. Er war in der nazistischen Weltanschauung begründet. Ohne ihn ließen sich die Träume von »Lebensraum«, »völkischer Einheit«, »Erlösung und Herrschaft der arischen Rasse« und der mit ihr verbundenen »Endlösung der Judenfrage« nicht verwirklichen.

Das bedeutet zweierlei: Die Politik vor 1939 war keineswegs auf Frieden ausgerichtet, es sei denn auf einen Frieden zu den Bedingungen Adolf Hitlers. Und – der Krieg war kein Ziel an sich. Er war notwendiges Mittel zum Zweck. Er ist mit militärischen, ökonomischen oder strategischen Kategorien allein nicht zu begreifen. Die letzte Zielsetzung war eindeutig rassistisch.

Diese Dimension ist zur damaligen Zeit nicht recht begriffen worden, auch nicht vom deutschen Widerstand gegen Hitler. Nur sie erklärt die unglaubliche Brutalität der Kriegführung und die entschlossene Bereitschaft zum Völkermord.

Der Holocaust und die innere Logik des
nazistischen Antisemitismus

Gedanklich entsprach der Völkermord, insbesondere der an den Juden, als Möglichkeit von Anfang an der inneren Logik der nazistischen Weltanschauung. Ich stimme Raul Hilberg zu, wenn er schreibt: »Der Vernichtungsprozess der Nazis kam nicht aus heiterem Himmel; er war der Höhepunkt einer zyklischen Entwicklung ... Die deutschen Nazis brachen also nicht mit der Vergangenheit; sie bauten auf ihr auf. Sie begannen nicht, sie vollendeten eine Entwicklung.« Allerdings eine, die sie selbst eingeleitet hatten und der sie nunmehr eine neue Dimension gaben. Sie hatte vor dem Krieg eine Stütze im »kulturellen Code« vieler Deutscher gehabt. Von dort aber auf Zustimmung dieser Deutschen zum Völkermord zu schließen wäre historisch falsch und argumentativ unhaltbar. Längst nicht alle

Deutschen waren antisemitisch eingestellt. Und längst nicht alle Antisemiten waren mit der »Endlösung« Hitlers, Himmlers und Rosenbergs einverstanden. Übrigens – Hitler, NSDAP, die SS und all ihre Helfershelfer bedurften dieser traditionellen Stützen nun auch nicht mehr.

Zurück zur »inneren Logik«: Wer wie die Nazis die Juden aus dem deutschen und arischen »Volkskörper« entfernen wollte, der hatte nur begrenzte Alternativen.

Die innere Ausgrenzung und Isolation reichten nicht aus, um das zuverlässig zu verhindern, was Hitler und die Nazis bereits sehr früh als »Ansteckungsgefahr« bezeichnet hatten. So sah man zunächst die »Lösung der Judenfrage« in deren erzwungener Auswanderung aus Deutschland. Nur – diese Politik war spätestens mit der Eroberung Polens völlig unrealistisch geworden. Immerhin: Noch war an eine konsequente Ghettoisierung der Juden zu denken. Und diese ist ja auch brutal in die Tat umgesetzt worden. 1941 aber lebten in den von Nazideutschland beherrschten Teilen Europas mehrere Millionen Juden. Die »Endlösung der Judenfrage« stellte sich nunmehr im europäischen Maßstab. »Territoriale Lösungen« wie das skurrile Madagaskar-Projekt erwiesen sich rasch als Fantastereien; blieb nur eins – die physische Vernichtung. Wenn man so will, hatten Hitler und der Nationalsozialismus damals zu sich selbst gefunden. Sie schauten in den Abgrund ihrer eigenen Überzeugungen. Und sie sind vor diesem Abgrund nicht zurückgeschreckt. Die selbst gewählte Mission war es nicht, lediglich einen Krieg zu gewinnen. Die Mission war die Ausrottung der Juden.

Das war der eigentliche Gang der Dinge. Alles andere ist Durchführung, Bürokratie, Taktik, Dekor und Vernebelung gewesen.

Die Dynamik des Holocaust

Wann wurde der Schritt zum Völkermord beschlossen?
Nach einem konkreten historischen Datum wird man hier vergeblich suchen. Einige Marksteine auf dem Weg zum Völkermord sind jedoch durch eine Vielzahl von Dokumenten belegt:

- Bereits vor Ausbruch des Krieges hatte Adolf Hitler unverhohlen mit der »Vernichtung der jüdischen Rasse in Europa« gedroht. Seine Überzeugungen hatte er bereits in *Mein Kampf* niedergelegt.
- Nach der Eroberung Polens wurde dort ein »deutscher Lebensraum« angestrebt, in dem für Polen und Juden kein Platz war. Das bedeutete die Deportation der Juden in Ghettos, wo sie so lange Arbeitssklaven sein durften, bis sie vor Hunger oder Entkräftung starben. Wenn das zur langsamen Ausrottung führte, war diese vielleicht nicht ausdrücklich geplant, wurde aber hingenommen.
- 1940 wurde das Madagaskar-Projekt, der wahnwitzige Endpunkt des Konzepts der »Endlösung durch erzwungene Auswanderung«, erörtert. Man lese nur den Irrsinn, den Adolf Eichmann dazu formuliert hat! Natürlich ließ sich dieses Projekt niemals realisieren. Inwieweit es nur ein letzter Versuch zur Betäubung der Gewissen war, muss dahingestellt bleiben.
- Andere schlugen die Massensterilisierung als Lösung vor. Auch sie wurde verworfen: Das hätte zu lange gedauert und wäre zu teuer geworden. Warum einen Umweg gehen, wenn die Technologie des Tötens doch bereits entwickelt war?
- Bei einer Unterredung mit einigen Getreuen am 16. Juli 1941 prophezeite Hitler, dass die durch Deutschland eroberten Gebiete in einen rassischen »Garten Eden« verwan-

delt werden würden. Mehr brauchte er kaum zu sagen. Seine Umgebung verstand ihn nur allzu gut.

– Zu dieser Zeit waren hinter der »Ostfront« bereits die mobilen Einsatzkommandos A–D im Einsatz, in der die SS, aber auch deutsche Polizeikräfte und Wehrmachtseinheiten zusammenarbeiteten. Dort hatte der Massenmord also bereits begonnen. Den Massakern dieser Einsatzkommandos sind Hunderttausende zum Opfer gefallen. Und der Führer ließ sich regelmäßig Bericht erstatten.

– Nachdem das Euthanasieprogramm »T4« im August 1941 von Hitler für beendet erklärt worden war, wurden »Spezialisten« und die zur Vergasung dienenden technischen Hilfsmittel nach Polen verlegt. In Auschwitz wurde das weitergeführt, was man in Brandenburg und an anderen Orten begonnen hatte. Übrigens hatte das Reichsinnenministerium bereits Anfang 1941 die Tötung aller in deutschen Krankenhäusern befindlichen Juden angeordnet – nicht auf der Grundlage der Euthanasie-Bestimmungen, sondern nur, weil sie Juden waren. Diese Geheimoperation hatte den Codenamen »Operation 14 f 13« erhalten.

– Am 10. Oktober 1941 erließ der Generalfeldmarschall Walter von Reichenau folgenden Armeebefehl: »Das wesentliche Ziel des Feldzuges gegen das jüdisch-bolschewistische System ist die völlige Zerschlagung der Machtmittel und die Ausrottung des asiatischen Einflusses auf den deutschen Kulturkreis … Deshalb muss der Soldat für die Notwendigkeit einer harten, aber gerechten Sühne am jüdischen Untermenschentum volles Verständnis haben.« Brutaler ist ein Freibrief zum Morden wohl kaum jemals formuliert worden.

Viktor Brack, der Leiter des Euthanasieprogramms, hat nach dem Krieg in Nürnberg zu Protokoll gegeben: »1941 war es in den höheren Parteikreisen ein offenes Geheimnis, dass die Machthabenden die Absicht hatten, die gesamte jüdische Bevölkerung in Deutschland und in den besetzten Gebieten auszurotten.«

Die ausgiebig kommentierte Wannseekonferenz fand am 20. Januar 1942 in Berlin statt. Heydrich hat sie im Auftrag Görings geleitet. Zu diesem Zeitpunkt aber hatte der Holocaust längst begonnen. Über Ziele und Ausmaß der »Endlösung« wurde dort auch gar nicht gesprochen: Sie konnten als bekannt vorausgesetzt werden. »Wannsee« hat vielmehr den Völkermord systematisiert, in bürokratische Handlungsanweisungen gegossen und auf ganz Europa, also auch auf die im Westen besetzten Länder und auf Deutschland selbst ausgedehnt. Die entsetzlichen Folgen sind bekannt. Es ist eine grausige Pointe der Geschichte, dass die Unterlagen jener Konferenz im Büro von Dr. Philipp Hoffmann, dem Chef des Rasse- und Siedlungshauptamtes, gefunden wurden. Der Wahnsinn der Rassebiologen sollte hier seine »Krönung« finden – und bald auch in den furchtbaren Experimenten an Häftlingen der Vernichtungslager.

Merkwürdig genug: Die Historiker haben lange darüber gestritten, ob Hitler einen förmlichen Befehl zur »Endlösung« gegeben hat. Wahrscheinlich ist dies nicht geschehen. Aber: Es ist ganz und gar unvorstellbar, dass Göring und Heydrich ohne Kenntnis und ausdrückliche Billigung ihres Führers gehandelt haben. Dieser detailverliebte Generalist hat im Übrigen manche seiner Befehle nur mündlich erteilt.

Die Rolle Hitlers

Auch über diese Frage ist eine lebhafte Diskussion zwischen Fachhistorikern entbrannt.

Zwei Schulen stehen sich gegenüber. Die »Intentionalisten« gehen davon aus, dass gemäß den Prinzipien des »Führerstaa-

tes« alle für den Holocaust ursächlichen Einzelschritte durch
Hitler persönlich angeordnet worden sind. Ergänzend wird
darauf verwiesen, dass seine Völkermordabsichten bis in die
frühesten Phasen seiner politischen Laufbahn zurückverfolgt
werden können.

Und dann gibt es die »Funktionalisten«. Sie sehen im Holocaust keine von langer Hand geplante Vernichtungsstrategie,
sondern eher den jeweils zufälligen Ausgang des Wettbewerbs
zwischen Gruppierungen im nazistischen Machtgefüge, die den
Führer auf ihre Seite zu ziehen hofften. Hitler erscheint dann
eher als jemand, der seine formale, aber auch psychologische
Distanz zur Wirklichkeit des Massenmordes bewahrte.

Dieser Meinungsstreit ist eher müßig. Angesichts der Fakten-
lage steht fest:

Bei Hitler sind alle Fäden zusammengelaufen. Er hatte die
Eroberungs-, Versklavungs- und Vernichtungsstrategien für den
Osten Europas formuliert. Bei der Kriegführung hatte er stets
das letzte Wort. Auf ihn beriefen sich all seine rivalisierenden
Helfershelfer. Natürlich hat es hier jede Menge an vorauseilen-
dem Gehorsam gegeben. Man wollte schließlich Karriere machen und sich in der Sonne der Macht wärmen. Natürlich gab
es immer wieder Aktionen, die von Untergebenen ohne Befehl von oben durchgeführt wurden. Nur, Hitler hatte die
Macht, deren Wiederholung zu verhindern. Und das hat er nie
getan. Die strategischen wie die ideologischen Grundlinien
stammten von ihm. Und nicht nur das: Er war auch stolz auf
sie – bis zum bitteren Ende. Noch am 2. April 1945 erklärte Hitler in einem Gespräch mit Martin Bormann, man werde »dem Nationalsozialismus ewig dankbar dafür sein, dass
ich (!) die Juden aus Deutschland und Mitteleuropa ausgerottet
habe«.

Die Rolle der SS

Seit Eugen Kogon wissen wir Bescheid über den SS-Staat. Vor Beginn des Krieges hatte die SS im internen Polizei- und Repressionsapparat und bei der Vorbereitung der »Endlösung« eine entscheidende Rolle gespielt. Jetzt wurde sie zum eigentlichen Motor der rassenideologisch begründeten Ausrottungsmaßnahmen, errichtete sich ihr eigenes Wirtschafts- und Ausplünderungsimperium. Dazu kam noch eine eigene Armee, die sich keineswegs bloß als vierter Teil der Wehrmacht empfand. In den besetzten Gebieten war die SS nicht ein Staat im Staat, sie war der Staat. Aus der Sicht Hitlers stellte die SS die eigentliche Elite der »Bewegung« dar. Sie war Werkzeug des Führerwillens bei der Umsetzung seiner eigentlichen Ziele.

An der Spitze der SS stand Heinrich Himmler. Bevor er 1929 Reichsführer der SS wurde, war er Besitzer einer kleinen Hühnerfarm bei München gewesen. Aus dem Hühnerzüchter sollte ein Menschenzüchter werden. Himmler mit seiner Ordensmystik hegte völlig verquaste Vorstellungen von der neuen »völkischen Elite«. Damit identifizierten sich junge Leute, die den Alten verständnislos und verächtlich gegenüberstanden. Diese Mentalität wurde wohl am besten durch Reinhard Heydrich verkörpert – in all seiner kalten Intellektualität und gefühllosen Vorgehensweise. Bei Himmler lassen sich dagegen mit guten Gründen psychische Störungen samt deren Überkompensation vermuten.

Einen Monat nach Kriegsbeginn wurde er Reichskommissar für die Festigung des deutschen Volkstums. Ihm und der SS war damit die Umsetzung der nationalsozialistischen Rassenpolitik übertragen. Dazu bot das eroberte Polen die erste Gelegenheit. Aus einem Erlass Himmlers ergibt sich von Anfang an eine klare Marschrichtung: Rassisch »minderwertige« Völker (die Polen, gerade aber auch die Juden) sollten deportiert, physisch vernichtet oder als Arbeitssklaven eingesetzt werden.

Am 4. Oktober 1943 hat er dann vor SS-Führern in Posen erklärt: »›Das jüdische Volk wird ausgerottet‹, sagt ein jeder Parteigenosse, ›ganz klar, steht in unserem Programm, Ausschaltung der Juden, Ausrottung, machen wir‹… Von allen, die so reden, hat keiner zugesehen, keiner hat es durchgestanden. Von euch werden die meisten wissen, was es heißt, wenn hundert Leichen beisammenliegen, wenn fünfhundert daliegen oder wenn tausend daliegen. Dies durchgehalten zu haben und dabei… anständig geblieben zu sein, das hat uns hart gemacht.« Das bleibt auch heute, mehr als sechzig Jahre später, unfassbar.

Die Helfershelfer

Hitler und die SS haben in den besetzten Gebieten, aber auch bei ihren Verbündeten willige Helfer für den Massenmord an den Juden gefunden. Judengesetzgebung, Enteignung und Ausplünderung, Pogrome, Einrichtung von Konzentrationslagern, Ghettoisierung, Massendeportationen von Juden in die Vernichtungslager – das alles kann man auch in Kroatien und der Slowakei, in Rumänien und später in Ungarn beobachten. Hier bildeten nur Bulgarien und Italien eine Ausnahme.

Helfer haben sich aber auch in den besetzten Gebieten gefunden. Als Beispiel möge hier Lettland dienen:

Im Gefolge des Hitler-Stalin-Paktes war Lettland im Juli 1940 Sowjetrepublik geworden. Bereits damals setzte antijüdische Repression ein. So wurden am 14. Juni 1941 neunzehntausend Letten, darunter fünftausend Juden, nach Sibirien deportiert. Eine Woche später marschierte die deutsche Wehrmacht in Lettland ein; die Eroberung des Landes war am 10. Juli 1941 abgeschlossen. Von Anfang an kooperierte die »Einsatzgruppe A« unter Walter Stahlecker hinter der Front. Der Massenmord hatte begonnen.

Dann suchte sich die SS überall im Land ihre Helfer. Viele Tausend Letten haben der lettischen SS-Legion angehört; weitere Tausende gingen zur Polizei. Überdies sind wohl zweitausend Letten in verschiedenen Funktionen für den SD (Sicherheitsdienst) tätig gewesen.

Diese Letten waren an der Vernichtung der Juden aktiv beteiligt; häufig genug, insbesondere in den Wäldern rund um Riga, haben sie die Exekutionen selbst durchgeführt. Dabei spielte das berüchtigte Arajs-Kommando, bestehend aus etwa vierhundert Männern, eine führende Rolle. Diese Killertruppe hat allein etwa dreißigtausend jüdische Leben auf dem Gewissen.

Derartige Hinweise sollen die Rolle der Deutschen im Vernichtungsprozess nicht relativieren. Sie können jedoch einen weiteren Anstoß an einige unserer Nachbarn geben, ihre eigene Geschichte rückhaltlos aufzuarbeiten und sich ihrer Verantwortung zu stellen.

Es darf aber auch nicht in Vergessenheit geraten, in welchem Ausmaß Einheiten der Wehrmacht und der Polizei in den Holocaust verwickelt waren. Jedem Leser seien dazu die Publikationen zu den beiden »Wehrmachtsausstellungen« empfohlen. Auf dem Koppelschloss der Soldaten stand »Gott mit uns«. Sie haben dieses Wort endgültig zur Gotteslästerung gemacht.

Ein Beispiel: das Polizei-Reserve-Bataillon 101

Diese paramilitärische Einheit der Ordnungspolizei war in Hamburg stationiert. Nach einem kurzen Aufenthalt in Polen 1939 wurde das Bataillon im Mai 1940 erneut in den Osten geschickt, zunächst in den »Warthegau«. Nach ersten »Säuberungsaktionen« übernahm die Einheit die Überwachung des Ghettos von Lodz. Im Mai 1941 kehrte das Bataillon nach Hamburg zurück, wurde praktisch aufgelöst und mit Reservisten neu gebildet. Anschließend übernahm das Bataillon die Überwachung der Judendeportationen aus Hamburg nach Riga und in andere Ghettos. Und 1942 wurde die Einheit erneut hinter die Ostfront geschickt. Die große Mehrheit der Polizisten kam aus Hamburg, die meisten stammten aus der Arbeiter- und Angestelltenschicht. Ihr Durchschnittsalter war neununddreißig Jahre: Es handelte sich um lebenserfahrene Männer, die für den normalen Armeedienst bereits zu alt waren.

Als das Bataillon im Juni 1942 im Distrikt Lublin eintraf, geschah dies auf der Grundlage eines »Sonderbefehls«. Niemand in den Mannschaftsdienstgraden wusste, was der eigentliche Inhalt dieses Befehls war.

Am 11. Juli 1942 wurde die Einheit in die Kleinstadt Jósefów beordert. Der »Sonderbefehl«, erlassen durch den SS- und Polizeiführer Globocnik, lautete: Die arbeitsfähigen jüdischen Männer sollten in ein Lager in Lublin gebracht werden, alle anderen Juden seien auf der Stelle zu erschießen. Der Bataillonskommandeur stellte seinen Männern die Teilnahme an dieser Aktion frei. Ein gutes Dutzend machte von dieser Möglichkeit Gebrauch. Soweit ich weiß, wurden diese Polizisten nicht bestraft. Nach Beginn der »Aktion« ersuchten weitere Männer um Freistellung. Sie wurde gewährt. Die Übrigen erschossen mindestens tausendfünfhundert Juden.

Aus den Aussagen der Beteiligten wissen wir, was die große Mehrheit der Polizisten dazu gebracht hat, sich an diesem Massaker zu beteiligen. Da war der Überraschungseffekt, der sie nicht gleich zum Nachdenken kommen ließ. Da war der Gruppenzwang, der bei Männern in Uniform besonders groß zu sein pflegt. Da war die bekannte Befehlshörigkeit. Als die Aktion erst einmal angelaufen war, legte sich so manch einer seine eigene persönliche Rechtfertigung zurecht. Und viele haben ihr Gewissen im Alkohol ertränkt. Aber der Rubikon war überschritten: Bei weiteren Aktionen in den Jahren 1942 und 1943 hat das Polizei-Reserve-Bataillon 101 mindestens achtunddreißigtausend Juden umgebracht. Und es hat etwa fünfundvierzigtausend Juden in das Vernichtungslager Treblinka deportiert.

Ordinary men – »ganz gewöhnliche Männer«. Und doch wurden die allermeisten von ihnen zu Tätern. Die meisten von ihnen hatten keinerlei Kampferfahrung; ihre ersten scharfen Schüsse haben sie auf wehrlose Opfer abgegeben. Erst dann traten, man verzeihe mir das Wort, Gewöhnungseffekte ein. Man kann nun viele Erklärungen heranziehen, die alle mehr als ein Körnchen Wahrheit enthalten. Auf die Frage »Was macht einen Menschen zum Tier?« gibt es jedoch keine einfache und keine einheitliche Antwort. Hier sind Menschen, Deutsche, zu Tieren geworden. Und das darf nicht vergessen werden.

Mehr als einhundertsiebzig Angehörige des Bataillons haben nach dem Krieg ihren Dienst bei der Polizei wieder aufgenommen. Zwei sind in Polen zum Tode verurteilt und hingerichtet worden. Erst 1962 wurde der Fall von der Hamburger Justiz erneut aufgerollt. Zweihundertzehn frühere Angehörige der Einheit wurden verhört, viele von ihnen mehrfach. Vierzehn Männer sind angeklagt worden. Der Prozess gegen sie hat im Oktober 1967 begonnen, das Urteil wurde im April 1968 verkündet: Fünf Angeklagte sind zu fünf oder mehr Jahren Gefängnis verurteilt worden, sechs Angeklagte wurden zwar für schuldig befunden, aber nicht bestraft, drei Angeklagten blieb wegen angegriffener Gesundheit ein Prozess erspart. Der Rest ist Schweigen.

Eichmann – die »Banalität des Bösen«?

1906 wurde Adolf Eichmann als Sohn eines Buchhalters geboren. Er hat weder die Realschule noch eine Mechaniker-Ausbildung abgeschlossen. Anschließend arbeitete er als Vertreter einer amerikanischen Ölgesellschaft, die ihn 1933 entließ. Zwei Jahre zuvor war er in die NSDAP und in die SS eingetreten. Seit 1934 arbeitete er bei der Zentralstelle des SD der SS in Berlin, ab 1935 im »Judenreferat«, dessen Leitung er im März 1941 übernahm. Im Auftrag Heydrichs hat er die Wannseekonferenz vorbereitet, dort Protokoll geführt und die Ergebnisse in die Tat umgesetzt.

Bei Kriegsende 1945 ist Eichmann untergetaucht und später nach Argentinien geflohen. Im Mai 1960 wurde er vom israelischen Geheimdienst gefasst und nach Israel gebracht. Im Prozess vor dem Bezirksgericht Jerusalem wurde er zum Tode verurteilt. Am 1. Juni 1962 ist Eichmann gehängt worden.

Eichmanns Sicht der Dinge
Vor seinen Richtern in Jerusalem hat Eichmann erklärt: »Ich hatte mit der Tötung der Juden nichts zu tun. Ich habe niemals einen Juden getötet. Ich habe auch nie einen Befehl zum Töten eines Juden gegeben.«

Seine beiden letzten Einlassungen entsprechen wohl der Wahrheit. Die erste aber ist entlarvend, nicht nur für ihn, sondern auch für viele andere, die Räder im Getriebe der Vernichtungsmaschinerie gewesen sind. Die Vernichtung war, schon aus zwingenden organisatorischen und logistischen Gründen, in viele miteinander verbundene Einzelschritte gegliedert. Das hatte zum einen den Vorteil der größeren Effizienz. Der Völkermord der Nazis war, wenn man das so formulieren darf, eine komplizierte Managementaufgabe. Wie kompliziert, das legte Eichmann in den Vernehmungs- und Gerichtsprotokollen dar. Zum anderen aber half der geradezu fabrikmäßig betriebene Massenmord den Mördern dabei, das Verbrecherische ihres eigenen Handelns zu verdrängen. Auch dieser Verdrängungsprozess war im Charakter des nationalsozialistischen Herrschaftssystems angelegt. Wer einmal die Prämissen der rassistischen Wahnidee akzeptiert hatte, für den stellten deren logische Konsequenzen, bis hin zum Holocaust, im Grunde keine moralische Zerreißprobe mehr dar. Das hat für die »Euthanasie«-

Ärzte ebenso gegolten wie für Eichmann und Konsorten. Wie will man an ein Gewissen appellieren, wenn es gar nicht vorhanden ist?

Eichmann war, nach den Beobachtungen von Hannah Arendt, ein subalterner Bürokrat und Untertanentyp, dem Fanatismus völlig abging. Gewiss, das Herrschafts- und Tötungssystem Hitlers brauchte solche Menschen wie ihn. Allerdings: Auch Eichmann musste sich in seiner Kindheit und Jugend mit ethischen Fragen auseinandersetzen. Auch er musste die Ideologie des Rassenwahns erst bejahen, ehe sie für ihn zur Glaubenswahrheit werden konnte. Auch er war nicht nur in die Mechanismen des SS-Staates, sondern auch in deren »Erlösungs-Antisemitismus« eingebunden. Schließlich hat er nicht nur die Schulung bei seinem Eintritt in die SS durchlaufen, sondern auch mehrfach mit Himmler gesprochen und schließlich Protokoll auf der Wannseekonferenz geführt. Er hat alle Hintergründe des Massenmordes bis in die Einzelheiten gekannt.

Banalität des Bösen?
Trotz allen Werteverfalls und aller Eigendynamik des SS-Staates war der Holocaust kein sich selbst regulierender, gleichsam automatischer Prozess. Die bereits erwähnte Posener Rede Himmlers zeigt das deutlich genug. Hannah Arendts Formulierung von der »Banalität des Bösen« ist daher zu eng. Allerdings: Die Mordmaschinerie des Holocaust hat nicht nur moralische Hemmungen, sondern auch das Bewusstsein für die eigene Schuld zum Verschwinden gebracht. Eichmann hat wiederholt beteuert, gegenüber seinen Opfern niemals auch nur die geringsten feindseligen Gefühle gehegt zu haben. Wie sollte das auch gegenüber Menschen geschehen, die man längst nicht mehr als Menschen ansah?

Mit ihrem Buch *Eichmann in Jerusalem* hat Hannah Arendt vielen Deutschen die Augen geöffnet. In der Vorrede schreibt

sie über den Angeklagten: »Es war gewissermaßen schiere Gedankenlosigkeit – etwas, was mit Dummheit keineswegs iden-
tisch ist –, die ihn dafür prädisponierte, zu einem der größten
Verbrecher jener Zeit zu werden. Dass eine solche Realitätsferne
und Gedankenlosigkeit in einem mehr Übel anrichten können
als alle die dem Menschen vielleicht innewohnenden bösen
Triebe zusammengenommen, das war in der Tat eine Lektion,
die man in Jerusalem lernen konnte.« Wer wollte ihr darin
nicht zustimmen?

Nun, Dummheit und Gedankenlosigkeit schützen bekannt-
lich vor Strafe nicht. Eichmann und die vielen Tausenden seines
Schlages waren »gesetzestreue« Bürger gewesen. Sie handelten
im Rahmen einer »Legalität«, die den Mord zur Notwendigkeit
und zum administrativen Akt erklärt hatte. Das galt noch mehr
für die Befehle des Führers; diese waren im Reich der Nazis
immer legal, selbst wenn sie von den Gesetzen abwichen. Die
Taten der Eichmänner waren aus ihrer Sicht allenfalls im Nachhinein ein Verbrechen.

Übrigens ist Eichmann ein Beispiel dafür, dass Kenntnis des
Judentums keineswegs vor Antisemitismus schützt. Er wurde
im Terrorapparat der SS als »Fachmann für die Judenfrage« betrachtet und hat sich auch selbst so gesehen. 1937 ist er sogar
nach Palästina gereist, um die Möglichkeiten einer verstärkten
Auswanderung von Juden dorthin zu erkunden – mit negativem
Ergebnis.

Er behauptete, dass Theodor Herzls *Judenstaat* einen »unaus-
löschlichen« Eindruck auf ihn gemacht habe. Ja, er bezeichnete
sich sogar als »Zionisten«. Diese hätten ihm immer imponiert,
ganz im Unterschied zu den Juden, die Assimilierung und Integration anstrebten. Und weil er »Zionist« gewesen sei, habe er
»politischen« Lösungen (Vertreibung aus Europa) den Vorrang
vor der »Endlösung« gegeben. Leider sei eine derartige Lösung
nicht möglich gewesen.

Dies mögen Schutzbehauptungen eines Angeklagten vor Gericht gewesen sein. Falls nicht, dann eröffnet diese widerliche Heuchelei den Blick in eine zutiefst gestörte Psyche.

Adolf Eichmann steht nicht für die Antisemiten aller Epochen und aller Regionen. Er steht aber für die vielen Tausende, die als Täter oder Helfer den Holocaust zu verantworten haben. Gegen den angeblich kalten Rationalismus von Männern wie Eichmann lässt sich jedoch auch noch ein anderes, gewichtiges Argument ins Feld führen: Die »Verwalter des Massenmordes« sind keineswegs nur nüchtern im Rahmen einer arbeitsteiligen und bürokratischen Hierarchie vorgegangen. Sie haben sich vielmehr über Bürokratie und Hierarchie immer wieder hinweggesetzt, wobei sie häufig genug ganz eigennützige Interessen verfolgten. Räuberische Ausplünderung und gewaltige Korruption sind die Folgen gewesen.

Ein »Volk der Täter«?

In der Debatte über Antisemitismus und Holocaust begegnen wir bis heute der Behauptung, die Deutschen seien ein »Volk der Täter« gewesen. Diese Formulierung taugt nur zur Demagogie, nicht aber zur Erkenntnis. Es gibt keine Tätervölker, selbst wenn man für die Juden jener furchtbaren Zeit den Begriff des »Opfervolkes« zu akzeptieren bereit ist. Es hat unter den Deutschen Täter in unterschiedlicher Abstufung gegeben, Mitwisser, Unwissende, Gleichgültige und Gegner. Eins aber stimmt: Aus dem deutschen Volk sind die Täter gekommen. Und in keinem anderen Volk waren die Voraussetzungen hierfür gegeben.

In der Heimat
Auf die Hintergründe für Hitlers Machtergreifung, für die Errichtung des Naziregimes und damit letztendlich auch für

den Holocaust bin ich bereits eingegangen. Für die Haltung der meisten Deutschen während der Zeit des Krieges und des Völkermordes kamen nun zusätzliche Elemente hinzu.

Der Krieg selbst greift wie nichts anderes in das Leben jedes Einzelnen, jeder Familie, jeder Gruppe von Menschen ein. Insofern wird er tatsächlich zum »Vater aller Dinge«. Alle anderen Aspekte des Lebens treten demgegenüber zurück.

Die tägliche Sorge um das Überleben der Familie und der Freunde – das alles lässt nur wenig Platz für wirkliches Mitgefühl mit Dritten. Der Krieg schafft aber auch ein Freund-Feind-Denken unerhörten Ausmaßes. Dabei ist es weitgehend gleichgültig, ob diese Kategorien berechtigt sind oder nicht. Sie sind wirksam.

Schließlich strafft der Krieg alle autoritären Strukturen, die bereits vorher vorhanden waren. Und er schafft neue, nicht nur an der Front, sondern auch in der Heimat. Einige von ihnen entspringen der nackten Notwendigkeit; andere dienen der zusätzlichen Repression. Wer mag das in einem Klima der Furcht, des Terrors und jetzt auch der Todesangst säuberlich auseinanderhalten?

So musste der Krieg die Juden in Deutschland und in anderen Ländern Europas zusätzlich in Bedrängnis bringen und isolieren. In Deutschland war das bereits ab 1933 weitestgehend geschehen. Die meisten Deutschen hatten bereits damals gelernt wegzusehen. Und jetzt, im Krieg, sollte man sich noch um die Juden kümmern? Außerdem – waren sie nicht von den staatlichen Autoritäten zu »Reichsfeinden« erklärt worden? Von daher passten sie nahtlos in das Freund-Feind-Schema. Sie standen auf der Seite der Feinde. Gewiss, es ging jetzt noch härter und grausamer zu als vor dem Krieg – aber »wo gehobelt wird, da fallen Späne«, wie es in einem alten deutschen Sprichwort heißt.

Vor diesem psychologischen Hintergrund wurden dann auch die antijüdischen Maßnahmen, von denen man erfuhr, achselzuckend hingenommen, wenn nicht sogar akzeptiert. Diese Maßnahmen wurden allesamt pseudorational und pseudolegal begründet: Das betraf die Einweisung in »Judenhäuser« (»Für Deutsche Platz schaffen«) wie auch die Deportationen, die als Umsiedlung getarnt wurden.

Die »Endlösung« selbst ist den Deutschen verheimlicht worden, so gut es eben ging; zudem fand sie weit entfernt im Osten statt. Die Informationspolitik wurde vom Regime bis aufs Komma kontrolliert; wer trotz Androhung der Todesstrafe Feindsender hörte, konnte deren Nachrichten nur unter Gefahr weitererzählen. Außerdem waren Kenntnisstand und Informationsbereitschaft dieser Sender, unter denen die BBC eine herausragende Rolle spielte, ebenfalls nicht ausreichend.

Und dennoch gab es Hinweise auf das, was sich wirklich abspielte. Soldaten kamen auf Heimaturlaub; Deutsche mussten aus den verschiedensten Gründen dorthin reisen. Die Nachrichten, die sie mitbrachten, waren spärlich und bezogen sich auf Einzelfälle. Über den Holocaust im Ganzen aber hat sich in Deutschland niemand außer den direkt Beteiligten ein ausreichendes Bild machen können. Es kamen eingeübte Reaktionen: »Das ist doch nicht möglich«, »Das sind doch nur Einzelfälle«, »Der Führer weiß bestimmt nichts davon«. Illusion und Selbsttäuschung waren zu Instrumenten des Überlebenstriebes geworden.

Noch einmal: All das ist Erklärung, nicht Entschuldigung. Wir dürfen weder pauschal verurteilen noch pauschal freisprechen. Wir sollten die wenigen im tiefsten Herzen achten, die klarsichtig die richtigen und notwendigen Schlussfolgerungen gezogen haben. Ich aber traue mir nicht zu, über all die anderen pauschal den Stab zu brechen.

Das Volk der Opfer

»Willig zur Schlachtbank«?
Das jüdische Volk war das Opfer, das zur Schlachtbank gezerrt
wurde. Dieses Volk war auf die ungeheuerliche Dimension der
Shoah nicht vorbereitet.

Gewiss, die lange Leidensgeschichte der Juden in Europa
war gegenwärtig. Sie war Bestandteil der schriftlichen und
mündlichen Überlieferung, war für die meisten Juden Bestandteil ihres »kulturellen Codes«. Aber – die Pogrome in Osteuropa waren als zeitlich begrenzte Gewaltexzesse erfahren worden.
Die schrittweise Entrechtung und Erniedrigung im ursprünglichen Herrschaftsbereich der Nazis ließ für die, die sich ihr
nicht über die Auswanderung entziehen konnten, die trügerische Hoffnung auf Leben. Der Überlebenstrieb, die tiefste Ver-
bundenheit mit den Nächsten, sie sind ein Balken, an den man
sich klammert, selbst wenn die Wogen über einem zusammen-
schlagen.

Die Nazis haben die Juden immer wieder über ihre wahren
Absichten zu täuschen versucht. Bis in die Kriegsjahre hinein
wurde den späteren Opfern das Gefühl gegeben, dass alles noch
schlimmer hätte kommen können. Alles erscheint erträglich,
solange man lebt und die Hand seines Kindes in der eigenen
halten kann. Davon legt Roberto Benignis Film *Das Leben ist
schön* erschütterndes Zeugnis ab.

Die Juden sind systematisch getäuscht worden. Das war
schändlich. Sie haben sich (bewusst oder unbewusst) täuschen
lassen. Das ist verständlich und sollte in uns Erschütterung
hervorrufen. Wie denn hätte man sich auf den Höllenschlund
moralisch oder politisch vorbereiten können? Wie hätte man
sich wehren sollen?

Wer hier, wie das auch auf jüdischer Seite hin und wieder
geschehen ist, den selbstgerechten Zeigefinger hebt, dem kann

man nur unterstellen, dass er nie vor das ungläubige Entsetzen, vor den Blitzschlag der endgültigen Erkenntnis gestellt wurde. Jedweder moralische Rigorismus wird so zu einem Angriff auf die Opfer. Und auch die Kritik an denjenigen jüdischen Führern, denen im Vernichtungssystem der SS die Rolle der Mittler zugedacht war, kann leicht in Selbstgerechtigkeit ausarten. Sicherlich hat es Menschen gegeben, die ihre exponierte Stellung zum eigenen Vorteil und zum Schaden ihrer Leidensgenossen genutzt haben, die das Leben anderer geopfert haben, um das eigene zu retten. Andere sind angesichts dieser Zerreißprobe zusammengebrochen und in den Freitod gegangen. Die meisten aber haben bis zum letzten Augenblick nicht aufgehört, zu lindern und zu helfen, wohl wissend, dass auch das Schlimmste nicht mehr zu verhüten war.

Es macht nur für die akademische Forschung Sinn, jüdische Reaktionen auf den Holocaust nach soziologischen, psychologischen oder anderen Kategorien feinsinnig aufzugliedern. Im Angesicht des Todes sind wir alle gleich.

Simon Wiesenthal hat einmal gesagt: »Nackten Menschen nimmt man unter den Bedingungen des Terrors die Menschenwürde. Dann sind sie wehrlos.« Und Hannah Arendt schrieb: »Unter den Bedingungen des Terrors fügen sich die meisten Menschen – einige aber nicht.«

Jüdischer Widerstand
Von diesen »einigen« soll jetzt die Rede sein.

Dabei klammere ich die ungemein wichtige Arbeit derjenigen jüdischen Hilfsorganisationen, insbesondere des Hechaluz, aus, die unter den allerschwierigsten Bedingungen Tausenden, ja Zehntausenden von Juden die rettende Flucht ermöglicht haben. Eins aber soll nicht vergessen sein: Alles, was von Juden unter den Bedingungen des Naziterrors unternommen wurde, um das Leben von Juden zu retten, war jüdischer Widerstand.

Nur aus Platzgründen konzentriere ich mich auf den Widerstand in seiner bewaffneten Form.

Bereits im Februar 1941 hat es im Amsterdamer Judenviertel
diesen Widerstand gegeben, gefolgt von einer Streikwelle. Kurz
darauf haben jüdische Trupps Sabotageakte in Serbien verübt.
Von jüdischen Partisaneneinheiten in Russland wissen wir seit
dem Winter 1941/1942.

Im Ghetto von Warschau bereiteten sich Juden spätestens
seit dem Frühjahr 1942 auf den Widerstand vor. Dessen Träger
waren politisch Aktive: Zionisten, Sozialisten, Kommunisten.
Sie mussten sich gegen den Judenrat durchsetzen, der an seiner
Linie der erzwungenen Kooperation auch dann noch festhielt,
als im Juli die Deportationen begannen. Trotzdem verurteilte
der Vorsitzende Czerniakov bewaffneten Widerstand und ver-
handelte mit den Deutschen über Ausnahmebestimmungen.
Als er die Aussichtslosigkeit dieser Bemühungen erkannte, nahm
er sich am 23. Juli das Leben. Ab dem 21. August ging der jüdische Widerstand gegen Kollaborateure vor; parallel dazu wurden Verteidigungsanlagen errichtet. Die Deportationen gingen
weiter und weiteten sich aus. Der bewaffnete Widerstand begann
am 19. April 1943, als die SS in das Ghetto eindrang. Dieser
heldenhafte Kampf endete am 16. Mai 1943.

Aktionen bewaffneten Widerstands hat es aber auch im Ri-
gaer Ghetto und an anderen Orten gegeben – auch in Vernichtungslagern. Im Sommer 1943 kam es in Sobibor und Treblinka zu Revolten, durch die Gefangenen die Gelegenheit zur
Flucht gegeben werden sollte. Und im Oktober 1944 zerstör-
ten jüdische Häftlinge erhebliche Teile der Todesmaschinerie
in Auschwitz-Birkenau.

An dieser Stelle ist erneut vor Selbstgerechtigkeit zu war-
nen. So schreibt Raul Hilberg: »Während der Katastrophe von
1933 bis 1945 waren die Fälle aktiven Widerstandes rar und
ohne Bedeutung. Vor allem aber waren sie, wann und wo im-

mer sie auftraten, Aktionen des letzten (niemals des ersten) Augenblicks.« Ich frage: Wer will ernsthaft über den ersten oder den letzten Augenblick richten? Was heißt unter den Gegebenheiten des Terrors »rar«? Und wie will man Bedeutung messen?

Nie wieder!

Der Holocaust, die zielgerichtete Ermordung von mehr als sechs Millionen europäischer Juden, ist das größte Verbrechen, von dem die Geschichte der Menschheit Kenntnis hat. Dieses Verbrechen ist aber nicht nur von seinem Umfang, sondern auch von seiner Art her einzigartig. Es ist von Deutschen geplant, vorbereitet und durchgeführt worden – im »Namen des deutschen Volkes«. Hieraus resultieren der ewige Appell an das eigene Gewissen und unsere andauernde Verantwortung.

Ohne jahrhundertelangen Antisemitismus in Europa aber wäre der Holocaust ebenso wenig denkbar gewesen wie ohne den fanatischen Rassismus seiner Protagonisten. Hieraus ergibt sich die Notwendigkeit, gegen Antisemitismus zu kämpfen und politisch-gesellschaftliche Strukturen zu schaffen, die jede Wiederholung ausschließen. »Nie wieder!« Es ist erschütternd, dass angesichts der Verbrennungsöfen von Treblinka und Auschwitz nicht alle Menschen diese Überzeugung verinnerlicht haben. »Nie wieder!« – dafür müssen wir heute und auch in aller Zukunft kämpfen.

KAPITEL 8:
NACHKRIEGSDEUTSCHLAND

Die Entwicklung in der Deutschen Demokratischen Republik

Schon vor der Gründung der DDR 1949 war in der sowjetischen Besatzungszone die Geschichtsschreibung in das Fahrwasser ideologischer Vorgaben aus Moskau geraten. Die kommunistischen Machthaber waren an einer objektiven Auseinandersetzung mit der jüngsten Vergangenheit nicht interessiert. Sie wären dabei wohl auch von einer Verlegenheit in die andere geraten, mit dem Hitler-Stalin-Pakt als traurigem Höhepunkt. Man musste also die Geschichte fälschen.

Deshalb setzte man voll auf die sogenannte antifaschistische Tradition. Die hatte durchaus reale Bezüge, war aber überwiegend am Reißbrett der Propaganda entstanden. In Wirklichkeit war nur eine kleine Zahl Deutscher antifaschistisch im kommunistischen Sinne gewesen. Ihr Andenken möge in Ehren gehalten werden; ihre Geiselnahme durch die Propaganda der SED war schändlich. Gleichzeitig wurde die Rolle der Juden als Opfer des Naziterrors in den Hintergrund gerückt. Gefeiert wurden nunmehr in erster Linie kommunistische und sozialistische Widerstandskämpfer. Zudem lehnte die DDR jede Verantwortung in der Nachfolge des Dritten Reiches strikt ab. Als Arbeiter- und Bauernstaat war man doch Erbe der antifaschistischen Tradition und stand von daher selbst auf der Opferseite! Ideologisch war das konsequent, aber doch auch auf eine widerliche Weise verlogen.

Apropos Arbeiter- und Bauernstaat DDR: Der Staatssozialismus in der DDR hatte von Anfang an die »Arbeit zum allgemeinen Nutzen« als eigentliches Ziel der Gesellschaftspolitik postuliert. In diesem Weltbild herrschte die Produktion; Handel und Profit hatten dort keinen Platz. Und so stand einem Kult der Produktion eine »unreine« Gegenwelt gegenüber, die der Zirkulation von Waren und Geld, beherrscht durch Schädlinge und Schmarotzer. Da in der Bevölkerung aber das »alte« Judenbild (Händler, Spekulant, Profiteur, Schieber) weiterhin nachwirkte, wundert es nicht, dass auch das neue sozialistische Weltbild nicht frei von antisemitischen Untertönen war.

Als dann 1952 der Slansky-Prozess in Prag (Rudolf Slansky, Generalsekretär der tschechoslowakischen Kommunisten, war zusammen mit anderen jüdischen Funktionären der Verschwörung bezichtigt und hingerichtet worden) zur Sanktionierung des stalinistischen Antisemitismus führte, wollte auch die SED nicht zurückstehen. Der Ton gegen die Juden wurde härter und aggressiver. Das AJDC, eine eindeutig auf humanitäre Hilfe ausgerichtete jüdische Hilfsorganisation aus den USA, wurde als »amerikanische Agentenzentrale« diffamiert. Da waren sie also wieder, die sattsam bekannten Verschwörungstheorien, derer sich die Herrschenden im kommunistischen Machtbereich ja dann häufig bedienen sollten!

Auch in der DDR kam es rasch zu antijüdischen Repressalien bis hin zur langjährigen Verbannung nach Sibirien. Ab 1953 verließ daher ein erheblicher Teil der im Osten Deutschlands lebenden Juden ihre Heimat. Die meisten von ihnen kamen in die Bundesrepublik Deutschland.

Dieses unmenschliche Kapitel deutscher Politik endete nach dem Tod Stalins. Zwischen 1953 und 1956 kam es gegenüber den wenigen in der DDR verbliebenen Juden und ihren Gemeinden zu einer allmählichen Normalisierung. Aber die alten Vorurteile blieben. Es fehlte weiterhin an jedem Versuch, sich der geschichtlichen Verantwortung der Deutschen zu stellen.

Ab 1967 wurde dann der »Antizionismus« offizielle Partei- und Staatsdoktrin. Der Zionismus galt nunmehr als Spielart des kapitalistischen Imperialismus. So gut wie jede Kritik an Israel wurde von staatlicher Seite begrüßt. Die Diskussion im gesellschaftlichen und auch im privaten Bereich war durch andauernde Fehlinformation über die wirkliche Lage geprägt. Dazu haben auch viele palästinensische Studenten an den Universitäten der DDR und die PLO-Zentrale in Ostberlin kräftig beigetragen. In einem Akt vorauseilenden Gehorsams hat dann die DDR noch früher als der »Große Sozialistische Bruder« eine schändliche UN-Resolution unterstützt, in der der Zionismus als Form des Rassismus bezeichnet wurde. Und noch im November 1988 hat die DDR den »Staat Palästina« anerkannt, wiederum noch vor der Sowjetunion.

Zu einem grundlegenden Wandel kam es erst kurz vor dem Ende der DDR. Im November 1989 erschien die erste nüchtern-positive Reportage über Israel im *Neuen Deutschland*. Im gleichen Monat trat das Präsidium der jüdischen Gemeinden für die Anerkennung Israels ein, eine Forderung, der sich der neue SED-Vorsitzende Gregor Gysi im Dezember angeschlossen hat.

Die einzige frei gewählte Volkskammer der DDR erkannte im April 1990 die Verantwortung für die geschichtliche Schuld der Deutschen an; sie bat Juden und Israelis um Verzeihung. Ende März bereits war eine Gesellschaft DDR–Israel gegründet worden, die wenige Monate später in der Deutsch-Israelischen Gesellschaft aufgegangen ist.

Die Entwicklung in der Bundesrepublik Deutschland

Trotz der totalen Katastrophe –
der Antisemitismus stirbt nicht über Nacht!
Der völlige Zusammenbruch Deutschlands im Frühjahr 1945,
die Nürnberger Prozesse und ein taktisch kluges Vorgehen der
amerikanischen und britischen Besatzungsmacht (eine Kombination aus »Entnazifizierung« und »Re-education«) hatten
längst nicht alle nazistischen Mythen zerstört. Von kollektiver
Verantwortung, geschweige denn kollektiver Schuld für die
jüngste Vergangenheit wollten viele Deutsche absolut nichts
wissen. Und man wollte sich auch nicht alles schlechtmachen
lassen (»Hitler hat schließlich die Autobahnen gebaut« – wie
oft habe ich das über die Jahre hören müssen!). Wenn schon
alles zerstört war, dann wollte man doch seine Illusionen bewahren. Das glaubte man der eigenen Selbstachtung schuldig
zu sein.

Was die Entnazifizierung anging, so hat sie bei manch einem
Beobachter einen schalen Beigeschmack hinterlassen. Vor allem
die Angehörigen des öffentlichen Dienstes hatten bald wieder
Anspruch auf Unterbringung oder Versorgung, wenn sie nicht
als Schuldige eingestuft worden waren. Und das waren nur sehr
wenige, wie die folgenden Zahlen zeigen:

Verfahren der Entnazifizierungs-Spruchkammern:
Gesamtzahl der Verfahren 3 660 648
 - Hauptschuldige 1 667
 - Schuldige Belastete 23 060
 - Minderbelastete 150 425
 - Mitläufer 1 005 874
 - Entlastete 1 213 873
 - Unbelastete 782 803

Wenig später prangerten Displaced Persons, von denen viele den Vernichtungslagern entronnen waren, ein aus ihrer Sicht zu nachgiebiges Verhalten der Alliierten gegen die Nazis an. Manche protestierten gegen Veit Harlan, den Starregisseur der Hitlerzeit *(Jud Süß)*, und seine Filme. Das führte zu teilweise gewalttätigen Gegenreaktionen der Unbelehrbaren. Und auch ausgemachte Nazis, die sich selbstverständlich als »anständige Deutsche« bezeichneten, meldeten sich rasch und laut wieder zu Wort. Diejenigen aber, die gegen den Antisemitismus antreten wollten, waren noch in keiner Weise organisiert.

So ist es zu erklären, dass eine im Dezember 1946 durchgeführte Meinungsumfrage neununddreißig Prozent der befragten Deutschen als Antisemiten ausgemacht hat, davon achtzehn Prozent als »harte« Fälle.

Wie virulent der Antisemitismus vieler Deutscher in jenen Jahren gewesen ist, zeigen auch andere Zahlen. So hat das Meinungsforschungsinstitut Allensbach 1949 und 1952 nach der Einstellung der befragten Deutschen gegenüber Juden gefragt. 1949 waren achtunddreißig Prozent ablehnend oder reserviert eingestellt, 1952 waren daraus neunundsechzig Prozent geworden! Das ist eine aus heutiger Sicht unvorstellbar hohe Zahl. Sie zeigt auch, dass weder Entnazifizierung noch »Re-education« zu den Wurzeln des Problems vorgedrungen waren.

Restauration in der Adenauer-Ära
Die frühe Adenauer-Zeit ist dann auch die Epoche gewesen, in der sich Nazis in demokratischen Parteien einnisten konnten. Der erste Kanzler der Bundesrepublik Deutschland, der selbst unter den Nazis gelitten hatte, hat damals einen der Mitverantwortlichen für die schlimmen Nürnberger Gesetze, Hans Globke, zum Chef des Bundeskanzleramtes gemacht. Dafür lassen sich sicherlich realpolitische Gründe anführen – dagegen allerdings auch. Derartige Schritte werden aber auch so

manchen Altnazi bewogen haben, aus der selbst gewählten Isolierung wieder herauszutreten. Die Zeit des erzwungenen Überwinterns schien vorbei. Auch hierfür nur wenige Beispiele:

- 1952 wird die eindeutig neonazistische SRP vom Bundesverfassungsgericht verboten.
- Im November des gleichen Jahres hält die FDP ihren Parteitag in Bad Ems ab. Der rechte Parteiflügel fordert dort eine »nationale Sammlungsbewegung« aller Kräfte rechts von der CDU/CSU. Strippenzieher dieser nazistisch verseuchten Gruppe waren unter anderem Werner Naumann, der letzte Staatssekretär des Joseph Goebbels, Ernst Achenbach aus Düsseldorf, der in der Pariser Botschaft an der Deportation der französischen Juden beteiligt gewesen war, und Siegfried Zoglmann, ein ehemaliger HJ-Führer. Ihr Wortführer Friedrich Middelhauve wird stellvertretender Parteivorsitzender.
- Glücklicherweise misslingt dieser Versuch einer Machtübernahme. Immerhin, Ernst Achenbach sollte die FDP dann im Deutschen Bundestag vertreten. Und später, in den frühen Jahren der sozialliberalen Koalition, wäre er um ein Haar Mitglied der EG-Kommission in Brüssel geworden. Nur ein Machtwort des Bundespräsidenten Heinemann hat diesen Eklat verhindert.
- Ab 1966 zieht die ebenso neonazistische NPD gleich in mehrere deutsche Landtage ein.

Die großen KZ-Prozesse bringen den Wendepunkt
Für uns Junge damals war das Schweigen der Älteren über die Nazizeit die eigentliche Schwierigkeit gewesen. Das hat für die Familien, den Bekanntenkreis, das heimatliche Umfeld, aber auch für uns zugängliche Medien gegolten. Wenn es zu antisemitischen Ausfällen einzelner Bürger, Beschönigungsversuchen

von Lehrern, ersten Schmierereien und Friedhofsschändungen kam, dann waren viele von uns wehrlos. Wir hatten einfach noch kein Argumentationsmuster, noch kein gedanklich gefestigtes Gegenbild.

Das hat sich erst allmählich geändert. Zunächst ist die Justiz über den Fall des KZ-Arztes Eisele in das Blickfeld der Kritik geraten. Diesem üblen Nazi hatte juristische Nachlässigkeit, wenn nicht gar Willfährigkeit der Richter die Flucht nach Ägypten ermöglicht.

Noch wichtiger aber sind die großen KZ-Prozesse gewesen, von denen die Auschwitz-Prozesse in Frankfurt und der Treblinka-Prozess in Düsseldorf eine breite Öffentlichkeit aufgerüttelt haben. Die einmalige Ungeheuerlichkeit des Holocaust stand nunmehr wie ein Flammenzeichen über dem ganzen Land. Das konnte nicht mehr ausgelöscht werden; alte Nazis und Antisemiten gerieten endlich in die Defensive. Für religiös gebundene Deutsche haben aber auch die ehrlichen und selbstkritischen Denkschriften der Evangelischen Kirche in Deutschland sowie die Denkschrift *Nostra Aetate* des Zweiten Vatikanischen Konzils entscheidende Wirkung entfaltet.

Das alles hat auch zum Erstarken der »anti-antisemitischen« Kräfte in Politik und Gesellschaft geführt. Die Gesellschaften für Christlich-Jüdische Zusammenarbeit hatten sich bereits in der Nachkriegszeit herausgebildet; die Deutsch-Israelische Gesellschaft wurde 1966 gegründet. An den Schulen wurde das Thema Nationalsozialismus endlich offen und selbstkritisch angegangen. In den Parlamenten wurde der Kampf gegen den Antisemitismus zum Konsens unter den demokratischen Kräften. Und schrittweise wurden auch die notwendigen strafrechtlichen Mittel gegen offenen Rechtsextremismus und Antisemitismus bereitgestellt.

All das bot zum ersten Mal in der jüngeren deutschen Geschichte die Chance, den Antisemitismus als »kulturellen Code«

an den Rand zu drängen. Dieser Rand blieb allerdings nach wie vor breit, zu breit. Und eine neue Gefahr zeichnete sich ab.

Neue Gefahren: Antizionismus und die »Macht der Bilder«
Als Asher Ben Nathan, der erste Botschafter des Staates Israel, an einer deutschen Universität die Politik seines Landes nach dem Sechstagekrieg von 1967 erläutern wollte, begrüßte ihn neben einem gellenden Pfeifkonzert auch ein großes Transparent. Auf ihm war zu lesen: »Macht den Nahen Osten rot, schlagt die Zionisten tot!«

Ja, auch in Deutschland hatte ein aggressiver »Antizionismus« Einzug gehalten und begann, seine zerstörerische Wirkung in den Köpfen junger Menschen zu entfalten.

Dieser Antizionismus hat dann die meisten seiner Argumente völlig unkritisch von der PLO-/SED-Propaganda aus Ostberlin und Tunis übernommen. Und auch die »alten« Antisemiten haben sie bereitwillig genutzt. Zwar hat es zwischen alten Nazis und jungen Antizionisten niemals ein Bündnis gegeben, doch die Ähnlichkeit der Argumente ist zuweilen frappierend. Über Jahre hinweg war eine sachliche Auseinandersetzung oft nicht möglich, ehe mit dem Auslaufen der 68er-Bewegung auch diese erste Welle des Antizionismus allmählich abflaute. Einige aber haben ihre antizionistischen Klischees bis in die Gegenwart hinein bewahrt.

Parallel hierzu begann sich über das Fernsehen die »Macht der Bilder« zu entfalten. Das hat sich ganz unterschiedlich ausgewirkt. Auf der einen Seite haben Serien wie *Holocaust* oder *Die Bertinis* so manchen aus seiner Lethargie geholt und zur Ächtung des Antisemitismus beigetragen. Auf der anderen Seite setzten eine Verkürzung komplizierter Sachverhalte sowie eine immer oberflächlichere Wiedergabe der Wirklichkeit ein. Sie sollte später zu einem wirklichen Problem werden. Ich erwähne dieses Phänomen auch deshalb, weil in Deutschland immer wieder von einem »Antisemitismus ohne Juden« die Rede ist. Wer so argumentiert und auf die geringe Zahl der deutschen Juden verweist, hat nicht begriffen, wie Urteile und Vorurteile heute zunehmend gebildet werden – über die Bilder! Und über diese Bilder sind die Juden immer unter uns gewesen.

Deutscher Antisemitismus – ein harter Kern bleibt
Der Antisemitismus in Deutschland war an den geistigen und gesellschaftlichen Rand geraten, war aus der Political Correctness herausgefallen. Und auch an die Normalität des Zusammenlebens mit jüdischen Nachbarn begann man sich allmählich zu gewöhnen. Auf die Frage von Allensbach »Würden Sie sagen, es wäre besser, keine Juden im Lande zu haben?« antworteten 1952 nur neunzehn Prozent mit Nein. 1987 waren daraus siebenundsechzig Prozent geworden. Aber, wie gesagt, der antisemitische Rand blieb breit, zu breit. Hierfür gibt es vielfache Belege. Zumindest vier Beispiele sollen hier erwähnt werden:

Die »Auschwitzlüge«
Ein gewisser Thies Christophersen hat bereits 1973 die »Auschwitzlüge« erfunden, also die Leugnung des Völkermordes oder doch zumindest seiner Dimension. In den Folgejahren hat es immer wieder einen erbitterten Streit um die Opferzahlen, aber auch um die »Tauglichkeit« der Vernichtungsmethoden gegeben. Und obwohl die »Auschwitzlüge« inzwischen strafrechtlich geahndet wird, ist sie aus einigen deutschen Köpfen immer noch nicht verschwunden.

Der »jüdische Bolschewismus«
Nach dem Krieg war dieses Thema zunächst völlig tabuisiert. Es grassierte zwar ein resoluter Antikommunismus beziehungsweise Antibolschewismus, aber Antisemitismus in diesem Zusammenhang war für die meisten geächtet. Auf einem berüchtigten

Plakat der CDU zu den Bundestagswahlen ersetzte deshalb der
»Asiate« den »Juden«, um den für notwendig gehaltenen kollektiven Abscheu vor der Sowjetunion zu mobilisieren.

Dann aber, im sogenannten Historikerstreit, tauchte das
alte Klischee vom »jüdischen Bolschewisten« wieder auf, wenn
auch in verbrämter Form. »Die These vom ›jüdischen Bolschewismus‹ war falsch, aber ihr Aufkommen war nur allzu nahe-
liegend«, behauptete Ernst Nolte – schließlich seien doch viele
Juden Bolschewisten geworden! Der Historiker rechnete Mas-
senmorde gegeneinander auf (ein in sich schon widerliches
Unterfangen!), um dem Holocaust seine Einzigartigkeit zu
nehmen und ihn an historische »Normalität« heranzurücken.
Wider alle historischen Fakten deutete er die Judenverfolgung
der Nazis als Reaktion auf ein sowjetisches »Terrorprogramm«.
Habermas hat damals bitter bemerkt: »Auschwitz schrumpft
auf das Format einer technischen Innovation.«

In jüngerer Zeit ist dieses Stereotyp dann über die polemische Auseinandersetzung mit Gregor Gysi und Marcel Reich-
Ranicki erneut aufgewärmt worden, bevor es über den damaligen CDU-Abgeordneten Martin Hohmann den hoffentlich
letzten Aufguss erfuhr.

Der »Revisionismus«
Mit beiden Beispielen sind Kernpunkte im Konzept der Revisionisten angesprochen. Die Vertreter dieses Konzepts versuchen,
über eine Relativierung des historischen Geschehens ihren Beitrag zur psychologischen »Entschuldung« der Deutschen zu
leisten.

Dass die Argumente der Revisionisten keiner ernsthaften
Prüfung standhalten, liegt auf der Hand. Beunruhigend aber
ist, wie sie in manchen Kreisen als »wissenschaftlich« verkauft
werden können. Das ist so absurd, dass es an sich nicht weiter kommentiert zu werden bräuchte. Aber es wird von denen

geglaubt, denen es nicht um Bewältigung der Wirklichkeit, sondern um Realitätsverweigerung geht. Wir dürfen nicht vergessen, dass auch die *Protokolle der Weisen von Zion* einmal auf gleiche Weise ihren verhängnisvollen Weg gemacht haben. Und auch die begeisterte Aufnahme der revisionistischen Fantasien in der arabischen Welt sollte uns zu denken geben.

Die »Wehrmachtsausstellung«

Als das Hamburger Institut für Sozialforschung 1996 eine Ausstellung mit dem Titel »Vernichtungskrieg. Verbrechen der Wehrmacht 1941 bis 1944« durch deutsche Städte schickte, hat das eine Schockwelle ausgelöst. Sehr viele Deutsche hingen der bequemen Vorstellung an, die Untaten des Vernichtungskrieges gingen auf das Konto der Nazis und der SS. Hatte nicht Kanzler Adenauer bereits am 5. April 1951 im Deutschen Bundestag erklärt: »…der Prozentsatz derjenigen, die wirklich schuldig sind, ist so außerordentlich gering und so außerordentlich klein, dass, das möchte ich auch ausdrücklich sagen, damit der Ehre der früheren deutschen Wehrmacht kein Abbruch geschieht«?

Diese Auffassung war weit verbreitet und hatte sich in den folgenden Jahrzehnten immer mehr festgesetzt. Jetzt aber kam die »Wehrmachtsausstellung« und legte – trotz einiger Ungenauigkeiten im Detail – unwiderleglich dar, dass der Mythos von der »sauberen Wehrmacht« eine Legende war! Die Rechte machte mobil, auf der Straße, in den ihr nahestehenden Medien, in der politischen Diskussion. Am Ende aber wurde das Märchen zerstört (außer bei den Unbelehrbaren) und machte einer differenzierten Beurteilung Platz. Dies ist ein großer Schritt für einen wirklich verantwortlichen Umgang mit unserer Vergangenheit gewesen.

Insgesamt hat sich in all diesen Jahren eine lebhafte und ernsthafte Diskussion über den richtigen Umgang mit der deutschen Vergangenheit und auch über den Antisemitismus entwickelt. Sie hat zur weiteren Klärung beigetragen. Die Auseinandersetzung um Fassbinders antisemitisch zu deutendes Theaterstück *Der Müll, die Stadt und der Tod*, die sogenannte Bitburg-Affäre, der Fall des CSU-Abgeordneten Hermann Fellner (Zitat: »Juden melden sich schnell zu Wort, wenn irgendwo in deutschen Kassen Geld klingelt«) und eine unglückliche Rede des damaligen Bundestagspräsidenten Jenninger haben eine breite Öffentlichkeit interessiert und mobilisiert. Noch wichtiger allerdings ist die Rede gewesen, die der damalige Bundespräsident Richard von Weizsäcker 1985 zum vierzigsten Jahrestag der Befreiung Deutschlands von der Naziherrschaft gehalten hat. Er hat Klartext geredet, die Zusammenhänge geradegerückt und einen Maßstab gesetzt, auf den sich seither alle wichtigen politischen und gesellschaftlichen Kräfte im Land bezogen und berufen haben.

Antisemitismus im vereinigten Deutschland

Der »rechte Rand« wird wieder aktiver
Bereits 1989 hatten die weit rechts im politischen Spektrum angesiedelten Republikaner durch überraschende Wahlerfolge Aufsehen erregt. Und die Bereitschaft der eindeutig Rechtsextremen, sich wieder deutlicher zu artikulieren, zeigte sich nicht nur bei den Republikanern, sondern auch bei Parteien wie der NPD oder der DVU.

Parallel dazu entwickelten sich Netzwerke und Kameradschaften mit rechtsextremer und antisemitischer Zielsetzung. Sie waren und bleiben umso bedrohlicher, weil sie Gewaltbereitschaft zeigen und mit herkömmlichen Gegenmaßnahmen allein nicht wirksam zu bekämpfen sind.

Nach der Vereinigung der Deutschen sind Judenfeindschaft und Antisemitismus wieder deutlicher zutage getreten. Es kam

gehäuft zu militanten Übergriffen, Brandanschlägen auf jüdische Einrichtungen, Grabschändungen auf jüdischen Fried-
höfen sowie einer rüden Hetze der rechten Publizistik gegen
führende Vertreter der deutschen Juden wie Ignatz Bubis, den
Vorsitzenden des Zentralrates. Aufmärsche der NPD, Heß-Ge-
denkfeiern, verbrecherische Videospiele und dann auch antisemitische Internetauftritte komplettierten ein düsteres Bild.
Ein größerer Einbruch in das Denken und Fühlen der Bevölkerung wurde damit allerdings nicht erreicht; im Gegenteil, der
Abscheu war allgemein. Man konnte von Randerscheinungen
sprechen. Aber dieser Rand hatte sich erneut verfestigt und
zeigte eine zunehmende Gewaltbereitschaft.

Besonders schwierig war (und bleibt) die Situation in den
neuen Bundesländern. Hier sind Millionen einer radikalen
und überaus raschen Umstellung ausgesetzt gewesen, für die
zuweilen die »Leitplanken« fehlten. Der mit der Vereinigung
verbundene Prozess eines Umdenkens in vielen wichtigen Le-
bensbereichen war (und ist immer noch) kompliziert und für
viele schmerzlich. Über mehr als ein halbes Jahrhundert hatten
die Ostdeutschen unter der Diktatur und dazu noch weitgehend isoliert leben müssen. Sie hatten nicht wie ihre Landsleute im Westen die Chance gehabt, die Demokratie als Lebens-
form einzuüben und sich über Jahrzehnte an einen gelassenen
und positiven Umgang mit ihren ausländischen Nachbarn zu
gewöhnen. Und jetzt wurde das alles über Nacht anders.

Das mag erklären, warum das Klima in den neuen Bundesländern in einer Weise durch Intoleranz und Fremdenhass
gekennzeichnet war, die im übrigen Deutschland auf Unverständnis und Entsetzen stießen. Auch der Antisemitismus machte sich im Windschatten dieser Einstellungen breit. Er ist, wie
nicht nur Wahlergebnisse in Sachsen-Anhalt, in Sachsen, in Meck-
lenburg-Vorpommern und in Brandenburg zeigen, bis heute
vorhanden.

Diese Beobachtung erscheint mir wichtiger als die immer wieder im Vordergrund stehenden antisemitischen Anschläge oder Gewalttaten. Diese sind zwar schlimm und als Symbole nicht zu unterschätzen, aber Gott sei Dank relativ unbedeutend geblieben.

Der »neue Antizionismus«

In den letzten Jahren hat auch in Deutschland mit dem Zusammenbruch des Oslo-Friedensprozesses und der sogenannten Al-Aqsa-Intifada ein »neuer Antizionismus« an Raum gewonnen, der wie seine Vorgänger ganz eindeutig antisemitische Züge trägt. Davon soll später die Rede sein, ebenso von der aktuellen Gefahr des Islamismus und seiner krass antisemitischen Zielsetzung.

Die Möllemann-Debatte

Als der führende FDP-Politiker Jürgen Möllemann seinen Freund Jamal Karsli, einen ausgewiesenen Antisemiten und Israelfeind, in die Partei aufnehmen wollte, gab es nicht nur einen Aufschrei bei den Grünen, denen Karsli früher einmal angehört hatte. Möllemanns Ausfälle gegen Israel, Ariel Scharon und Michel Friedman haben Medien und Öffentlichkeit über Monate hinweg beschäftigt.

Beide, Möllemann und Karsli, haben damals mit einem mehr oder weniger unschuldigen Augenaufschlag gemeint, man werde doch wohl Israel noch kritisieren dürfen. Oder, so die Zusatzfrage, solle in Zukunft die Political Correctness darüber entscheiden dürfen, was man sagen dürfe und was nicht? Möllemann hat damit einer neuen Verschwörungstheorie den Boden bereitet, der man bis heute immer wieder begegnet. Und Henryk M. Broder hat mit Recht die Entwicklung eines »aufgeklärten Antisemitismus« beobachtet. Auch davon später mehr.

Jüdisches Leben in der Bundesrepublik Deutschland

Die Anfänge

Insgesamt haben zwischen 1945 und 1952 etwa zweihunderttausend Displaced Persons in Deutschland, vornehmlich in Bayern gelebt. Sie waren absoluter Fremdkörper in einer Umgebung, mit der sie so gut wie keinen Kontakt hatten. Als 1952 die Hilfsorganisationen die Unterstützung dieser Menschen einstellten, blieben zwölftausend von ihnen im Land.

Sie sind für die frühe Geschichte der Juden in Nachkriegsdeutschland wichtig gewesen. Zusammen mit den ganz wenigen Überlebenden und anderen Rückkehrern haben sie die Keimzelle eines neuen jüdischen Lebens gebildet.

Es war ein Leben »auf gepackten Koffern«. Nach dem Holocaust war jüdische Präsenz in Deutschland auf Dauer kaum vorstellbar. Israel galt als das eigentliche Ziel – eine Vorstellung, die der israelische Staatspräsident Weizman bei seinem Besuch in Deutschland noch 1996 ins Gedächtnis zurückgerufen hat.

Und dennoch kam es 1950 zur Gründung des Zentralrates der Juden in Deutschland. Diese Juden mussten eine tiefere Rechtfertigung für ihre Existenz im »Land der Täter« finden, über pragmatische Gründe hinaus. Manche begriffen sich als ein Mahnmal für die Deutschen; ihre Existenz sollte die Erinnerung an das Grauen des Holocaust wachhalten. Genau diese Mission spiegelt sich bis heute im kulturellen und sozialen Leben der jüdischen Gemeinden wider. Für manchen Juden stellt sie die einzige Möglichkeit dar, mit den großen psychologischen Problemen fertig zu werden, die ein Leben in Deutschland immer noch bereithält.

Heutige Sensibilitäten und Überreaktionen

Dieses jüdische Leben in Deutschland ist bis heute nicht normal, was auch nicht weiter verwundern kann. Viele, insbesondere unter den Älteren, leiden weiterhin unter dem Rechtfertigungsdruck gegenüber ihren Angehörigen oder Freunden, die nicht in Deutschland leben können oder wollen. Viele haben deshalb bis heute Schuldgefühle gegenüber den Opfern des Holocaust.

Zum Lebensgefühl vieler in Deutschland lebenden Juden gehört zudem eine besondere Verletzbarkeit. Sie reagieren außerordentlich empfindlich auf absichtliche wie unabsichtliche Ausgrenzung und Taktlosigkeit, denen ein Jude in Deutschland ausgesetzt sein kann. Sie zeigt sich in einer ausgeprägten Sensibilität gegenüber jeder Manifestation von Antisemitismus und Fremdenfeindlichkeit und einer Furcht vor neuem Rechtsextremismus.

Deshalb kommt es immer wieder zu Reaktionen, die den nichtjüdischen Deutschen überzogen erscheinen. Rafael Seligmann hat das einmal so beschrieben: »Wir sind süchtig nach dem neurotisierenden Leben als Juden in Deutschland. Die Deutschen wiederum schätzen uns als Exoten des Grauens.« Dies ist ganz eindeutig übertrieben und deshalb auch irrig. Ich kenne sehr viele Juden und Nichtjuden, die auf einen solchen »Kick« in ihrem Zusammenleben gern verzichten. Aber hinter der Übertreibung steckt auch ein Körnchen Wahrheit, auf das wir achten müssen.

Israel und Deutschland – komplizierte Identität
oder »doppelte Loyalität«?
Ignatz Bubis hat immer wieder erzählt, wie er einmal bei einem Empfang auf das Wohlergehen »seines« Präsidenten angesprochen worden sei – womit der israelische Staatspräsident und nicht der deutsche Bundespräsident gemeint war. Er hat dies als Indiz dafür gewertet, dass die Juden im Bewusstsein der Deutschen immer noch nicht richtig als Bürger dieses Landes angenommen würden.

Aber im oben erwähnten Zitat spricht Rafael Seligmann von »den Juden«, die er »den Deutschen« gegenüberstellt. Vielleicht ist ihm diese Gegenüberstellung gar nicht einmal voll bewusst gewesen. Im Gemeindesaal der Jüdischen Gemeinde in Hamburg hängt die israelische Flagge, nicht etwa die deutsche oder beide. Michael Wolffsohn (immerhin Professor an der Hochschule der Bundeswehr) hat in einem Artikel mit berechtigtem Stolz über seinen Wehrdienst gesprochen. Damit war der in Israel gemeint, nicht ein solcher in Deutschland. Und als in Athen zum ersten Mal ein israelischer Athlet eine Goldmedaille für sein Land gewonnen hatte, wurde unter deutschen Juden ein Video der Siegerehrung angeboten – um die israelische Flagge am Mast sehen und die »Hatikvah« singen zu können.

Die Dinge liegen also nicht so einfach. Wir alle leben mit komplexen Identitäten. Die der Juden in Deutschland aber sind noch um einiges komplizierter. Damit richtig umgehen zu können bleibt eine erhebliche Herausforderung an alle, die den Antisemitismus bei uns bekämpfen wollen.

Die Neueinwanderer
Seit dem Zusammenbruch des Sowjetimperiums sind etwa vierzig- bis fünfzigtausend Juden zu uns gekommen. Mit ihnen hat sich die Gesamtzahl der bei uns lebenden Juden innerhalb einer kurzen Zeitspanne mehr als verdoppelt. Das stellt die jüdischen Gemeinden vor gewaltige Herausforderungen. Die kulturelle, insbesondere sprachliche Umstellung dieser Neubürger ist alles andere als einfach. Die Einbeziehung in das religiöse Leben ist ebenso schwierig, da der jüdische Hintergrund vieler dieser Immigranten eher diffus ist, um es einmal vorsichtig auszudrücken. Am schwierigsten aber sind die mit dieser Einwanderung verbundenen wirtschaftlichen und sozialen Probleme. Sie haben die meisten jüdischen Gemeinden bis an den Rand der Belastbarkeit gebracht.

Die Bestie lebt noch!

Ein Rückblick auf den offenen Antisemitismus in Nachkriegsdeutschland und dessen Überwindung wird bei allen Vorbehalten unter dem Strich eher positiv ausfallen.

Über die Jahrzehnte hinweg hat sich zunächst ein breiter gesellschaftlicher Konsens herausgebildet, der den offenen Antisemitismus als Regelverstoß begreift und zu ahnden bereit
ist. In den einschlägigen Umfragen gehören Antisemiten und
Rechtsextreme zu den Personenkreisen, die als besonders un-
sympathisch eingestuft werden. Zu diesem Prozess hat ein kla-
reres und selbstkritischeres Geschichtsbild vieler Deutscher
ebenso beigetragen wie der Einfluss der Medien und der weltweiten Öffentlichkeit.

Es ist leichter geworden, gegen antisemitische Phänomene
politisch und gesellschaftlich mobil zu machen. Ob dabei eine
Ritualisierung der öffentlichen Debatte (Berliner Mahnmal,
Holocaust-Gedenktag) immer hilfreich ist, muss eine offene
Frage bleiben. Diese Mobilisierung kommt ganz wesentlich
auch über die Medien zustande. Insbesondere das allgegenwärtige Fernsehen hat die »Wahrnehmung des Skandalösen«
geschärft. Dass diese »virtuelle Realität« aber auch erhebliche
Risiken birgt, zeigt das Vordringen antiisraelischer und anti-
zionistischer Leitbilder in den letzten Jahren.

Der offen auftretende Antisemit ist in Deutschland heute gesellschaftlich geächtet und gegebenenfalls dem Zugriff der Justiz ausgesetzt. Auch das ist positiv zu werten, solange es nicht
trügerische Sicherheit schafft und die Auseinandersetzung mit
den Ursachen des Antisemitismus als weniger dringlich erscheinen lässt. Denn diese Auseinandersetzung ist noch lange nicht
abgeschlossen. Internetseiten, Videospiele und Liedertexte, in
denen die KZs verherrlicht werden und zum Judenmord aufgerufen wird, sind keineswegs nur ein Fall für den Staatsanwalt –

ebenso wenig wie andere Erscheinungsformen des offenen Antisemitismus. Und auch Jahrzehnte nach der »Reichspogromnacht« müssen Synagogen und andere jüdische Einrichtungen immer noch durch die Polizei geschützt werden.

Andererseits gibt es aber auch innerhalb der bürgerlichen Mitte einige Entwicklungen, die mehr als bedenklich stimmen.

Da gibt es zuweilen einen wohlwollenden Philosemitismus, der ebenso wenig durch Kenntnis der historischen Fakten und der geistigen Zusammenhänge geprägt ist wie sein Widerpart. Verklärung mag uns sympathischer vorkommen, doch sie ist keine zuverlässigere Richtschnur als Verteufelung. Auf ganz merkwürdige Weise werden einzelne Juden ins Geschichtsbild vieler Deutscher »eingebaut«. Dabei ist viel Nostalgie im Spiel. So werden – übrigens zu Recht! – Albert Einstein, Bruno Walter, Heinz Berggruen und Helmut Newton gefeiert, während über einstige Nachbarn wie den jüdischen Schneider oder die jüdische Witwe der Mantel des Schweigens gebreitet bleibt.

Da gibt es auch die besonders in der Hauptstadt zu beobachtende, schulterklopfende Symbiose einer *chattering class*, die mit einer ernsthaften Diskussion nicht das Geringste zu tun hat. Ihrer ewig lächelnden Aufdringlichkeit können sich gerade ernsthafte Juden heute kaum noch entziehen.

Und da bleiben zwei wichtige, aus heutiger Sicht offene Fragen:

– Wie wird sich der Umstand auswirken, dass der Bezug der Deutschen zum Holocaust zwangsläufig immer indirekter wird? Wie wird dies die Art und Weise beeinflussen, in der wir mit unserer geschichtlichen Verantwortung umgehen?
– Werden wir die Trennlinie zwischen einer möglichen, ernsthaft reflektierten Israelkritik und einem verallgemeinernden »Antizionismus« ausreichend beachten, der doch nichts anderes ist als eine neue Erscheinungsform des Antisemitismus?

Selbst wenn also der Antisemitismus in der Bundesrepublik Deutschland heute nicht zum »kulturellen Code« breiter Gesellschaftskreise gehört, selbst wenn er zu einer Randerscheinung geworden ist, muss man sich weiterhin damit auseinandersetzen. Unter den entsprechenden Rahmenbedingungen können auch Randerscheinungen wieder die Mitte des Denkens besetzen. Und ob genau das nicht derzeit droht, bleibt eine beunruhigende Frage.

TEIL III
ANTISEMITISMUS HEUTE

»Es gibt keine endgültigen Siege.«

Albert Camus

KAPITEL 9:
ANTIZIONISMUS, DER »PROGRESSIVE« ANTISEMITISMUS

Der Zionismus

Der Zionismus, jene auf eine jüdische Heimat in Palästina gerichtete Bewegung, hat mehrere Wurzeln. Er fußt zunächst auf der uralten Tradition der jüdischen Diaspora, in der die Hoffnung auf eine »Rückkehr nach Zion« stets eine bedeutende Rolle gespielt hatte. Die Herausbildung der Nationalstaaten im 19. Jahrhundert hat diese Tradition erneuert und wiederbelebt – noch mehr aber die ungeheure Repression, der die Juden im Reich der russischen Zaren ausgesetzt waren.

Den Begriff Zionismus verdanken wir Nathan Bierbaum, der ihn zuerst gegen Ende des 19. Jahrhunderts in Wien verwandt hat. Bereits vorher waren im damals türkischen Palästina die ersten jüdischen Siedlungen entstanden. Theodor Herzl war es dann, der den verschiedenen zionistischen Gedankengängen Form gab, sie in seinem Buch *Der Judenstaat* von 1896 zusammenfasste und auch ins Praktische wendete. Der Antisemitismus in Deutschland, die antijüdischen Pogrome in Russland, die Dreyfus-Affäre in Frankreich und die reaktionäre Entwicklung im Kaiserreich der Habsburger – all das hat Herzl dazu gebracht, die gedanklichen Grundlagen des Zionismus zu formulieren.

In Basel hat dann 1897 der erste Zionistenkongress stattgefunden. Dort wurde das Ziel so formuliert: »Der Zionismus erstrebt für das jüdische Volk die Schaffung einer öffentlich-rechtlichen Heimstätte in Palästina.« Zum ersten Mal nach langen Jahrhunderten fanden hier Juden über Landesgrenzen hinaus zusammen und artikulierten sich.

Dabei hat zunächst nicht die alte, religiös geprägte Sehnsucht nach »Zion« im Vordergrund gestanden, sondern die Reaktion auf die antisemitische Entwicklung in Europa. Sowohl Herzl als auch Max Nordau und andere frühe Zionisten hingen weiterhin den zentralen kulturellen Werten Europas an, obwohl diese nach ihrer Überzeugung inzwischen im moralischen Niedergang waren. Und zu diesen kulturellen Werten bekannte sich auch die zionistische Bewegung. Nur sollten sie nicht mehr in »Gastgesellschaften«, sondern in Palästina verwirklicht werden.

Dieser frühe Zionismus ist bei vielen mittel- und westeuropäischen Juden auf Unverständnis und Widerstand gestoßen. Diese Juden sahen in ihm eine Gefahr für die angestrebte bürgerliche Normalität und waren nicht bereit, den modernen Nationenbegriff auf die Juden anzuwenden. Andere wiederum hielten an den messianischen Verheißungen der Propheten fest.

Am klarsten hat das damals der Allgemeine Rabbiner-Verband Deutschlands formuliert. Herzl wollte den ersten Zionistenkongress zunächst nach München einberufen. In einer Erklärung der Rabbiner hieß es jedoch: »Die Bestrebungen sogenannter Zionisten, in Palästina einen jüdischen Staat zu gründen, widersprechen den messianischen Verheißungen des Judenthums, wie sie in der Heiligen Schrift und den späteren Religionsquellen enthalten sind. Das Judenthum verpflichtet seine Bekenner, dem Vaterlande, dem sie angehören, mit aller Hingabe zu dienen und dessen nationale Interessen mit ganzem Herzen und mit allen Kräften zu fördern.« Angesichts dieses geharnischten Protestes verlegte Herzl den Kongress nach Basel.

Diese lebhafte innerjüdische Debatte um den Zionismus ist erst mit der Gründung des Staates Israel in den Hintergrund gerückt. Sie hatte sich damit weitgehend von selbst erledigt. Doch die Diskussion darüber, was den »Judenstaat« im Innersten ausmacht, dauert bis heute an. Nun ist dies nicht der Platz, die eindrucksvolle und wechselhafte Geschichte des Zionismus zu beschreiben. Einige Punkte aber sind für eine Auseinandersetzung mit dem Antizionismus von erheblicher Bedeutung. Von ihnen soll die Rede sein.

Zionismus und Israel

»Ein neuer Mensch«
Im Gedankengut der Zionisten findet sich bis weit ins 20. Jahrhundert hinein eine Verknüpfung jüdischer Tradition mit dem idealistischen und dem sozialistisch-revolutionären Gedankengut Europas. Es ging also nicht nur um eine Heimstatt im geografisch-politischen Sinn, sondern auch um eine innere Erneuerung des Judentums.

Diese Erneuerung knüpfte zunächst an der Lebensweise vieler Juden in Europa an. Daher erstaunt es nicht, dass der »Arbeit«, der Bildung, der Kultur und der »lebendigen Gemeinschaft« eine zentrale Bedeutung beigemessen wurde. Man wollte, idealistisch wie man nun einmal war, nichts Geringeres als einen »neuen Menschen« schaffen – zumindest aber eine »neue Gesellschaft«. In der Tat: Wer unter den in Palästina herrschenden klimatischen und materiellen Bedingungen, dazu noch fast ohne Kontakte mit der Außenwelt, überleben wollte und sich dazu noch ständig arabischer Angriffe erwehren musste, der konnte dies nur in enger Gemeinschaft und mit harter Arbeit tun.

So sind über die Jahrzehnte hinweg eindrucksvolle Beispiele hoher menschlicher Gesinnung und gemeinschaftsorientierter Organisation entstanden: die Kibbuzim, die Moshavim sowie andere gemeinwirtschaftliche und gewerkschaftliche Organisationen in Industrie und Verkehr. Vor mir liegt ein Buch mit dem Titel *Man and his Work*, 1965 in Tel Aviv erschienen. Ich habe es bei meinem ersten Besuch in Israel vom damaligen Generalsekretär des israelischen Gewerkschaftsbundes Histadrut geschenkt bekommen. Dieses Buch ist voller Bilder, die den Menschen bei der Arbeit zeigen. Dabei nimmt die Landwirtschaft den ersten Rang ein, und so heißt es im Begleittext denn auch: »Die genossenschaftliche Landwirtschaftsbewegung ist der krönende Schlussstein der Revolution, die die zionistische Arbeiterbewegung zur Geschichte des jüdischen Volkes beigetragen hat.« Begleitet wurde dieses Bemühen durch Einrichtungen der sozialen Sicherung, wie sie für Menschen mit relativ niedrigem Lebensstandard absolut vorbildlich waren.

Gewerkschaft und Gemeinwirtschaft übernahmen staatliche Funktionen, bevor der Staat selbst gegründet war. Und das galt auch für den Bereich der äußeren Sicherheit. Die berühmten israelischen Streitkräfte haben in der Haganah und im Palmach ebenso berühmte Vorgängerinnen gehabt. Wer sonst hätte auch diese Aufgaben vor der Staatsgründung erfüllen können?

Diese eindrucksvollen Impulse der zionistischen Bewegung haben bis weit in die Sechzigerjahre des 20. Jahrhunderts die Entwicklung im Lande entscheidend vorangetrieben. Und über lange Zeit war das »Modell Israel« bewundertes Beispiel für viele andere. Das galt für die europäische Linke ebenso wie für die damals noch um ihre Unabhängigkeit ringenden Kolonialvölker. Und so heißt es in dem erwähnten Buch des israelischen Gewerkschaftsbundes nicht ohne Stolz und Pathos: »Histadrut ist in vielen afrikanischen und asiatischen Ländern gut bekannt. Freiheitskämpfer und Studenten kommen hierher, um zu lernen. Schulter an Schulter mit den Israelis schmieden sie die Einheit des arbeitenden Menschen.«

Erst ab 1967, infolge des Sechstagekrieges, wich die internationale Begeisterung einer zunehmenden Distanz.

Israel wird ein Staat
Nach unendlichen Mühen war es 1947 schließlich so weit: Die Vereinten Nationen beschlossen mehrheitlich, Palästina zu teilen und auf einem Teil des Territoriums einen »jüdischen Staat« zu errichten.

Der damalige Generalsekretär der Arabischen Liga, Amin Pascha, drohte den Juden damit, dass sie »in ihrem eigenen Blut ertränkt« würden und der Nahe Osten Zeuge von Schrecken würde, »neben denen selbst die Gräueltaten der mongolischen Eroberer verblassen«. Die arabischen Staaten verwarfen den Teilungsplan der UNO und überzogen das neu gegründete Israel mit einem erbarmungslosen Krieg. Dieses wehrte sich erfolgreich. Gleichzeitig kam es zu einer ersten, großen Einwanderungswelle: Von Mai 1948 bis April 1949 sind hundertneunzigtausend Juden nach Israel gekommen.

Die Freunde Israels weltweit waren bereit, diesem neuen Staat ihre Solidarität zu zeigen. Auch als es im Sechstagekrieg 1967 zu einer erneuten militärischen Auseinandersetzung kam, war die Sympathie aufseiten der Israelis, und zwar eindeutig. Israel war der David, der es dem arabischen Goliath wieder einmal gezeigt hatte.

Gleichzeitig blieben aber Tatbestände unbeachtet, die dann für die Folgejahre eine immer dramatischere Bedeutung erlangen sollten:

– Auf dem Territorium Israels und Palästinas lebten zwei Völker, deren Verhältnis durch erhebliche Spannungen untereinander gleichermaßen geprägt war und die ein sehr unterschiedliches Verständnis von Kultur und Geschichte besaßen.

- Der von der UNO 1947 ebenfalls gewollte »arabische Staat«
  kam nicht zustande. Jordanien hatte sich das Westjordanland nach dem Krieg von 1948/49 kurzerhand einverleibt,
  Ägypten hatte den Gazastreifen besetzt.
- Das innere gesellschaftliche und staatliche Gefüge Israels war
  auch durch Gruppen eindeutig religiöser, wenn nicht gar fun-
  damentalistischer Prägung gekennzeichnet. Von Anfang an
  waren ihre Vertreter im politischen Prozess nicht zu übersehen.
- Die massive Einwanderung von Juden aus den islamischen
  Ländern stellte eine gewaltige Herausforderung dar – und
  zwar nicht nur in materieller Hinsicht. Die Immigranten aus
  Marokko oder dem Irak waren keine Zionisten europäisch-
  idealistischer Prägung! Sie hatten die ghettoartige Dhimma
  ihrer Heimatländer zumeist sehr rasch verlassen, ohne jemals in rechtsstaatlichen und demokratischen Strukturen
  gelebt zu haben. Ihre Traditionen und ihre religiösen Bezüge
  aber hatten sie mitgebracht.

Mit der Gründung des Staates Israel, aber auch geprägt durch
den Holocaust sowie den Antisemitismus in der Sowjetunion
und in den arabischen Ländern, hat sich der klassische Zionismus gewandelt. Bestimmend ist bis heute die Vorstellung,
dass der Staat Israel eine zentrale Bedeutung für jüdisches Fühlen, Denken und Handeln besitzt. Sie ist geprägt durch das Bemühen um eine lebensfähige und solidarische Diaspora. Und
sie ist geprägt durch eine komplexe, auch kritische Beziehung
zwischen beiden.

1967 und die Folgen
Der Sieg über die arabischen Aggressoren musste die Koordinaten
israelischer Politik, ja israelischer Existenz deutlich verändern.
Der militärisch notwendige Vormarsch auf jordanisches, ägyp-
tisches und syrisches Gebiet schuf nach Beendigung des Krieges

neue politische und psychologische Gegebenheiten. Sinai und die Golanhöhen waren auf einmal besetzte Gebiete. Das schuf über die militärisch-strategische Dimension hinaus jedoch keine größeren Probleme und führte international kaum zu Verwerfungen. Was den Sinai betrifft, ist das Problem längst gelöst.

Besetzte Gebiete aber waren nun auch die Westbank und der Gazastreifen. Hier lagen und liegen die Dinge deutlich anders:

– Dort trafen die Israelis auf die Palästinenser, die nicht bereit waren, sich mit ihrer Lage abzufinden. Die sich aus diesem Mit-, Neben- und Gegeneinander ergebenden dramatischen, ja tragischen Probleme werden uns beinahe täglich vor Augen geführt.

– Diese Dramatik ist durch den israelischen Siedlungsbau in den besetzten Gebieten gesteigert worden. Inzwischen sind sie von Wehrdörfern und strategischen Außenposten zu einer Realität geworden, mit der jeder israelische Politiker zu rechnen hat.

– Die normative Kraft des Faktischen hat eine gedankliche, wenn nicht gar ideologische Unterfütterung bei der israelischen Rechten und religiös geprägten Gruppierungen bewirkt. Unter Verweis auf die Thora und die Propheten wurde und wird von ihnen die Westbank als Judäa und Samaria und damit als jüdisches Kernland definiert. Dies steht im Widerspruch zum Teilungsbeschluss der Vereinten Nationen – aber sagen Sie das einmal einem überzeugten Ultraorthodoxen! Dessen Gründungsmythos ignoriert solche »zufälligen« historischen Ereignisse.

All das muss erwähnt werden, um wichtige Aspekte des heutigen Antizionismus zu erklären. Als Entschuldigung für diesen taugt es allerdings nicht.

»Man wird Israel doch noch kritisieren dürfen ...«

Uns ist die heuchlerische Empörung eines Jürgen Möllemann und anderer deutscher Politiker noch gut im Gedächtnis. Und Ähnliches kann man in vielen gepflegten Abendunterhaltungen am deutschen Buffet immer wieder hören: »Man wird doch Israel noch kritisieren dürfen.« Und häufig heißt es auch: »Ich habe nichts gegen die Juden, aber was Olmert/Israel/die Israelis sich da leisten ...«

Missverständnisse sollten vermieden werden: Selbstverständlich steht die Politik einer jeden Regierung der Kritik offen, auch die der Regierung in Jerusalem. Aber unter vernünftigen Menschen sollte es ebenso klar sein, dass eine derartige Kritik sachlich fundiert und zurückhaltend im Ton sein sollte (Letzteres sollte sich gerade bei uns Deutschen von selbst verstehen). Um derartige Kritik aber ist es den Antizionisten noch nie gegangen. Im Kern läuft der Antizionismus darauf hinaus, Israel die staatliche Existenz in Sicherheit und Selbstbestimmung zu bestreiten und die jüdischen Israelis einem ungewissen Schicksal zu überlassen. Dies ist der gedankliche Kern, mag man ihn auch noch so wortreich mit ideologischer Tunke anreichern.

Und spätestens hier wird Antizionismus zu Antisemitismus. Wenn die beiden auch nicht wesensgleich sind – eng verwandt sind sie allemal.

Wo wäre also die Grenze zwischen sachlicher Kritik und der antizionistischen Variante des Antisemitismus zu ziehen?

Manche israelischen Beobachter betrachten jede Kritik an ihrem Staat als Antisemitismus. Dafür mag man Verständnis haben, doch es darf nicht übersehen werden, dass auf diese Weise auch notwendige politische Entwicklungen abgeblockt werden können. Nein – man wird genauer differenzieren müssen. Auf der Antisemitismus-Konferenz der OSZE im April 2004 in Berlin hat der israelische Minister Sharansky die Dele-

gierten aufgefordert, bei dieser Grenzziehung einen »3-D-Test«
zu machen. Geht es bei antizionistischen Äußerungen um

- »demonization« (Dämonisierung Israels und der Israelis)?
- »double standards« (Messen mit zweierlei Maß)?
- »deligitimization« (Leugnung des staatlichen Existenz-
  rechts)?

Ich füge hinzu: Immer dann, wenn Kritik verallgemeinert, wird
Urteil zum Vorurteil. Und der Antisemitismus ist das hartnäckigste Vorurteil der Menschheitsgeschichte.

Schon im Frühjahr 1968 hat der große Martin Luther King
erklärt: »Wenn gewisse Leute die Zionisten kritisieren, dann
meinen sie in Wirklichkeit die Juden; wir reden hier über Antisemitismus, über nichts anderes.«

Antizionistische Masken des Antisemitismus

Definitionsversuche
Die britische Journalistin Orr formulierte es so: »Der Antisemitismus verabscheut alle Juden überall, und der Antizionismus verabscheut nur die Existenz Israels und stellt sich all
denjenigen entgegen, die diese unterstützen.« Alle anderen mir
bekannten Definitionsversuche laufen im Kern auf das Gleiche hinaus. Aus drei Gründen ist das alles nichts anderes als
schlecht verbrämter Antisemitismus:

- Man übersieht dabei völlig die tiefe historische, kulturelle,
  seelische und oftmals auch religiöse Bedeutung Zions und
  damit Israels für die Juden.
- Man verschweigt, dass der Staat Israel auf einer völkerrecht-
  lich einwandfreien Grundlage beruht. Warum dem demokratischen Israel die Existenzberechtigung absprechen, den

umliegenden Diktaturen mit ihren vielen historischen Zu-
fälligkeiten aber nicht? Ist ein Beschluss der Vereinten Nationen etwa weniger wert als willkürliche Grenzen aus der
Kolonialzeit oder die Weidegründe arabischer Ahnherren?
– Man unterschlägt die Antwort auf eine einfache Frage: Was
soll aus den in Israel lebenden Juden werden, falls der Staat
Israel aufhören würde zu existieren?

Erklärungsversuche
Es stellt sich die Frage, warum Israel eigentlich so viel Feindseligkeit entgegengebracht wird, gerade nach 1967. Worauf ist
es zurückzuführen, dass die Antizionisten gegenüber Israel die
gleiche leidenschaftliche Abneigung an den Tag legen wie ihre
antisemitischen Vettern gegenüber den Juden und dem Judentum?

Für die islamische Welt ist die Antwort leicht zu geben. Die
Feindschaft gegenüber Israel beruht sowohl auf islamischer
Weltsicht als auch auf der Niederlage in mehreren Kriegen, der
als Demütigung der arabischen Welt empfundenen Besetzung
palästinensischer Gebiete sowie den hieraus rührenden Gefühlen von Hass, Rache und Vergeltung.

Für den Westen wird man nach etwas komplexeren Deu-
tungsmustern suchen müssen.

Das gilt nicht so sehr für die hartgesottene Rechte. Sie ist ja
nicht antizionistisch. Sie überträgt lediglich ihren traditionellen Antisemitismus auf Israel und die Israelis. Für die Linke,
oder was sich dafür ausgibt, war der Antizionismus seit Jahrzehnten Bestandteil eines Weltbildes, das sich, zumindest unbewusst, seine doktrinären Vorgaben auch aus der Sowjetunion
oder aus der DDR (Israel als »Brückenkopf des amerikanischen
Imperialismus«) holte. Und der scheinbar antiimperialistische
Befreiungskampf der Palästinenser, propagandistisch seit der
Gründung der PLO 1964 in Kairo außerordentlich geschickt

ausgenutzt, verschaffte dazu eine willkommene emotionale Unterfütterung. In Deutschland kam noch eins hinzu: Axel Springer war Freund Israels, weite Teile der Studentenschaft waren gegen Axel Springer, also... In den Achtzigerjahren, auch ausgelöst durch den Libanonfeldzug der israelischen Streitkräfte und die Massaker in zwei palästinensischen Flüchtlingslagern, übernahmen dann zeitweilig die Grünen, aber auch teilweise die Medien antizionistische Positionen.

Der Zusammenbruch des real existierenden Sozialismus hat dann bei linken Intellektuellen ein tiefes Loch hinterlassen. Hier hat die Auseinandersetzung des neuen David Palästina mit dem neuen Goliath Israel (früher wurde das genau andersherum gesehen!) eine wichtige Funktion übernommen. Für viele heimatlos gewordene Linke hatte der Antizionismus einen großen Vorteil: Er konnte aus der Konkursmasse des alten Sozialismus übernommen werden. Besser noch: In den letzten Jahren konnte er mit Antiamerikanismus und Antiglobalisierung wirkungsvoll verknüpft werden.

Übrigens enthält dieses Gebräu alle Merkmale des klassischen Antisemitismus: Es handelt sich um eine Weltsicht, bei der der Bezug zu den Fakten und einer komplexen Wirklichkeit völlig verloren gegangen ist. Und Teile der Medien spielen dieses Spiel mehr oder weniger bedenkenlos mit.

Andere im Westen, gerade auch in Deutschland, kompensieren wieder einmal Schuldgefühle. Sie mögen bei den einen auf der Kolonialzeit, bei anderen auf dem Holocaust beruhen. Und wo das Lippenbekenntnis zum »jüdischen Staat« mehr auf Schuldgefühl als auf einer realistischen Sicht der Dinge, ja auch auf Anerkennung für das erfolgreiche Experiment Israel beruht, da steht es auf schwachen Beinen.

Und wehe, wenn israelische Politik der selbst gesetzten Messlatte nicht gerecht wird (auch wenn man sie für sich selbst niedriger gelegt hat)! Dann treibt die Selbstgerechtigkeit die schönsten Blüten. Aber auch die eigenen, angeblich weltweit gültigen Grundsätze werden von Antizionisten notfalls über Bord geworfen. Wie sonst lassen sich die schäbigen Aufrufe Hunderter europäischer und amerikanischer Wissenschaftler zum Boykott ihrer israelischen Kollegen erklären? Hier wird die Wissenschaft zur Hure der Ideologie, wie wir es in Nazideutschland schon einmal erlebt haben. Und warum palästinensisches Nationalbewusstsein akzeptabel, jüdisches Nationalbewusstsein aber verwerflich ist, das müsste auch erklärt werden.

Die hier sichtbar werdende Selbstgerechtigkeit mag übrigens in Deutschland auch, ohne dass es offen zugegeben würde, durch den Hinweis auf die »Gnade der späten Geburt« gespeist sein. Und so wird man Henryk M. Broder zustimmen müssen, der einmal meinte: »Die bundesdeutsche Linke ... ist nicht nur antifaschistisch, sie ist darüber auch nekrophil und steht an der Seite der Opfer von Auschwitz und Treblinka. Sie solidarisiert sich mit den toten Juden, um umso unbefangener auf die lebenden und überlebenden einschlagen zu können.«

Für diesen antisemitischen Antizionismus möchte ich nun noch einige Beispiele anführen.

Antizionistischer Jargon in Wort und Bild

– »Es muss gesagt werden: In Palästina passiert ein Verbrechen, das wir stoppen können. Wir können es mit dem vergleichen, was in Auschwitz geschehen ist.« Das meinte allen Ernstes José Saramago, portugiesischer Schriftsteller und Träger des Nobelpreises für Literatur.

– »Warum sollten wir wegen dieses besch... kleinen Landes Israel einen Dritten Weltkrieg riskieren?« So Daniel Bernard, seinerzeit französischer Botschafter in Großbritannien.

- »Heute ist es möglich zu sagen, dass diese kleine Nation (Israel) die Wurzel des Übels ist.« Diese Äußerung verdanken wir Mikis Theodorakis.
- »Die Juden regieren die Welt über Stellvertreter. Sie lassen andere für sich kämpfen und sterben.« Das meinte der malaysische Premierminister Mahathir am 16. Oktober 2003 bei der Eröffnung der Zehnten Islamischen Gipfelkonferenz.
- Kaum maßvoller hat sich einmal der südafrikanische Erzbischof Tutu geäußert, als er erklärte: »Ich glaube, dass Israel ein Recht auf sichere Grenzen hat. Was es aber anderen Völkern angetan hat, um seine Existenz zu sichern, das ist nicht gerechtfertigt ... Das Apartheid-Regime war sehr mächtig, aber heute existiert es nicht mehr. Hitler, Mussolini, Stalin, Pinochet, Milošević und Idi Amin waren alle mächtig, aber am Ende haben sie in den Staub gebissen.«
- Der Premierminister Scharon wurde regelmäßig als »fetter, alter Mann«, als »politischer Brandstifter«, als »Kriegsverbrecher« und als die Personifizierung des »hässlichen Israeli« bezeichnet. Es gab über ihn Karikaturen, die an den *Stürmer* unseligen Angedenkens erinnern. Eine norwegische Zeitung zeigte Arafat in KZ-Kleidung hinter Stacheldraht; Scharon, in schwarzer SS-Montur, brüllte ihn (auf Deutsch) an: »Mütze ab!«

Mit diesen Beispielen sind wir in der Gegenwart gelandet. Sie wird durch einen Antisemitismus »neuer Art« geprägt, der eine erhebliche Gefahr darstellt.

KAPITEL 10:
ANTISEMITISMUS IN DER GEGENWART

Man braucht nicht besonders tief zu graben, um festzustellen: Es gibt auch heute verbreitet Antisemitismus, und zwar weltweit! Mögen auch die Themen, die Methoden oder die Verkleidung wechseln; es bleibt Antisemitismus. Die Wunde ist also nach wie vor offen. Sie kann wiederum zur tödlichen Bedrohung für die Juden werden.

Der Antisemitismus heute ist internationaler als noch in der ersten Hälfte des 20. Jahrhunderts. Er ist mit anderen Ismen wie Islamismus, Antizionismus und Antiamerikanismus verflochten. Das macht diesen »neuen« Antisemitismus nicht weniger gefährlich. Hinzu kommt, dass die Medien unser Bild von der Realität, aber auch unsere Vorurteile weit stärker prägen als jemals zuvor.

Den wesentlichen Ursachen und Erscheinungsformen dieses »neuen« Antisemitismus soll im Folgenden nachgegangen werden.

Radikaler Islamismus

Wenige Beispiele
Die türkische Tageszeitung *Vakit* hat einmal eine Karikatur veröffentlicht, die die Überzeugungen radikaler Islamisten auf den schrecklichen, menschenverachtenden Punkt bringt. Man sieht darauf eine Gestalt, deren Kopf aussieht wie die Weltkugel. Grimmig tippt sie einem in *Stürmer*-Manier gezeichneten Zerr-

bild des Juden – dargestellt mit Schläfenlocken und bluttrie-
fenden Händen – auf die Schulter. Voller Entsetzen wendet sich
dieser um: Die Gestalt mit der Weltkugel als Kopf trägt einen
Sprengstoffgürtel! Hier ist die Botschaft der fanatischen »Krie-
ger des Jihad« an die Juden und alle anderen »Ungläubigen«
unmissverständlich dargestellt: »Und wenn wir die Welt in
Flammen setzen müssen, wir werden euch vernichten!«

Diese fundamentalistische Überzeugung ist für ihre Vertreter
unabänderlich. Alle Versuche, sie psychologisch, soziologisch,
kulturell oder politisch zu relativieren, sind bestenfalls hilflose
Erklärungsversuche, häufig aber reine Weißwäscherei.

Diese weltweite islamistische Subkultur hat all denjenigen
den Krieg erklärt, die sich ihrer Auffassung vom Islam nicht
unterwerfen wollen; und dazu gehören in erster Linie die Juden
und Israel.

Wir erinnern uns: Im März 2004 haben islamistische Terroristen Vorortzüge in Madrid in die Luft gesprengt; dabei gab es
rund zweihundert Tote. Auf einer durch die Mörder verbreiteten Videokassette hieß es: »Dies ist die passende Antwort auf
die Verbrechen, die ihr in der Welt ... begangen habt, und es
wird weitere geben, so Gott will. Ihr liebt das Leben, und wir
lieben den Tod.« Dieses »Wir lieben den Tod« ist auch aus islamischer Sicht eine Gotteslästerung. Aber ohne diese Haltung
lassen sich die tiefsten Wurzeln des islamistischen Terrors nicht
begreifen.

Im November des gleichen Jahres wurde der niederländi-
sche Regisseur Theo van Gogh von einem radikalen Islamisten
getötet. Der Mörder rammte dem Sterbenden ein Messer in den
Bauch. Es hielt einen Zettel mit einer weiteren Morddrohung
für die Politikerin und Publizistin Ayaan Hirsi Ali, die mit van
Gogh zusammengearbeitet hatte. Die Erregung in der Öffentlichkeit machte sich in Anschlägen auf Koranschulen und Moscheen Luft. Die Tawhid-Brigaden antworteten mit Molotow-

cocktails auf protestantische Kirchen. Tawhid-Brigaden – wir sind hier keinesfalls im Irak, sondern in den Niederlanden!

Ein letztes Beispiel aus dem September 2004. Damals ist an einem einzigen Tag Folgendes geschehen:

– Im israelischen Beersheva sprengten palästinensische Selbstmordattentäter zwei Busse in die Luft. Sechzehn Menschen starben, mehr als achtzig wurden zum Teil schwer verletzt. Die meisten von ihnen waren Frauen und Kinder. Im Gazastreifen wurde diese »heldenhafte Operation« über die Lautsprecher der Moscheen bekannt gemacht und bejubelt.

– In Moskau sprengte sich eine Frau mit ihrem Auto vor einer U-Bahn-Station in die Luft. Sie riss acht Menschen mit sich in den Tod und verletzte mindestens zehn weitere. Zur Tat bekannte sich eine islamistische Tschetschenen-Gruppe, die für ihre Verbrechen Frauen angeworben hat, die sogenannten Schwarzen Witwen.

– In Bagdad tauchte eine Videokassette auf. Sie zeigte die »Hinrichtung« von zwölf Bauarbeitern aus Nepal, die zuvor entführt worden waren. Elf Nepalesen wurden erschossen, einer wurde geköpft. Das Video erschien auf der Website der islamistischen Ansar-al-Sunna-Armee.

– Im nordossetischen Beslan überfiel ein Terrorkommando eine große Schule und nahm über tausend Geiseln. Diese Geiselnahme endete kurze Zeit später in einem fürchterlichen Blutbad. Es dauerte eine Weile, bis ein tschetschenischer Islamistenführer die Verantwortung für die Bluttat übernahm. Unter den Geiselnehmern befanden sich, wenn man russischen Berichten Glauben schenken darf, auch mehrere Araber.

Seither ist nichts besser geworden. Diese wenigen Beispiele zeigen: Der islamistische Terror hat ein einmaliges Ausmaß an Perversion erreicht. Wichtig aber ist auch, dass die arabisch-

islamische Welt sich bis heute nicht wirklich gegen diese Ver-
höhnung ihrer oft beschworenen religiösen Grundsätze erhoben hat. Auch der Westen reagiert immer noch merkwürdig
verhalten, obwohl dieser Terror gerade die Christen nicht aus-
spart. Übrigens umspannt auch der islamistische Kampf gegen
das Christentum die ganze Welt. Im Süd-Sudan sind ihm wohl
mehr als eine halbe Million Menschen zum Opfer gefallen, in
Indonesien Zehntausende, in Nigeria und in Pakistan Tausende.

Die alte Realitätsverweigerung und neue Verschwörungstheorien
In der islamischen Welt sind immer wieder die verschiedens-
ten Verschwörungstheorien genutzt worden, um die eigenen
Versäumnisse und die Schwierigkeit zu kaschieren, sich mit der
Wirklichkeit nüchtern auseinanderzusetzen. Diese verhängnis-
volle Selbsttäuschung setzt sich bis in die Gegenwart fort.

So hat der stellvertretende Außenminister Ägyptens Hassani
in der Nationalversammlung sinngemäß erklärt, Hitler treffe
am Holocaust keine Schuld. Er sei vielmehr ein Opfer der »Zionisten« gewesen, denn diese hätten ihn gezwungen, Verbrechen
zu begehen, um schließlich ihr Ziel zu erreichen: die Errichtung
des Staates Israel. Das verschlägt einem die Sprache.

Und Ahmadinedschad, der Präsident des Iran, ruft nicht nur
dazu auf, Israel von der Landkarte zu tilgen, sondern leugnet
den Holocaust in aller Öffentlichkeit. Dieser Fanatiker ist ein
bedrückendes Beispiel dafür, wie sich rationale Bildung und
religiös-ideologischer Fanatismus miteinander verbinden können. Ahmadinedschad ist promovierter Ingenieur im Fachbe-
reich Transportwesen und Verkehrsbauplanung. Gleichzeitig
hängt er der mystizistischen Lehre vom Mahdi an. Er glaubt
also an die Wiederkehr des Zwölften Imam der Schiiten, der im
Jahr 941 plötzlich verschwunden war. Dieser Mahdi wird sieben Jahre lang herrschen, bevor er das Ende der Welt und das
Jüngste Gericht herbeiführt. Nicht nur das: Der Präsident eines

der wichtigsten islamischen Staaten behauptet allen Ernstes, mit dem Mahdi in Kontakt zu stehen!

Ähnlich Unbegreifliches hatte sich ja auch nach den Mordanschlägen vom 11. September 2001 entwickelt. Allen Fakten, ja selbst allen Botschaften bin Ladens zum Trotz wurde bald darauf eine weitere, abenteuerliche Version verbreitet: Es sei doch mehr als auffällig, dass sich an jenem Tag des Grauens keine Juden im World Trade Center aufgehalten hätten (was natürlich Unsinn ist). Und dies sei doch ein sicherer Hinweis darauf, dass die Attentäter in Wirklichkeit im Auftrag des CIA und seiner jüdischen Drahtzieher gehandelt hätten!

Auch die Entführung und Ermordung von Zivilisten im Irak wird in der arabischen Welt mittlerweile amerikanischen Agenten in die Schuhe geschoben. So erklärte Galal Duweidar, immerhin Herausgeber der weit verbreiteten ägyptischen Tageszeitung *Al Akhbar*, dass es Ziel dieser Agenten sei, »die barbarische Gesinnung von Arabern und Muslimen aufzuzeigen, um so Washingtons Krieg im Irak und den vermeintlichen ›Krieg gegen den Terror‹ zu rechtfertigen«. In die gleiche Kategorie gehörte die in Palästina verbreitete Mär, dass die Israelis den Tod Arafats herbeigeführt hätten.

Es gibt leider kein absurdes Produkt verwirrter Köpfe, das nicht irgendwo auf der Welt dankbare Aufnahme fände. Und auch die ältesten Hüte tun immer noch ihren Dienst. So wurde im Februar 2003 im ägyptischen Fernsehen mit der Ausstrahlung einer Fernsehserie begonnen, die auch von den meisten arabischen und islamischen Fernsehsendern übernommen wurde. Sie basierte eindeutig auf den unsäglichen *Protokollen der Weisen von Zion*. Alle internationalen Versuche, die ägyptische Regierung zur Einstellung dieser Serie zu bewegen, sind damals gescheitert. Kairos eher verblüffende Erklärung lautete: »Die Regierung schränkt die Meinungsfreiheit in Ägypten nicht ein.«

Islamismus in Europa

An sich ist das Ganze unerklärlich: Da leben viele Millionen
Muslime in Deutschland, Frankreich, Großbritannien und anderswo in Europa. Häufig handelt es sich bereits um die zweite
oder gar dritte Generation. Diese Muslime haben also ausreichend Gelegenheit, Vergleiche zwischen der westlichen und
der islamischen Welt anzustellen und daraus rationale Schlüsse
zu ziehen. Und dennoch gleiten Zehntausende ins islamistische Lager ab. Allein in Deutschland sollen etwa vierzigtau-
send Muslime der einen oder anderen islamistischen Gruppe
angehören – die Zahl entspricht der organisierter deutscher
Rechtsextremisten. Woher kommt das?

Einen Teil der Erklärung liefert die weltweite Vernetzung
über das Internet und das Satellitenfernsehen. Diese virtuelle
Realität der Medien ist für Muslime eine andere als für uns. Wo
bei uns Schrecken und Abscheu geweckt werden, mag sich der
junge Muslim in Paris oder Berlin von der Glorifizierung der
»Macht des Islam« angezogen fühlen. Wir dürfen ja nicht vergessen, dass über das Satellitenfernsehen viele Muslime einen direkten Zugang zu arabischen Fernsehsendern haben. Al-Dschasira
und ähnliche Programme spielen für sie dieselbe Rolle wie für
uns ARD, BBC oder CNN. Und so verwundert es nicht, dass die
Fernsehberichte über den 11. September 2001 in Teilen der arabischen Welt durch Bilder tanzender und singender Palästinenser im Westjordanland unterbrochen wurden. Deutlicher konnten ganz unterschiedliche Weltsichten nicht gemacht werden.

Diese unterschiedliche Weltsicht deckt sich für die in Europa lebenden Muslime mit einer weiteren Erfahrung. Viele fühlen sich von ihrer jeweiligen »Gastgesellschaft« ausgeschlossen,
und nicht wenige sind es ja auch. Entfremdet sind sie aber auch
von ihrer traditionellen Heimat. Wo also eine innere Heimat
finden? Hier bietet sich die weltweite Gemeinschaft der islamischen Fundamentalisten an. Dort fühlt man sich daheim, sieht

sich zumindest übernational integriert, wenn einem schon die Integration in der »Gastgesellschaft« verweigert oder zumindest sehr erschwert wird.

Für die Islamisten unter den in Europa lebenden Muslimen spielen Emigrantenorganisationen oder ähnliche Bindungen an die Herkunftsländer eine immer geringere Rolle. Insbesondere junge Menschen entwickeln ihr ganz eigenes Selbstverständnis, aber eben in jener unbestimmten Solidarität mit der Welt des Islam insgesamt.

Übrigens: Wo die Bindungen an das Herkunftsland stärker ausgeprägt sind, wie etwa bei in Deutschland lebenden Türken, stellen sie häufig eine weitere Gefahr dar. So kommen die Vorbeter in ihren Moscheen fast ausnahmslos aus den ländlich-traditionellen Gebieten der Türkei und kehren nach einigen Jahren auch wieder dorthin zurück. Von einer Bereitschaft, sich in irgendeiner Weise an die deutsche »Gastgesellschaft« anzupassen, kann dann keine Rede sein, wie wir aus vielen Schulen wissen. Es gibt in Deutschland rund siebenhundert Imam-Stellen, die immer wieder besetzt werden müssen. Es gibt aber bis heute bei uns praktisch keine Studiengänge für islamische Theologie, über die dann auch deutsche Sprachkenntnisse vermittelt werden könnten.

Ich glaube nach wie vor, dass die große Mehrheit der Muslime bereit ist, unter Wahrung ihrer kulturellen Eigenständigkeit zum Aufbau ihrer »Gastgesellschaften« und zu einem gedeihlichen Miteinander beizutragen. Aber: Der Islamismus gewinnt auch bei uns in Europa an Boden. Das ist gefährlich genug. Und nicht immer kommt er im Gewand des religiösen Fundamentalismus einher:

Islamistische »Reformation«
Hier ist insbesondere der Ansatz von Tariq Ramadan zu nennen. Ramadan, bis 2003 Professor für Islamwissenschaften

im schweizerischen Fribourg, gilt heute als die bedeutendste Stimme unter den jüngeren Muslimen im französischen Sprach- und Kulturraum. Er hat seine Überzeugung so auf den Punkt gebracht: »Wir Muslime müssen uns endlich von unserem doppelten Minderwertigkeitskomplex befreien – gegenüber der westlichen und gegenüber der islamischen Welt, die beansprucht, die reine Lehre unseres Glaubens zu vertreten.« Es geht ihm um eine Renaissance des »reinen Islam«, der vom Einfluss der Imame und Hassprediger ebenso befreit ist wie von ethnisch-kulturell bestimmten Doktrinen und Ritualen. Konsequent betrachtet Ramadan Europa nicht als »Haus des Krieges«, wie es arabisch-islamischer Tradition entspricht, sondern als »Raum der Zeugenschaft« – Zeugenschaft für ebendiesen »reinen Islam«. In diesem islamischen Geist will er nun die westliche Gesellschaft reformieren; die gewaltigen Missstände in der Welt des Islam selbst interessieren ihn offenbar nur am Rande.

Das alles ist allgemein genug formuliert, um auf junge europäische Muslime Eindruck zu machen. Wirklich interessant aber wird es erst, wenn man herauszufinden versucht, was denn nun unter dem reinen Islam à la Tariq zu verstehen sei. Wenn man ihn beispielsweise zur Steinigung von Ehebrecherinnen befragt, plädiert er für ein Moratorium und für eine »breite innerislamische Debatte«, keinesfalls für eine sofortige Abschaffung. Die Ungleichheit der Geschlechter, die weitreichende Unfreiheit und Rückständigkeit der islamischen Welt, Gewalt und Terror – nun, das sind spätere »Verunreinigungen«, die mit der ursprünglichen Lehre des Qur'an nichts zu tun haben.

Selbst dieser Reformator aber scheut nicht davor zurück, gerade diesen Qur'an zurechtzubiegen, wenn es in seine ideologischen Vorstellungen passt. So deutet er das Zinsverbot im Qur'an als ein frühes Beispiel für Antikapitalismus – genau passend für die Vorstellungswelt seiner jungen Anhänger. Für

den Islam – gegen den Kapitalismus! Für den reinen Glauben –
wider die zionistische Verderbtheit!

Ramadan mag meilenweit vom blindwütigen Terror des radikalen Islamismus entfernt sein. Aber: Er lenkt das Denken
und Fühlen seiner Anhänger in eine Richtung, die ebenso isla-
mistisch wie antiwestlich und globalisierungsfeindlich ist – und
ebenso antisemitisch. Die eigentliche Gefahr scheint mir darin
zu liegen, dass seine Thesen auch für nichtmuslimische Aktivis-
ten akzeptabel klingen, weshalb er dort Verbündete findet. Und
aktivistische Bewegungen spalten am eigenen radikalen Rand
für gewöhnlich extreme Gruppierungen ab.

Längst nicht alle Muslime sind Islamisten!

Die bereits erwähnte Ayaan Hirsi Ali bietet eine radikale Deutung an:

»Die Islamisten missbrauchen den Islam nicht. Jeder Schüler lernt, dass Islam die Unterwerfung unter den Willen Gottes
bedeutet. Der ist im Koran niedergelegt. Und was dort steht,
hat eben mehr mit bin Laden zu tun als mit den schönen Worten europäischer Islam-Reformer.«

Ich kann mich dieser Deutung nicht anschließen. Wenn sich
islamistische Terroristen auf den Qur'an berufen, dann spricht
das nicht gegen den Qur'an. Auch die mörderischen Kreuzzüg-
ler haben sich seinerzeit auf die Bibel berufen. Nein, das Bild
der islamischen Welt würde grob verzerrt sein, wenn man nicht
auch auf andere Sichtweisen verwiese. Sie berechtigen durchaus zu Hoffnungen, auch wenn hier Vorsicht geboten ist.

Moderate Muslime in Deutschland
Die große schweigende Mehrheit der Muslime in Deutschland
lebt ihr eigenes, zumeist bescheidenes Leben, arbeitet hart an

der Verbesserung der eigenen sozialen Situation, hofft auf eine bessere Zukunft für Kinder und Enkel, ist durchaus stolz auf das bislang Erreichte. Mit radikaler Ideologie hat diese große Mehrheit nichts gemein. Aber auch viele gesellschaftlich enga-gierte Muslime vertreten moderate Positionen und zuweilen in durchaus entschiedener Weise.

Als Ridvan Cakir, der Vorsitzende von Ditib, der größten islamischen Organisation in Deutschland, einmal nach dem Kopftuchverbot gefragt wurde, antwortete er: »Der Staat soll sich nicht in religiöse Debatten einmischen, und die religiösen Organisationen halten sich aus staatlichen Debatten heraus. Das ist unser Verständnis des Laizismus.«

Derartige Auffassungen sind meilenweit von jedem Islamis-mus, aber auch von der Scharia entfernt. Hier wird der Staat mit seiner Grundordnung, mit seinem säkularen, pluralistischen System anerkannt. Dass in diesem Rahmen auf die Religions-freiheit gepocht wird, ist nicht nur verständlich. Es entspricht völlig unserem Verfassungsverständnis.

Vor Jahren hat in einer Hamburger Diskussion ein anderer muslimischer Sprecher erklärt: »Der Wahrheitsanspruch der Religionen ist unproblematisch, solange er nicht in eine Le-bensform oder ein System umgewandelt wird. Nur dann führt er zum Fundamentalismus … und ist verwerflich.« Wer möchte da nicht zustimmen?

Schließlich muss auch angemerkt werden, dass sich mus-limische Organisationen in Deutschland mehrfach und un-missverständlich vom islamistischen Terror distanziert haben. In der breiteren Öffentlichkeit ist dieser Protest nicht so recht wahrgenommen worden, weil es mit der Repräsentativität die-ser Organisationen zumeist schlecht bestellt ist.

Um die Grundfrage, wie im Falle eines Konflikts zwischen Staat und Religion zu entscheiden sei, muss allerdings weiter gerungen werden. Das ist und bleibt eine schwierige Ausein-

andersetzung, denn der traditionelle Islam anerkennt individuelle Rechte nicht als Wert an sich, so wie es in unserem
Grundgesetz niedergelegt ist. Hier müssen wir fest und un-
nachgiebig bleiben: Unsere Verfassung ist der einzig gültige
Rahmen.

Und wer diesen Rahmen einschließlich der Grundwerte
nicht anzunehmen bereit ist, der kann nicht unter uns leben.

Es bewegt sich etwas in der arabisch-islamischen Welt

Wir dürfen die Hoffnung nicht aufgeben, dass es zu einer »Aufklärung« unter muslimischem Vorzeichen kommen könnte.
Und Hinweise darauf gibt es.

Distanzierung vom Terror

– Ein früherer Minister der kuwaitischen Regierung stellte in
  einer saudischen Tageszeitung die Frage, warum es bislang
  keinen einzigen Bannfluch gegen Osama bin Laden gegeben
  habe, nachdem sich Muslime geradezu in der Verfluchung
  Salman Rushdies überschlagen hätten, der doch nur ein
  »schmutziges« Buch geschrieben habe?
– In einem Leitartikel eines ägyptischen Wochenmagazins
  (*Rose al-Yusef*) wurde erklärt: »Gegenüber dem Terror dürfen
  Muslime nicht länger schweigen; die Furcht, uns zu äußern,
  ist die fünfte Kolonne der Terroristen geworden.«
– In Frankreich und anderswo sind Tausende Muslime gegen
  den Terror im Irak auf die Straße gegangen.

Der Ruf nach Freiheit und Menschenrechten wird hörbar:
Im April 2004 hat Tunesien als Gastgeber eine Gipfelkonferenz arabischer Führer ganz kurzfristig platzen lassen. Der

Grund: Die Tagesordnung hatte auch eine Entschließung vor-
gesehen, die zur »Konsolidierung demokratischer Prozesse,
zum Schutz von Menschenrechten, zu einer stärkeren Rolle von
Frauen und der Zivilgesellschaft« aufrief. Als einige der einge-
ladenen Gäste hiermit Schwierigkeiten hatten, bliesen die Gastgeber die Konferenz kurzerhand ab, anstatt nach fragwürdigen
Kompromissen zu suchen.

Der Ruf nach Menschenrechten, Rechtsstaat und demokratischen Freiheiten ist bereits vernehmlich. Und er wird lauter
werden – auch in einer Welt, in der noch kein einziger Führer
über die Wahlurne aus dem Amt befördert worden ist, in der
eine Kultur des Gehorsams über die Kontrolle der Medien und
der Erziehung gepflegt wird. Das stößt nicht nur bei unabhän-
gigen Beobachtern auf Kritik, sondern auch bei den Betroffenen selbst. Dies gilt gerade für die vielen Muslime, die in den
großen Städten leben, die besser informiert und gebildet sind,
bei denen politisches Interesse wach ist.

Die Frauen spielen in diesem Prozess eine besondere Rolle. Für mich persönlich stellen sie in einer reaktionären Kultur
männlicher Dominanz langfristig sogar die größte Hoffnung
dar.

Das Analphabetentum unter den Frauen geht glücklicherweise erheblich zurück. Seit 1970 ist die Lebenserwartung von
damals zweiundfünfzig auf heute siebzig Jahre gestiegen. Die
Geburtenrate ist demgegenüber deutlich gefallen – nicht zuletzt deshalb, weil auch muslimische Frauen viel später heira-
ten als früher. Vor einer Generation waren fünfundsiebzig Prozent bereits mit zwanzig Jahren verehelicht; heute sind es noch
fünfunddreißig Prozent. Bis auf drei Länder dürfen Frauen in
den zweiundzwanzig Staaten der Arabischen Liga wählen und
für öffentliche Positionen kandidieren (im Kanton Appenzell
in der Schweiz wurde das Frauenwahlrecht auch erst 1990 eingeführt).

Manchmal nimmt der Fortschritt kauzige Formen an und kommt sozusagen durch die Hintertür. So hat in der heiligen Stadt Medina einmal ein »nationaler Dialog« über die Frage stattgefunden, wie das Leben der Frauen verbessert werden könne. Das Kauzige daran: Die Frauen waren nicht im Konferenzraum anwesend, sondern über einen Bildschirm zugeschaltet. Aber – besser so als gar nicht!

Selbst in Saudi-Arabien ist der Anteil weiblicher Studenten an den Hochschulen auf fünfundfünfzig Prozent angestiegen (in Kuwait sollen es bereits siebzig Prozent sein). Und im benachbarten Katar hat die Frau des Emirs mithilfe einer großen amerikanischen Stiftung eine Universität gegründet, an der Frauen und Männer gemeinsam studieren können. Übrigens, drei Viertel der zugelassenen jungen Menschen sind weiblich.

Und immerhin: Pakistan hat den Tatbestand der Vergewaltigung aus dem islamischen Recht herausgenommen und ihn in das normale Strafrecht eingestellt. Macht das Pakistan zu einem liberalen Musterland? Nein. Hilft es den betroffenen Frauen? Ja. Und das ist wichtiger.

Es war auch eine Frau, die syrisch-amerikanische Psychiaterin Wafa Sultan, die eine der Kernfragen an den Islam insgesamt gestellt hat: »Die Muslime müssen sich selbst fragen, was sie für die Menschheit tun können, bevor sie den Respekt der Menschheit einfordern.«

Sie hat das im arabischen Satellitenfernsehen Al-Dschasira geäußert, und viele Hunderttausende Muslime haben es gehört. Natürlich ist sie von muslimischen Klerikern als »Ungläubige« verdammt worden, aber die Frage steht!

Erste Anzeichen für Aufbruch in der akademischen Welt
Als Napoleon 1798 fast ohne Gegenwehr in Ägypten landete, hat das in der damaligen arabischen Welt einen gewaltigen Schock ausgelöst.

Wie war das möglich? Wie hatten es die barbarischen Länder nördlich des Mittelmeers nur geschafft, eine so überlegene Kriegstechnologie zu entwickeln? Der damalige Pascha von Ägypten reagierte durchaus rational. Er schickte Gelehrte nach Europa, um der Sache auf den Grund zu gehen. Diese Erforschung des Westens im frühen 19. Jahrhundert hat in der islamischen Welt eine breite Welle der Modernisierung ausgelöst. Und die Hochschulen hatten daran einen erheblichen Anteil.

Etwa ab der Mitte des 20. Jahrhunderts wurde diese positive Entwicklung gestoppt. Jeder Kenner des internationalen Wissenschaftsbetriebes weiß, dass es heute um die Freiheit von Forschung und Lehre an arabischen Universitäten nicht gut bestellt ist. Zu einengend wirken staatliche Kontrolle und die erzwungene Unterwerfung der Wissenschaft unter die Dogmatik des Qur'an, in dem angeblich bereits alles Wissen enthalten ist. Eine bedeutende Ausnahme haben für lange Zeit nur die amerikanischen Universitäten in Beirut und Kairo gemacht.

Aber auch in diese verkrustete Welt kommt allmählich Bewegung. In Dubai ist ein Gulf Research Center nach westlicher Methodik eröffnet worden; an der palästinensischen Al-Quds-Universität in Jerusalem finden wir einen Diplomstudiengang in American Studies; die Universität im jordanischen Amman entwickelt sich deutlich in Richtung Wissenschaftsfreiheit.

Was hat das mit Antisemitismus zu tun?

Zumindest Gewalt und blinder Hass könnten sich stoppen lassen
Diese positiven Beobachtungen lassen keine Rückschlüsse auf den in der islamischen Welt vorhandenen Antisemitismus zu. Eine Öffnung hin zu einer realistischen, rationalen und of-

fenen Betrachtungsweise wird langsam und holprig verlaufen. Zudem befürchte ich, dass auch im Zuge einer Aufklärung unter den besonderen Bedingungen des Islam das jüdisch-israelische Feindbild noch lange bestehen bleiben wird. Dafür gehört es dort schon zu lange und zu tief zur »Leitkultur«. Wir müssen uns also mit dem islamischen Antisemitismus noch auf unbestimmte Zeit herumschlagen.

Immerhin – es besteht zumindest die Chance, dass dem Islamismus durch Gegenkräfte aus der islamischen Welt selbst das Handwerk gelegt wird. Und das allein, der Verzicht auf Gewalt und Hass, wäre ein gewaltiger Fortschritt, für den zu kämpfen sich lohnt.

Wir können diese Entwicklung nicht diktieren, dürfen es auch nicht. Wir dürfen sie aber auch nicht nur passiv beobachten und im Übrigen abwarten. Vielmehr sollten wir jenen helfen, die in den islamischen Ländern auf geistige Unabhängigkeit und Menschenrechte, auf Aufklärung also hinarbeiten.

Wir dürfen nicht einknicken
Winston Churchill hat den Beschwichtiger einmal mit einem Menschen verglichen, der ein Krokodil in der Hoffnung füttert, es werde ihn zuletzt fressen.

Beim Streit um die Mohammed-Karikaturen, im Gefolge der Regensburger Rede von Benedikt XVI., bei der Auseinandersetzung um die Berliner *Idomeneo*-Inszenierung von Hans Neuenfels, aber auch in Venedig, als zur letzten Kunst-Biennale ein großer schwarzer Würfel des deutschen Künstlers Gregor Schneider nicht aufgestellt wurde, weil man fürchtete, die religiösen Gefühle von Muslimen zu verletzen: Überall haben wir Krokodile gefüttert. Mit dem Einknicken vor islamistischen Demonstranten helfen wir niemandem, schon gar nicht jenen Muslimen, die die Freiheit des Gewissens, der Meinung und der Kunst verteidigen.

Henryk M. Broder hat diese unsere Feigheit mit unnach-
ahmlicher Prägnanz beschrieben: »Kritische Geister, die gestern
noch mit Marx der Meinung waren, Religion sei Opium für das
Volk, fanden plötzlich, man müsse doch Rücksicht nehmen auf
religiöse Empfindungen, vor allem wenn sie von Gewalttaten
begleitet werden.«

Und bevor wir wieder einmal eine Konferenz zum Dialog
der Kulturen besuchen, sollten wir uns eine ganz einfache und
selbstkritische Frage stellen: Würden wir auch dann hingehen,
wenn wir uns nicht durch radikale Vertreter jener anderen Kultur bedroht fühlen müssten? Nur wenn wir diese Frage ehrlich
bejahen können, macht der Dialog Sinn.

Nicht die Ermordeten sind schuld!
Zum aufrechten Gang gehört es aber auch, den »Antizionismus« als das zu bezeichnen, was er ist: ein Antisemitismus im
modischen Gewand.

»Ohne Olmert würde es keine Raketen auf Sderot geben.«
»Die soziale Not in den Flüchtlingslagern treibt bereits die
Kinder zur Intifada.« Diesen oder ähnlichen Unsinn müssen
wir leider immer wieder lesen. Ihm liegt eine fatale Fehleinschätzung über die Wurzeln des islamischen Antisemitismus
und des islamistischen Terrors zugrunde. Auch der Dümmste
müsste das seit dem Libanon-Krieg des letzten Jahres begriffen
haben. Wie Joseph Joffe einmal richtig festgestellt hat: »Der un-
versöhnliche Hass des Terrors gilt nicht dem Tun, sondern dem
schieren Sein des Westens.« Das schließt Israel ein, und zwar an
vorderster Front.

Das Ganze zeugt aber auch von einer erbärmlichen moralischen Feigheit. Was gibt eigentlich den Schwachen das Recht,
andere Schwache zu ermorden? Wer sich auf diesen glitschigen
Hang begibt, rutscht unweigerlich ab in die absolute Unmoral,
wo nur das eigene Elend zählt und folglich alles erlaubt ist.

Nein, die Mittel der Gewalt vergiften auch das vornehmste Ziel. Und von rationalen Zielen haben sich die Islamisten längst frei gemacht. Da gibt es nichts, worüber man ernsthaft diskutieren könnte.

Peter Ahlmark, ein früherer Vizepremier Schwedens, hat dazu geschrieben: »Als Schwede habe ich diese pazifistische Prahlerei mein ganzes Leben lang gehört. Diese Angeberei ist heute zur Ideologie der EU geworden. Anstatt diejenigen zu unterstützen, die gegen den internationalen Terrorismus kämpfen, versuchen viele Europäer, Israel und den USA die Schuld für die Ausbreitung des Terrorismus in die Schuhe zu schieben. Indem wir Mörder und Opfer auf eine Stufe stellen, waschen wir uns von unserer Schuld rein.«

Er hat ganz recht! Leider haben wir uns unter dem Einfluss der modernen Psychologie und Soziologie daran gewöhnt, die Verantwortung des Täters für seine Tat durch Hinweise auf seelische oder soziale Zwänge zu relativieren und zu verwischen. Am Ende ist dann der Ermordete schuld, nicht der Mörder. Aus eventuellen Strafmilderungsgründen werden versuchte Freisprüche. Diesem verhängnisvollen Trend müssen wir widerstehen.

Der »alte Antisemitismus« ist noch nicht tot

Der traditionelle Antisemitismus ist an den Rand gedrängt
Natürlich ist der christliche Antisemitismus so gut wie verschwunden. Wer heute noch so argumentierte wie weiland der heilige Augustinus oder Martin Luther, würde wohl nicht mehr für voll genommen. Wie aber das Beispiel von *The Passion of Christ* zeigt, ist die Gefahr nicht endgültig gebannt. Sie besteht nicht bei den großen Religionsgemeinschaften. Wie aber sieht es bei den zahlreichen Sekten und Erweckungsbewegungen aus,

etwa bei den christlichen Fundamentalisten, die gerade in den USA eine erhebliche Bedeutung haben? Wenn Schüler in Tausenden amerikanischer Schulen bis heute die biblische Schöpfungsgeschichte wortwörtlich nehmen müssen, wer garantiert dann, dass es eines Tages mit den »Juden als Christusmördern« nicht ebenso passiert?

Ebenso bedeutungslos ist der rassistische Antisemitismus. Er hat sich nicht nur wissenschaftlich diskreditiert (das war er schon immer), sondern auch ethisch und gesellschaftlich. Die Mahnung durch Auschwitz hat hierzu entscheidend beigetragen.

Aber er ist noch vorhanden
Hierzu zunächst einige Beispiele:

– Im Sommer 2002 eröffnete der jüdische Lebensmittelhändler Dieter Thamm in Berlin-Tegel ein Geschäft mit einem kleinen Imbiss. Er nannte es »Israel-Deli« und hängte eine Fahne mit dem Davidstern über die Tür. Bald kamen junge Neonazis aus Brandenburg und grölten »Judensau«. Als die Pöbeleien nach mehreren Wochen endeten, atmete Thamm auf. Doch die Ruhe war nur von kurzer Dauer. Arabische Jugendliche tauchten auf, beschimpften Gäste und spuckten ins Essen … Die meisten Nachbarn verhielten sich passiv, die Polizei konnte keine Täter ermitteln. Im Juni 2003 war Thamm schließlich psychisch und finanziell am Ende. Er schloss sein Geschäft. Der Kaufmann, der als Kind in Berlin den Holocaust überlebt hatte, entschied sich, Deutschland in Richtung Israel zu verlassen.
– Vor einigen Jahren wurde in Sachsen-Anhalt Helmut Sacker (60) von dem Rechtsradikalen und Skinhead Andreas P. (28) erstochen. Der Grund: Er hatte sich über das laute Abspielen des Horst-Wessel-Liedes in der Wohnung des P. beklagt.

Dort fand die Polizei unter anderem einundachtzig CDs von
zum Teil verbotenen und indizierten rechtsradikalen Bands
sowie Informationsmaterial der später verbotenen Neonazi-
gruppe Blood and Honour. Das Landgericht Magdeburg
sprach den Täter aus Mangel an Beweisen frei. Es dauerte
vier Jahre, ehe der Bundesgerichtshof dieses Skandalurteil
aufhob und den Fall zur Neuverhandlung nach Halle über-
wies.

– Im Oktober 2004 brach der Schiedsrichter René Temmink
ein Spiel der niederländischen Ehrendivision zwischen ADO
Den Haag und dem PSV Eindhoven ab. Der Grund hierfür:
andauernde antisemitische Gesänge der ADO-Fans. Ein Beispiel hierfür: »Hamas, Hamas, alle joden aan het gas.«

– Als der FDP-Politiker Möllemann seine völlig unqualifizier-
ten Angriffe gegen Ariel Scharon und Michel Friedman vom
Stapel ließ, reagierte das rechte Lager begeistert. Der Chef
der Republikaner, Rolf Schierer, rief aus: »Möllemann, bleibe hart!« Die rechtsradikale DVU nahm Möllemann symbo-
lisch in den Kreis »national- und rechtsliberaler Politiker in
der deutschen Geschichte« auf.

– Die NPD weckte wieder einmal die alten Verschwörungstheorien (»Juden als fünfte Besatzungsmacht«), als sie tönte:
»Die Herren des Zentralrates der Juden in Deutschland sind
gleichzeitig auch die Herren der bundesdeutschen Politik.
Ein Wort, ein Stirnrunzeln vom einstigen Kaffeeschieber
Ignatz Bubis oder dem zweifelhaften Hotelier Paul Spiegel hat
deutsche Politiker stets in Bewegung oder zum Verstummen
gebracht.«

– Die Zahl rechtsextremistischer Straftaten in Deutschland hat
explosionsartig zugenommen. Heute schlägt braune Krimi-
nalität überall in Deutschland zu, einmal alle fünfundvierzig
Minuten!

Eine schwierige Situation in Osteuropa
Für einige osteuropäische Länder hat der Historiker Julius
Schoeps einmal zugespitzt angemerkt, dass dort der Antisemitismus praktisch ohne Unterbrechung fortwirkt. Und dies, obwohl in diesen Ländern – verglichen mit der Zeit vor dem Krieg –
nur wenige Juden leben.

Dieser Antisemitismus mag mit einer emotionalen Kapitalismuskritik verbunden sein wie in Russland. Was soll man davon
halten, wenn noch vor Kurzem eine Gruppe nationalistischer
und kommunistischer Abgeordneter in der Moskauer Duma
den zweifelhaften Mut hatte, ein Verbot aller jüdischen Organisationen in Erwägung zu ziehen – garniert mit dem Vorwurf
»ethnischen Hasses« und des Ritualmordes?

In anderen osteuropäischen Ländern hat man, auch um die
Periode der kommunistischen Unterdrückung zu überwinden,
an die alten nationalistischen Vorkriegstraditionen angeknüpft.
Dabei wurde die faschistische und antisemitische Vergangenheit verdrängt, manchmal sogar rehabilitiert. Man beobachte,
wie manche Ungarn mit Horthy, manche Slowaken mit Tiso,
manche Rumänen mit Antonescu oder manche Kroaten mit
Pavelic umgegangen sind! Und um die eigene Verstrickung in
die kommunistische Herrschaftsperiode zu vernebeln, hat man
immer wieder auf die üble Denkfigur des Judäo-Kommunismus
zurückgegriffen.

Eine offene und ehrliche Auseinandersetzung mit der Vergangenheit steht dort erst ganz am Anfang. Gewiss, die jeweiligen Regierungen sind wachsam, ebenso die Polizei und die
Gerichte. Bis zur gesellschaftlichen Ächtung des Antisemitismus ist es aber noch ein Stück Wegs. Jüdische Einrichtungen
müssen bis heute geschützt, prominente Vertreter des Judentums bis heute bewacht werden. Allerdings ist das bei uns ja –
leider – auch nicht anders.

Ein »neuer Antisemitismus« könnte salonfähig werden

Mich beunruhigt dieses Fortleben des klassischen Antisemitismus – noch mehr aber seine neue Variante. Denn die stellt die eigentliche Gefahr dar. Es stellt sich nämlich die Frage, ob nicht zum Beispiel ein antisemitischer »Antizionismus« zum Weltbild breiter Bevölkerungskreise werden könnte. Jean Améry hat bereits 1967 weitsichtig bemerkt, dass der Antisemitismus im Antizionismus enthalten sei wie das Gewitter in der Wolke. Für ihn, einen Überlebenden des Holocaust, war bereits damals der Hass gegen Israel nichts anderes als die Übertragung antisemitischer Ressentiments auf den Staat der Juden.

Und in der Tat: Es droht eine Lage, in der der »Staat der Juden« zum »Juden unter den Staaten« würde. Offensichtlich ist, dass dieser neue Antisemitismus auch die Verfechter des alten Antisemitismus stärkt und sich auf die Lage der Juden in der Diaspora auswirkt.

Perverse Reaktionen auf den Terror
Auch hier ist die Entwicklung nach dem 11. September 2001 aufschlussreich. Angesichts des blutigen Terrors, der sich seit Beginn der Al-Aqsa-Intifada im Herbst 2000 gegen Israel gerichtet hatte, angesichts des ungeheuerlichen Anschlags auf das World Trade Center und das Pentagon hätte man vernünftigerweise davon ausgehen können, dass zumindest die öffentliche Meinung im Westen Israel und den USA Zustimmung, Sympathie und Solidarität entgegengebracht hätte. Es ist aber eher das Gegenteil der Fall gewesen.

Wohlfeile Warnungen an Washington und Jerusalem, doch bitte Überreaktionen zu vermeiden, mögen ja noch aus Furcht und Feigheit zustande gekommen sein. Ebenso häufig aber waren auch geradezu perverse Reaktionen. Das Gespenst jüdischer Strippenzieher hinter Bush und Blair wurde beschworen, und

auch Verschwörungstheorien schwangen im Hintergrund mit.
Da wurden die »jüdischen Neo-Cons« wie Wolfowitz und andere ins Rampenlicht gerückt, und manchmal fühlte ich mich
an Werner Sombart, einen bedeutenden deutschen National-
ökonomen erinnert, der schon vor dem Zweiten Weltkrieg die
USA kurzerhand als »Judenstaat« qualifiziert hatte.

Mit dem Irakkrieg brechen die Dämme
Die Entscheidung von Präsident Bush, zusammen mit einer
coalition of the willing gegen Saddam Hussein in den Krieg zu
ziehen, ist auf weit verbreitete Kritik und zum Teil erbitterte
Gegnerschaft gestoßen. In mehreren Ländern, gerade auch in
Deutschland, konnte sich diese Gegnerschaft auf die offizielle Regierungspolitik stützen. Israel hat sich aus dieser kriegerischen Auseinandersetzung herausgehalten, zumal für das
Land wohl zu keinem Zeitpunkt eine wirkliche Bedrohung
bestand. Das aber hat Israel keineswegs davor bewahrt, mit
den Amerikanern und den anderen in einen Topf geworfen zu
werden.

Das schon vorher giftige Gebräu aus Antiamerikanismus,
Globalisierungsfeindlichkeit und Antizionismus kochte über,
als sich der Protest gegen den Irakkrieg weltweit und lautstark
Luft machte. Kaum eine Demonstration, kaum eine Website,
in der nicht Bush, Scharon und der Kapitalismus in einen Topf
geworfen wurden. »Hitler hatte zwei Söhne: Bush und Scharon«, so war es auf den Transparenten einer Friedensdemo in
Deutschland zu lesen.

Zahllos waren die Gespräche jener Tage, die mit Sätzen wie
»Ich habe nichts gegen die Juden, aber...« oder »Ich mag die
Amerikaner, aber...« begannen. Und bald darauf wurde die Verleumdung und Verdammung Israels mit Boykottaufrufen, kör-
perlichen Angriffen auf Juden und Anschlägen gegen jüdische
(und amerikanische) Einrichtungen verknüpft.

Einstweilen ist dieser Radau-Antizionismus wieder abge-klungen. Eine antiamerikanische, antiisraelische, antizionisti-sche Grundhaltung aber ist bis heute verbreitet. Und geschürt wird sie immer noch durch die Berichterstattung in vielen Me-dien, die zwar nicht mit Absicht, aber doch im Ergebnis gegen Israel und Amerika gerichtet ist und damit den antisemitischen Antizionismus auf ihre Weise befördert. Von daher mag es sich auch erklären, dass laut einer EU-Umfrage aus dem Jahre 2003 eine deutliche Mehrheit der Deutschen absurderweise in Isra-el eine der größten Bedrohungen für den Weltfrieden gesehen hat.

Es ist schon eine bittere Ironie der Geschichte, dass antizio-nistische und antiamerikanische Vorurteile gerade in Europa wieder virulent geworden sind. Sie richten sich gegen zwei Län-der, die ihre Existenz Menschen verdanken, die gerade vor eu-ropäischen Vorurteilen einmal geflohen waren. Der alte Anti-semitismus hatte den Juden als Heimatlosen, als Wurzellosen, als Kosmopoliten zum Feindbild. Der neue Antisemitismus hat diese Haltung zwar insofern in sich aufgenommen, als er die Juden für allgegenwärtig hält; doch er richtet sich hauptsäch-lich gegen Juden, die ihren Ort gefunden haben und an diesem Ort stark sind. Er richtet sich gegen den Staat Israel.

Das Judentum hat eine merkwürdige Hochkonjunktur
Richten wir den Blick erneut auf Deutschland.

Einerseits scheint das Judentum in Deutschland Hochkon-junktur zu haben. Musik, Literatur, Film, Fernsehen und die Eventkultur nehmen sich der Juden mehr als liebevoll an – man erdrückt sie geradezu. Das allerdings auch ganz vorzügliche Jü-dische Museum in Berlin ist ebenso zum »Hit« geworden wie Klezmermusik oder jüdische Kochbücher.

Häufig genug mischt sich in diesen gönnerhaften Blick ein gerütteltes Maß an Nostalgie, und bei manchem Film- und Fernsehprogramm hat man schon den Eindruck, dass die Faszination des Bösen immer noch eine große Rolle spielt. All dies ist an sich nicht zu kritisieren, und manches wird man durchaus positiv sehen müssen. Die Frage ist nur, ob diese Zuwendung wirklich ausreichend reflektiert ist oder ob sie nicht zu sehr an der Oberfläche bleibt. Was ist hier wirklich wetterfest? Die Antwort muss offen bleiben.

Ich jedenfalls bin durch Zahlen aus einer Untersuchung aufgeschreckt worden, über die Wolfgang Benz berichtet hat. Danach hat ein gutes Drittel aller Deutschen keine Ahnung davon, wie viele Juden eigentlich unter uns leben, ein weiteres Drittel geht von Millionen aus, und nur drei Prozent kommen mit einer Schätzung von fünfzig- bis hunderttausend in die Nähe der Realität.

Was man an Biertischen und bei Gala-Buffets so hört
Ich bleibe dabei: Der klassische Antisemitismus bleibt an den Rand gedrückt. Er wird als unappetitlich betrachtet. Und die NPD-Rabauken machen mir nicht wirklich Angst. Auf einem Transparent dieser Partei habe ich einmal gelesen: »Aus der Mitte des Volkes«. So weit sind wir nun wirklich nicht. Aber auch in der Mitte des Volkes trifft man auf Fragen und Feststellungen, die einen sehr nachdenklich stimmen können.

»Es muss doch endlich einmal Schluss sein.«
Diese Forderung wird nicht erst heute, sechzig Jahre nach dem Ende der Nazizeit, gestellt. Wenn man dann zurückfragt, womit denn nun Schluss sein müsse, ist die Standardantwort: »Na ja, Sie wissen schon …« Nur wenige trauen sich, offen zuzugeben, was sie meinen: Schluss mit einer kritischen Betrachtung der deutschen Geschichte.

Dass es nicht die Juden, sondern wir anderen waren, die Anlass zu dieser Kritik gegeben haben, spielt dabei keine Rol-

le. An Unangenehmes erinnert zu werden ist immer unange-
nehm. Deshalb wird es gerne verdrängt. Wenn dann jemand
von außen kommt, ist er der Störenfried. Erklärt wird übrigens
nicht, wieso dann eigentlich Hitler und seine Spießgesellen im
deutschen Fernsehen und im deutschen Kino eine derartige
Hochkonjunktur haben. Vielerlei psychologische Betrachtungen
würden sich hier anstellen lassen.

»Man wird doch Israel noch kritisieren dürfen.«
Auf diesen Vorwurf bin ich im Zusammenhang mit der Mölle-
mann-Debatte bereits eingegangen, ebenso auf seine Hintergründe. Wichtig aber ist, dass den Juden in Deutschland eine
Mitverantwortung für die kritisch gesehene israelische Politik
unterstellt wird. So lassen sich antiisraelische und »antizionistische« Vor- und Fehlurteile bequem auf deutsche Juden übertragen.

Dieser Mechanismus ist nicht neu. So mancher Amerikaner hat sich erst mühsam daran gewöhnen müssen, für jeden
Fehler seines Präsidenten in Sippenhaft genommen zu werden.
Und auch ich habe mich als Deutscher im Ausland immer wieder in einer vergleichbar unangenehmen Lage gesehen. Es zeigt
sich aber, wie rasch allgemeine Israelkritik in neuen Antisemitismus umschlagen kann. Man sollte sich an das erinnern, was
Paul Spiegel einmal gesagt hat: »Deutschland ist für viele Juden
wieder Heimat geworden. Und unsere Kinder, die hier geboren werden, wachsen auf wie alle anderen auch und wollen ein
Teil dieser Gesellschaft sein.« Die meisten von uns müssen sich
aber noch daran gewöhnen, in Juden ganz normale Nachbarn
zu sehen.

»Nicht nur die Juden sind Opfer.«
Wahlweise werden bei diesem Argument die Leiden der Palästinenser oder die nichtjüdischen Opfer der Hitlerdiktatur heran-

gezogen. Und mit schöner Regelmäßigkeit taucht dann auch noch der Hinweis auf: »Und was die Amerikaner mit den Indianern gemacht haben ...« Als wenn man Opfer gegeneinander aufrechnen könnte!

Diese Opferkonkurrenz ist unredlich und verantwortungslos. Wir können und dürfen unsere eigene Verantwortung nicht hinter der Verantwortung anderer verstecken. Nur wenn wir uns unserer Verantwortung stellen, werden wir frei, auch andere an die ihre zu erinnern. Hitler und die Nazis sind ja nicht deshalb weniger mörderisch gewesen, weil ihnen auch Polen, Russen, Homosexuelle und »normale« Deutsche zum Opfer gefallen sind. Das macht den Umfang des Verbrechens größer, nicht kleiner.

Ein europäisches Phänomen
Um Michael Werz aus einem Internetartikel zu zitieren: »Wenn es ein kollektives Gefühl gibt, das die Geschichte der europäischen Kultur begleitet, dann ist es die Angst – eine psychologische Konsequenz des Heraustretens aus der ›Großen Harmonie‹ ... Dieses Unbehagen wird unter Kontrolle gehalten durch ständig wechselnde Schuldzuweisungen.«

In der Tat, jede Betrachtung des Antisemitismus wird zu einem ähnlichen Ergebnis kommen müssen. Die Furcht vor jeder Veränderung und die daraus resultierende Flucht aus der Wirklichkeit, die sich dahinter verbergen, haben in der europäischen Geschichte die unterschiedlichsten Formen angenommen.

Heute haben wir es in Europa mit zwei untereinander verbundenen Phänomenen zu tun. Beide entspringen dem Wunsch, »in Ruhe gelassen zu werden«. Das eine Phänomen offenbart sich in der verbreiteten Abneigung gegen gesellschaftliche Reformen. Das andere Phänomen äußert sich in einem emotionalen und selbstgerechten Pazifismus. Man will möglichst nicht daran erinnert werden (es sei denn, über die Adventsaufrufe von Caritas und Misereor), dass die Welt voll von Ungerechtigkeit, Gewalt und Terror ist und dass man dem begegnen muss.

Wer diese Ruhe stört, wird zum Störenfried der »großen Harmonie«. Störenfriede aber mag man nicht; man wendet sich gegen sie, ganz gleich, ob sie Täter oder Opfer sind. Genau hier trifft eine im Ergebnis antisemitische Ideologie auf ein breites gesellschaftliches Grundbedürfnis. Am Ende wird dann der vermeintliche Störenfried zum Sündenbock gemacht.

Und für viele scheint selbst die historische Realität des Holocaust irgendwie störend zu wirken. Er wird nicht geleugnet – ganz im Gegenteil! Man kehrt die Verantwortung für das Geschehene deutlich und wortreich heraus, um daraus dann Argumente gegen die Juden zu schmieden. Das schäbige Strickmuster ist einfach: Wie können die Juden, denen doch so Fürchterliches widerfahren ist, sich nun ihrerseits so schrecklich benehmen! Selten sind Äpfel und Birnen so unbedenklich in einen Korb gesteckt worden. Aber was soll's, es wirkt eben ungemein entlastend und beruhigend, wenn man dem unbequemen Opfervolk endlich auch einmal Täterschaft anhängen kann. Und so kommt ein »fürsorglicher Antisemitismus« (Henryk M. Broder) zustande, »dem es um das Wohl der Juden geht, das von Juden bedroht wird«.

Hier kann sich ein Gemisch aus Denkfaulheit, Oberflächlichkeit, pathologisch gutem Gewissen und postmoderner Beliebigkeit entwickeln. Ein derartiges Gemisch stellt die eigentliche Gefahr dar, wenn man über Antisemitismus heute redet.

TEIL IV

WAS IST ZU TUN?

»Der Kampf gegen die Pest ist ein Kampf gegen uns selbst.«

Albert Camus

KAPITEL 11:
THEORIEN ZUM ANTISEMITISMUS

Ich glaube nicht, dass sich »die« Theorie des Antisemitismus entwickeln lässt. Mir jedenfalls würde ich das nicht zutrauen. Ich glaube vielmehr, dass die Auseinandersetzung mit dem Antisemitismus auf verschiedenen Ebenen des Denkens stattfinden muss.

Die Erscheinungsformen des Antisemitismus lassen sich rational nur unvollständig erklären. Sie wurzeln so gut wie immer in der Psyche des Einzelnen und der Gruppe. Deshalb ist es notwendig, zur Erklärung des Antisemitismus auf die Individualpsychologie einschließlich der Psychoanalyse sowie auf die Sozialpsychologie zurückzugreifen. Sodann ist die Vorurteilsforschung zu befragen. Sie liefert erste Antworten nicht nur zum Charakter des antisemitischen Vorurteils, sondern auch zu dessen psychologischen und sozialen Funktionen.

Nach dieser Auseinandersetzung aber bleiben zumindest zwei Fragen offen:

- Warum sind gerade die Juden Gegenstand des hartnäckigsten Vorurteils der Menschheitsgeschichte?
- Warum hat sich dieses Vorurteil zu bestimmten Zeiten und in bestimmten Kulturen unterschiedlich geäußert?

Um hier einer Antwort näherzukommen, muss man sich mit religiösen, soziologischen, ökonomischen, historischen, politischen und ideologischen Fragestellungen auseinandersetzen.

Man wird schließlich nicht umhin können, den Gegenstand des antisemitischen Vorurteils zu betrachten, weil sonst dessen Natur im Unklaren bleibt. Ein Vorurteil erwächst ja gerade aus der Auseinandersetzung zwischen dessen Subjekt und dessen Objekt. Auch hier, bei der Beschreibung des Judentums selbst, sind psychologische und andere Erklärungsmuster nötig.

Erst wenn das geschehen ist, kann man vielleicht hoffen, aus der Einsicht in verschiedene Gesetz- und Regelmäßigkeiten Hinweise auf eine wirksame Bekämpfung des Antisemitismus zu gewinnen.

Hinweise aus der Psychologie und der Psychoanalyse

Antisemitismus – ein unabänderliches Schicksal?
Für Gordon W. Allport, einen bekannten Harvard-Psychologen, der vor dem Zweiten Weltkrieg noch in Berlin und Hamburg studiert hatte, lag der Fall klar: »Ein bloßer Appell an den ›bewussten Geist‹«, so schrieb er, »genügt nicht, weil der Antisemitismus und die Anfälligkeit für seine gefährliche Propaganda aus den Schlupfwinkeln des Unterbewussten stammen.« Damit wollte er aber den Antisemitismus nicht als unabänderliches Schicksal akzeptieren. Über seine Zunftgenossen, die Psychoanalytiker, meint er nämlich: »Die meisten sind keine Defätisten. Sie glauben, dass die Bestie im Unbewussten von ihrem Lager aufgescheucht werden kann. Die meisten Menschen verfügen über eine hinreichend starke Ich-Struktur, um Vorurteile unter Kontrolle zu halten.«

Der Antisemitismus – eine soziale Psychose?
Der Antisemitismus ist im Grunde eine irrationale, mit negativen Affekten behaftete Einstellung zum Judentum. Man könnte ihn deshalb auch als soziale Psychose (also als einen

unkontrollierten Zustand seelischer Erregung) beschreiben. Nun ist es kaum möglich, individuelle Phänomene auf soziale Zusammenhänge zu übertragen. Aber selbst wenn man das einmal täte, würde sich sogleich eine Reihe von Fragen ergeben:

– Wie muss es in Individuen aussehen, damit es zu einer sozialen Psychose kommen kann? Worauf sind kollektive Hysterien wie die Kreuzzüge oder die Pogrome, worauf ist kalkulierter Massenmord zurückzuführen?
– Wie kommt es dazu, dass unser Wirklichkeitsbezug so stark verloren geht, dass dies zu sozialen Psychosen führt?
– Wenn soziale Psychosen mit den Schlupfwinkeln des Unbewussten verbunden sind, hilft dann der bloße Appell an den Verstand? Wie lässt sich Unbewusstes bewusst machen?
– Andererseits: Gibt es überhaupt ein soziales, ein Gruppenunterbewusstsein? Gibt es so etwas wie »Volksseele«, »Volkes Stimme« oder »Volkszorn« überhaupt?

Ernst Simmel und Otto Fenichel
Simmel behauptet, dass der Antisemitismus dem Grunde nach immer der gleiche war und ist, ungeachtet wechselnder geistiger und gesellschaftlicher Verhältnisse. Das begründet er so: »Die antisemitische Vorstellung vom Juden ist von einem Verfolgungskomplex überschattet; darum erfordert der Antisemitismus eine von Psychiatern geführte Untersuchung.« Nach Simmel hasst der Antisemit den Juden, weil er glaubt, dass der Jude an seinem Unglück schuld sei. Er verfolgt den Juden, weil er sich von ihm verfolgt fühlt. Bereits die bloße Existenz der Juden stellt einen andauernden Appell an das eigene, schlechte Gewissen dar – und dieser Druck wird dann durch Abneigung und Hass kompensiert. Dieses Erklärungsmuster ist wichtig, aber eindeutig zu eng. Es verzichtet auf jede soziolo-

gische, historische, philosophische und ethische Komponente.
Ja, auch in der Psychoanalyse selbst hat die berühmte Dimension des Über-Ich (Selbstkontrolle durch Bewusstsein, Gewissen,
Erfahrung) eine zentrale Bedeutung. Nun denn, dann muss
man ihr aber auch beim Blick auf den Antisemitismus Rechnung
tragen!

Simmel fährt fort: »Es wäre jedoch völlig verfehlt anzunehmen, der Antisemitismus als Massenbewegung … käme durch
das Zusammenwirken vieler neurotischer Individuen zustande. Der Antisemitismus ist keine Massenneurose. Der durch-
schnittliche Antisemit scheint eine relativ normale, gut ange-
passte Persönlichkeit zu sein. Doch er hasst die Juden, und es
tut ihm gut zu wissen, dass viele seiner Freunde seine Gefühle
teilen.« Von daher erklärt Simmel den Antisemitismus zu einer
Massenpsychose, in der der Jude zum »Feind an sich« wird. Ob
nun Neurose oder Psychose, die Grundfrage bleibt: Wie kann
eine Masse/Gruppe/Bevölkerung/Partei als Ganzes wie ein
Neurotiker oder Psychotiker fühlen und handeln?

Simmel hilft sich mit einem Rückgriff auf Freud und Le Bon
aus der Verlegenheit: »Das Aufgehen des individuellen Ichs
im kollektiven Ich einer Gruppe ist stets einer der einfachsten
Fluchtwege vor dem Druck einer unerträglichen, unbegreiflichen
Realität. Man kann sich der Triebbefriedigung (also zum Beispiel der Verzweiflung oder dem Hass; M. L.) hingeben, anstatt
Triebverzicht (also Selbstdisziplin; M. L.) zu leisten … Das individuelle Über-Ich (also die Selbstkontrolle, das Gewissen;
M. L.) wird durch den Führer ersetzt. Der Führer wiederum
sichert sich die Treue seiner Anhänger, indem er der aufgestau-
ten Aggression ein äußeres Ziel bietet.« Hier wird in der Tat
Wichtiges angesprochen. Und es gibt wohl auch Elemente bei
der Betrachtung des Antisemitismus, die nicht geschichts- oder
kulturspezifisch sind. Dennoch, die Psychoanalyse lässt weiterhin zentrale Fragen offen:

- Warum gerade die Juden?
- Wie kommt es, dass seelische Ausnahmezustände wie die der Psychosen zur Dauererscheinung werden können?
- Wie erklären sich wichtige Erscheinungsformen des Antisemitismus, die nicht auf Hass, sondern auf kaltem Kalkül beruhen, das sich sogar einen pseudowissenschaftlichen Anstrich geben kann?

Simmel selbst ist sich der Beschränkungen seines Denkansatzes wohl bewusst. Er weist darauf hin, dass »der Antisemitismus durchaus ein gesellschaftliches Problem von politischen Gruppen, Klassen und Institutionen ist«. Diese eher soziologische Sichtweise ist von Horkheimer und anderen aufgegriffen worden.

Otto Fenichel, auch er ein bedeutender Psychoanalytiker, hat die Debatte mit seinen Hinweisen wesentlich bereichert. Er stellte fest:

»Da die Psychoanalyse eine Methode der Behandlung oder Untersuchung des Seelenlebens Einzelner ist, kann es streng genommen nur eine Psychoanalyse des Antisemiten, nicht aber des Antisemitismus geben … Die Psychoanalyse von Antisemiten ist … für ein Verständnis des Antisemitismus unerlässlich. Doch sie ist auf keinen Fall ausreichend, um ihn zu erklären.«

Dem ist zuzustimmen. Der Antisemitismus ist in der Tat eher ein soziales oder kulturelles Phänomen, zu dessen Erklärung jedoch der Blick auf die Psyche seiner Vertreter einen wichtigen Beitrag leisten kann.

Fenichel hat sich sodann mit der Wirkung der Nazipropaganda auseinandergesetzt und die Frage aufgeworfen: »Warum entstand diese Propaganda? Was machte die Massen glauben, was ihnen gesagt wurde?«

Hierzu bietet er folgende Beobachtungen an:

– Menschen glauben etwas, weil es ihnen einen Vorteil bringt.
– Die Juden eigneten sich besonders gut als Sündenböcke, zumal sie weitgehend wehrlos waren.
– Die Opfer sozialen Elends sind selten in der Lage, seinen wirklichen Ursprung zu entdecken. Die Ursachen sind zu kompliziert, und die Herrschenden verdunkeln die wahren Tatbestände. Es kommt darauf an, in der Umwelt der Opfer Menschen zu finden, die ihnen als die Ursache des Elends erscheinen.
– Die »Fremdartigkeit« (Aussehen, Kleidung, Habitus, Sitten und Gebräuche) spielte eine große Rolle. Von hier aus ist es nicht weit bis zu der verbreiteten These: »Am Antisemitismus sind die Juden selbst schuld.«

Diese Beobachtungen tragen zur Klärung des Phänomens Antisemitismus bei, gehen aber bereits über die psychoanalytische Sichtweise hinaus.

Die Faszination des Bösen

Wie kommt es eigentlich, dass Berichte, Filme und Fernsehsendungen über die Nazizeit immer wieder Konjunktur haben? Dieser Problematik ist Saul Friedländer nachgegangen. Er hat das seinerzeit an Beispielen wie Viscontis Film *Die Verdammten* oder *Cabaret* getan. Aber bis heute ist es ja nicht anders geworden. Guido Knopp war über lange Zeit ebenso populär wie Filme oder Theaterstücke über die Frauen des Führers oder Hitlers letzte Tage.

Friedländer fragt nun: »Ist eine derartig starke, auf die Vergangenheit gerichtete Aufmerksamkeit nur eine folgenlose Träumerei, ein attraktives Schauspiel, Exorzismus oder der Wille, besser zu verstehen; oder ist das, wieder und immer noch, ein Ausdruck tiefer Ängste und, bei einigen, stummer Sehnsüchte?« Ich glaube, dass es auch Letzteres ist. Wie kommt es sonst, dass der Kitsch des Alltagslebens und des Todes eine so große

Rolle spielt, dass die homoerotische Variante der »männlichen Reinheit«, dass »unbedingte Treue«, dass das verklemmte Harmoniebedürfnis der Nazis so deutlich in den Vordergrund rücken?

Nun sind Guido Knopp und seine Kollegen alles andere als Antisemiten. Welche unbewussten Reaktionen aber bedienen sie, auch wenn sie anderes beabsichtigen? Und warum können gerade diejenigen, die den Schluss der Debatte fordern, wenn es um die Judenverfolgung geht, sich an den Nazigrößen auch mehr als sechzig Jahre nach deren Tod nicht sattsehen? Hier liegen tiefenpsychologische Probleme vor, die ich als sehr beunruhigend empfinde.

Hinweise aus der Sozialpsychologie

Antisemitismus und das Gesetz des »anderen«
Der Mensch ist ein soziales Wesen. Er hat eine starke Neigung, sich Gruppen anzuschließen oder selbst solche zu bilden. Jede Gruppe versucht, nach innen verbindende und nach außen – gegenüber den »anderen« – trennende Elemente zu formulieren. Das weiß jeder, der einmal ein Fußballspiel besucht hat oder beobachtet, wie Gäste in der Sommerfrische auf Neuankömmlinge reagieren. Und wenn das schon bei sehr lockeren und kurzlebigen Anlässen gilt, dann gilt es für fester strukturierte Gruppen umso mehr. Hier werden Traditionen, Regeln, Gesetze, Tabus herausgebildet. Hier wird auch die Abgrenzung zu anderen Gruppen klar bestimmt und häufig sogar verpflichtend festgeschrieben.

Diesem sozialpsychologischen Gesetz kann keine Gruppe entgehen. Und so gibt es denn auch eine Unterscheidung zwischen Juden und Nichtjuden, auf die übrigens häufig genug beide Seiten Wert legen.

So weit, so gut. Um den Antisemitismus unter sozialpsychologischen Aspekten betrachten zu können, sind allerdings zumindest zwei zusätzliche Beobachtungen notwendig:

– Der Mensch gehört im gesellschaftlichen Zusammenhang
  nicht nur einer, sondern unterschiedlichen Gruppen an.
  Das schafft ganz unterschiedliche Solidaritäten und Loyalitäten. Es schafft aber auch ein kompliziertes Geflecht der
  Abgrenzungen gegenüber den »anderen«. Wir sind eben
  nicht immer »wir«, sondern auch »die«. Dies bringt uns zu
  verträglichen Regeln für das Zusammenleben unterschiedlicher Gruppen. Warum ist das beim Antisemitismus anders?
– Wie wir auf die »anderen« reagieren, das ist weder natur-
  noch gottgegeben. Die beiden wirkkräftigsten Reaktionen
  sind die der Aussonderung und die der Integration. In der
  Reaktion der Nichtjuden auf die Juden hat es zwar beide
  Reaktionen immer wieder gegeben, aber in der Regel ist das
  Fremdartige mit dem Feindlichen gleichgesetzt worden. Wo
  liegen die Ursachen hierfür?

Antisemitismus der »Exklusion« und der »Toleranz«
Ein Antisemitismus der Exklusion, der die Juden an den
Rand der Gesellschaft drückt, sie ausschließt, ja sogar auf
ihre Vernichtung hinarbeitet, ist in der Geschichte bis in die
Gegenwart hinein die Regel gewesen. Seit Aufklärung und
Französischer Revolution hat es aber auch das Angebot auf
Integration der Juden gegeben. Der Preis für dieses Angebot
war und bleibt allerdings überaus hoch. Er besteht in der wei-
testgehenden Aufgabe der jüdischen Identität. Mit wirklicher
Toleranz hatte dieses Integrationsangebot nichts zu tun. Und
dessen verständliche Zurückweisung durch die Mehrheit der
Juden hat denn auch den säkularen Antisemitismus hervor-
gebracht.

Insgesamt lässt aber auch der sozialpsychologische Ansatz wichtige Fragen unbeantwortet:

– Warum werden über den Antisemitismus all diejenigen Mechanismen außer Kraft gesetzt, die uns doch ansonsten lehren, mit Gruppenunterschieden tolerant, verständnisvoll, kooperativ oder zumindest nüchtern abwägend umzugehen?
– Wie kommt es zu der Gleichsetzung von »Juden« mit »den Juden«, von »den Juden« mit »dem Juden«, von »dem Juden« mit dem »ewigen Juden«? Die Antwort auf diese Frage können wir weder in der Psychoanalyse noch in der Sozialpsychologie finden. Hier müssen die Vorurteilsforschung sowie kulturelle und historische Argumente eingeführt werden.

Hinweise aus der Vorurteilsforschung

Das Vorurteil
Urteile über eine Idee oder eine Sache, über eine Person oder Personengruppe, die auf einem ungeprüften oder nicht ausreichend geprüften Vorwissen beruhen, nennen wir Vorurteile.

Nun müssen wir zunächst anerkennen, dass wir ohne Vorurteile nicht leben könnten. Bei den vielen Entscheidungen, die wir Tag für Tag zu treffen haben, müssen wir uns immer wieder auf unsere Erfahrung verlassen, auch wenn sie im gegebenen Fall vielleicht in die Irre führt. Diese Erfahrung sagt uns, dass wir bei Grün die Straße überqueren können, obwohl wir nicht hundertprozentig sicher sind, dass auch alle anderen sich entsprechend dieser Erfahrung verhalten. Und wir müssen auch dann entscheiden, wenn wir über keine Erfahrung verfügen. Endloses Abwägen würde uns völlig handlungsunfähig machen. In diesem Sinne sind Vorurteile weder zu kritisieren noch zu vermeiden.

Etwas ganz anderes ist es aber, wenn wir mit Vorurteilen hantieren, obwohl wir es besser wissen könnten. Wir tun es, weil wir uns mit Unkenntnis zufriedengeben – oder mit Halbwissen, was die Angelegenheit nur noch schlimmer macht. Wir tun es, weil wir unsere festgefügte Meinung auch durch neue Erkenntnisse nicht verändern wollen. Wir tun es, weil wir aus der wärmenden Solidarität der Gruppe nicht ausscheren wollen, obwohl wir an sich anderer Meinung sind.

Derartige Vorurteile führen zu Fehlurteilen und zur Diskriminierung anderer, was uns aber nicht weiter stört. Sie dienen nämlich der Festigung der eigenen sozialen Position, dem Abbau von Unsicherheit, der Zustimmung durch die Mitglieder der eigenen Gruppe und damit dem ruhigen Gewissen. Und da dem so ist, ist der Antisemitismus, jenes hartnäckigste Vorurteil in der Geschichte der Menschheit, auch so schwer zu bekämpfen und zu überwinden.

»Der Antisemitismus ist das Gerücht von den Juden.«
Dieses geflügelte Wort verdanken wir Theodor Adorno. Es verweist auf eine wichtige Wurzel des antisemitischen Vorurteils, nämlich das mangelnde oder nicht ausreichend kontrollierte Vor-Wissen. Aber wie ich zu zeigen versucht habe, gibt es auch andere Wurzeln, weshalb Adornos These als Erklärung nicht ausreicht.

Gerade unter den übelsten Antisemiten hat es immer auch solche gegeben, die – wie etwa Eichmann – ein überdurchschnittliches Wissen über die Juden besaßen. Sie haben ihre antisemitischen Positionen mit geradezu teuflischer Logik aus klar formulierten Grundsätzen entwickelt. Wer ihnen beikommen will, muss sich die Mühe machen, diese Prinzipien anzugreifen, seien sie nun religiöser, ideologischer oder »wissenschaftlicher« Natur. Wissen ohne ethische Korrektive ist im Ergebnis viel schlimmer als Unwissen.

An Adornos Beobachtung bleibt jedoch richtig, dass die meisten Antisemiten nicht nur über wenig fundiertes Wissen verfügen, sondern sogar jeder Beziehung mit Juden konsequent aus dem Weg gehen. Das könnte Vorurteile entlarven und damit den Seelenhaushalt stören. Der vorurteilsbelastete Antisemit braucht das »Gerücht vom Juden«, um seine eigene psychische Balance auf Kosten anderer wahren zu können.

Positive Vorurteile gegenüber Arabern und Muslimen
Vorurteile können ebenso zu positiven wie zu negativen Meinungen führen. Aber auch positive Vorurteile sind nicht ausreichend geprüft! Das ist besonders dann wichtig, wenn das positive Vorurteil gegenüber der einen Gruppe zum negativen Vorurteil über eine andere Gruppe führt.

In der gegenwärtigen Phase des neuen Antisemitismus ist genau dies der Fall. Ein häufig vorhandenes positives Vorurteil über Araber und andere Muslime führt häufig zu Fehleinschätzungen über deren Motive und Handlungsweisen. Das wiederum muss – sozusagen spiegelbildlich – das Urteil über die Juden ins Negative verfälschen und stellt deshalb eine wesentliche Grundlage für antiisraelische und auch antijüdische Vorurteile dar.

So eigenartig es klingt: Wenn es sich nicht gerade um Terroristen oder die Kopftuchdebatte handelt, dann ist das Klischee des typischen Arabers für viele von uns noch immer durch Karl May oder durch Lawrence of Arabia mitgeprägt. Der Mann (Frauen spielen bei derartigen Konstruktionen keine Rolle) ist auf seine Ehre bedacht, gastfreundlich, würdevoll, kühn und tapfer – mit einem Wort: »edel«. Und bestimmte äußerliche Merkmale der Gestalt oder der Kleidung unterstreichen diesen Gesamteindruck zusätzlich. Bis heute sehen wir es denn auch arabischen Muslimen nach, dass sie bewaffnet und vermummt durch die Gegend laufen – solange sie nur ein Hauch von Abenteuer umgibt. Dieses Bild pflegen auf ihre Weise nicht nur die Kämpfer im Gazastreifen oder selbst Osama bin Laden, sondern auch die Scheichs vom Persischen Golf. Und auch Yassir Arafat hat es nicht anders gehalten.

Nun mag es sich hier um ein typisch männliches Klischee handeln. Inzwischen hat sich aber auch ein weibliches Gegenstück herausgebildet. Es ist dies die klagende Mutter in ihrem meist schwarzen, langen Gewand. Weinende Mütter und klagende Kinder greifen direkt ans Herz, lösen Mitgefühl und Sympathie aus. Vor der Träne verstummt der Widerspruch. Und dann kommt es zu einer direkten und starken Assoziation: Grund für diese Klage sind »die Amerikaner« (so im Irak) oder »die Israelis« (so in den Palästinensergebieten). Das rationale Gegenstück, die Frage nach den komplexen Ursachen für diese Klage, wird völlig verdrängt. Es wird durch die unmittelbare Emotion überlagert.

Diese Beobachtungen weisen auf eine weitere wichtige Feststellung hin:

Die Macht der Sprache und der Bilder

»Antisemitismus ohne Juden«?

In der gegenwärtigen Debatte wird immer wieder gefragt, wieso ein »Antisemitismus ohne Juden« denn möglich sei. In der Tat: Die Zahl der in den europäischen Ländern lebenden Juden ist vergleichsweise gering. Die Erscheinungsformen jüdischen Lebens sind ebenso unauffällig wie ihre Synagogen, Gemeindehäuser und Schulen. Und die Mehrheit der Westeuropäer, auch der Deutschen, wird bewusst niemals einem Juden persönlich begegnet sein.

Und dennoch ist diese Frage naiv. Es gibt keinen »Antisemitismus ohne Juden« – denn die Juden sind präsent: über die

Sprache und die Bilder, über Assoziationen und allgemeine Klischees, vor allem aber auch über Israel. Dem Antisemiten und seinen Vorurteilen hilft es sogar, wenn er keinen Juden kennt oder, wie häufig zu hören, sagen kann: »Der Herr XYZ ist ja wirklich nett, aber…«

Klischees und Vorurteile werden heute über die modernen Medien kräftig befördert. Aber auch die alten Medien haben dies bereits getan.

Die Juden in der Karikatur
An anderer Stelle habe ich bereits darauf hingewiesen, wie sich christlicher Antisemitismus der Skulptur, der Malerei, der Grafik und der Flugschriften bedient hat, um ein »Bild vom Juden« zu transportieren. Hier hat es sich zwar nicht um Karikaturen gehandelt, wohl aber um bösartige Karikierung, also um bewusste Verzerrung.

1921 hat sich Eduard Fuchs dann mit den »Juden in der Karikatur« beschäftigt. Seine Beobachtung: »Die Karikatur tritt gegenüber den Juden fast immer in der Rolle des Anklägers auf… Aus manchen Judenkarikaturen spricht… eine ohnmächtige Wut gegen den angeblichen Todfeind der christlichen Gesellschaft, den man hasst… und dem man doch nicht so an den Kragen gehen kann, wie man in seinen heimlichen Wünschen gerne möchte.«

Er hat recht, aber das alles sollte noch schlimmer werden. Wie stark ist das Zerrbild vom mächtigen und reichen Juden mit seiner typischen Physiognomie verbreitet gewesen! Nicht nur die Rothschilds wurden mit einer üblen Ausbeuter- und Schmarotzer-Metaphorik denunziert! Julius Streicher und Veit Harlan haben das später alles auf die Spitze getrieben. Zu erfinden aber brauchten sie nichts: All die negativen Assoziationen in Wort und Bild waren seit Langem vorhanden. Dazu zählte auch die vorgeblich »orientalische Sinnlichkeit« mit obszönen

Gelüsten gegenüber den Frauen der »Nordländer« oder die Charakterisierung der Juden als Spieler und Zocker.

Der Antisemitismus aller Zeiten hat Schlagworte und Bilder als Kristallisationskerne seines Hasses gebraucht. Und überall dort, wo sich Antisemitismus auch heute noch offen zu erkennen gibt, bilden verzerrende Bilder eine unverzichtbare Waffe. Die Darstellung Israels heute unterscheidet sich häufig in nichts von der Hetze der Nazizeit!

Die Rolle der Medien
Über die Rolle der Medien, insbesondere des Fernsehens, für den heutigen Antisemitismus und seine Bekämpfung kann lange gestritten werden. Man wird dennoch nie an der Tatsache vorbeikommen, dass es im Wesen der Medien liegt, die Wirklichkeit auf mehrfache Weise zu verkürzen und damit zu verzerren:

– durch die Auswahl der Themen, der Texte und der Bilder;
– durch die schlagwortartige Verkürzung des Dargestellten.

Diese Wesensmerkmale lassen sich im Fernsehen besonders deutlich beobachten. So wird bei der Auswahl der Themen die Wirkung auf das Gefühl häufig wichtiger sein als die auf den Verstand. Bei der Darstellung wird der Akzent häufig auf das anekdotische Beiwerk gelegt. Und vor allem müssen wirkungsvolle Bilder vorhanden sein, damit ein Thema es überhaupt ins Fernsehen schafft. Das gilt für alle Sendeformen, für die Nachrichten, für die Reportage, für das Magazin. In den Talkshows werden dann auch Themen bevorzugt, die man vorher selbst schon in den Nachrichten für »wichtig« gehalten hat. Und auch die Verkürzung auf die berühmte »1:30-Minuten-Meldung« in den Nachrichten ist wohl nicht zu vermeiden, in der Kombination mit der emotionalen Herangehensweise aber weiter verzerrend.

Das hat noch nichts mit Antisemitismus zu tun. Im Bezug auf die Berichterstattung über Israel und den Nahostkonflikt lässt sich jedoch immer wieder feststellen, dass die geschilderten Mechanismen geeignet sind, »Antizionismus«, also auch Antisemitismus zu fördern. Das ist zumeist nicht beabsichtigt. Der Effekt tritt aber dennoch ein, wenn ein komplexes Geschehen auf Attentate und Militäraktionen, auf Blut und Tränen verkürzt wird. Über das alltägliche, so überaus vielfältige Leben in Israel und den Palästinensergebieten wird hingegen fast nie berichtet. Der hieraus resultierenden Gefahren ist man sich in den Medien nicht ausreichend bewusst, weshalb sie ihrer Verantwortung nicht ausreichend gerecht werden. Das gilt für Deutschland, für Europa und für Nordamerika.

Über einen Irrweg: Rasseneigenschaften und Nationalcharakter

Unhaltbare Klischees
Der rassistische Antisemitismus zehrt ganz wesentlich von der irrigen Überzeugung, dass Rassen eigene Charaktereigenschaften aufweisen. In der wissenschaftlichen Forschung finden wir für diese Spekulation keinerlei stichhaltige Beweise. Und wir alle kennen auch Gegenbeispiele in ausreichender Anzahl.

Ganz ähnlich verhält es sich mit den Thesen vom angeblichen »Nationalcharakter«, demzufolge zum Beispiel der Deutsche »treu und fleißig«, der Engländer »schlau und perfide«, der Spanier »stolz und leidenschaftlich« sei. Hier werden über viele Generationen hinweg Zerrbilder transportiert, die keiner ernsthaften Nachprüfung standhalten. Wieso eigentlich weisen wir Klischees zurück, wenn sie uns selbst betreffen, glauben sie aber, wenn es sich um unsere Nachbarn handelt?

Bleiben wir bei uns Deutschen. Genauso wenig wie den
»Nationalcharakter« gibt es »deutsche Tugenden«, die nur noch
die Fußballkenner ab und zu aus der Schublade hervorholen,
wenn es der Nationalmannschaft einmal nicht besonders gut
geht. Genauso wenig wie »nationale Tugenden« gibt es jedoch
»nationale Laster«, die man uns anhängt und die wir anderen
unterstellen.

Der Deutsche – ein »ewiger Antisemit«?
In die gefährliche Nähe dieses Klischees hat sich vor einigen
Jahren der amerikanische Historiker Daniel Goldhagen in seinem Buch *Hitlers willige Vollstrecker* begeben. Mit seiner Gedan-
kenführung möchte ich mich ein wenig auseinandersetzen, da
man ihr im Ausland immer wieder begegnet.

Goldhagen schreibt: »Das, was als selbstverständlich angenommen wird: Die Deutschen waren mehr oder weniger Leute
wie wir … nüchterne Kinder der Aufklärung … Warum können
wir nicht glauben, dass viele Deutsche im 20. Jahrhundert An-
schauungen vertraten, die uns völlig absurd vorkommen, und
dass auch Deutsche ›magischem‹ Denken folgten?« – »Was
spricht dagegen, Deutschland aus dem Blickwinkel eines An-
thropologen zu betrachten, der sich mit der Welt eines Volkes beschäftigt, über das nur wenig bekannt ist? … Schließlich handelt
es sich doch um die Gesellschaft, die den Holocaust produziert
hat.« – »All das führt unweigerlich zu der Überlegung, ob das
Studium der (deutschen) Gesellschaft von uns nicht verlangt, die
Annahme infrage zu stellen, dass sie der unseren ähnlich war.«
Es hätte also, wollte man Goldhagen folgen, eine Gesellschaft in Deutschland gegeben, die von der ihrer Nachbarn
grundsätzlich verschieden war? Das lässt sich historisch und
oder gar anthropologisch nicht halten – selbst wenn man, wie
ich es tue, von einer speziellen deutschen Variante des Antisemitismus ausgeht. Und diese Verschiedenheit hätte sich in

WAS IST ZU TUN?

einem permanenten Antisemitismus im kollektiven Unterbewusstsein »der Deutschen« geäußert? Das ist in dieser Verall-
gemeinerung ebenso unhaltbar! Hier sind wir mittendrin im
Unfug des Nationalcharakters!

Goldhagen fährt fort: »Die deutsche antisemitische Literatur
des 19. und 20. Jahrhunderts ... ist so wirklichkeitsfern, dass
jeder, der so etwas liest, denken muss, er habe die gesammelten
Schriften von Verrückten vor sich.«

Auch dies ist eine Halbwahrheit. Gewiss, die antisemitische
Literatur in Deutschland hatte mit der Wirklichkeit kaum etwas
zu tun. Doch das war kein deutsches »Monopol«. Antisemitische Literatur in anderen Ländern (und hier meine ich nicht
nur die *Protokolle der Weisen von Zion*) ist genauso weit von der
Realität entfernt gewesen wie die in Deutschland.

Noch einmal Goldhagen: »Im Mittelalter und in der frühen
Neuzeit ... war die deutsche Gesellschaft durch und durch antisemitisch ... Warum sollte man nicht annehmen, dass solche
Grundzüge der ... Weltordnung überdauern, solange nicht bewiesen werden kann, dass sie sich verändert haben oder verschwunden sind?«

Einmal von der Tatsache abgesehen, dass im Mittelalter und
in der frühen Neuzeit von einer »deutschen Gesellschaft« keine Rede sein kann: Das ist so nicht zu akzeptieren. Es kann
nicht Gegenstand der Untersuchung sein, Änderungen dieser
Art nachzuweisen: Das wäre die Aufgabe des Forschers. Und
hier wäre er auch fündig geworden, hätte er sich nur um de-
tailliertere Analyse bemüht. Richtig ist, dass die jahrhundertealten Traditionen des christlichen Antisemitismus die Zeit der
Aufklärung überdauert haben – nicht in der Form religiöser
Dogmen, wohl aber in der Form von Bildern, Sprüchen, Ge-
dichten, Romanen, Pamphleten und politischen Programmen.
Doch das gilt für die meisten europäischen Völker, eben nicht
nur für die Deutschen.

Ich bleibe bei meiner Überzeugung: Es gibt keine ernsthafte wissenschaftliche Grundlage für die Annahme, »Rassen« oder »Nationen« würden über kollektive Eigenschaften verfügen.

Was es aber gibt, das ist die Prägung menschlicher Überzeugungen durch Traditionen und Vorurteile, die sich zum Teil, wie beim Antisemitismus, über viele Generationen hinweg ausgebildet haben und weitergegeben worden sind. Diese Traditionen, diese Klischees, diese Vorurteile – sie können Bestandteil des »kulturellen Modells« oder des »kulturellen Codes« weiter Bevölkerungskreise werden. Und genau das ist in Deutschland auf eine Weise passiert, die in der Welt beispiellos war.

Die Theorie vom »kulturellen Code«

Wir sind nicht nur genetisch, sondern auch kulturell »codiert«
Es kann nicht bestritten werden, dass das kulturelle Umfeld zu unserer Persönlichkeitsbildung Entscheidendes beiträgt. Insofern ist die alte Debatte über »Vererbung oder Milieu« *(nature versus nurture)* witzlos. Wir werden durch beides geprägt; nur über die Gewichtung kann diskutiert werden. Kulturelle Einflüsse machen sich ab dem ersten Tag unseres Lebens bemerkbar. Und sehr rasch greifen sie über das unmittelbare Umfeld der Familie hinaus. Unser wirtschaftliches und soziales Milieu, erziehungsbedingte Einflüsse, Medien und Vorbilder – sie alle tragen zu dieser Prägung bei.

Wir nehmen auf diesem Wege aber auch Traditionen, Geschichten, Mythen, Zerrbilder und Vorurteile in uns auf, die bereits auf unsere Eltern, Großeltern und Vorfahren gewirkt haben. Und so tragen die meisten von uns ganz unbewusst Bilder und Klischees mit uns herum, die wir von den Älteren übernommen haben und vermutlich an die Jüngeren weitergeben werden. Was für die Bilder und Klischees gilt, trifft auch für

manche Vorurteile zu. Auf diese Weise bildet sich in uns ein
»kultureller Code« heraus, auf den wir bereitwillig anspringen.
Für viele ist Antisemitismus auf diese Weise zum Bestandteil
der eigenen Weltsicht geworden.

Alte antisemitische Varianten sterben nicht ab –
sie werden überlagert
Der klassische christliche Antisemitismus hat in den beiden
letzten Jahrhunderten deutlich an Wirkkraft verloren. Und
dennoch, dieser christliche Antisemitismus ist nicht spurlos
verschwunden. Über den bereits beschriebenen Mechanismus
der »kulturellen Codierung« ist er in vielen von uns noch vorhanden. Wir haben ihn oftmals nicht überwunden, sondern
lediglich verdrängt.

Über diese älteste antisemitische Schicht hat sich dann der
säkulare, ideologische Antisemitismus des 19. Jahrhunderts
gelegt. Er hat neue »Bilder vom Juden« produziert, die aber
an die alten anknüpften. Auch dieser säkulare Antisemitismus
ist längst nicht mehr so wirksam wie vor hundert Jahren. Sein
Vorrat an Bildern und Klischees aber ist nicht verschüttet. Bei
Bedarf, und das zeigt die jüngste Geschichte eindeutig, kann er
wieder aktiviert werden.

Ähnliches gilt auch für den »Rassen-Antisemitismus«. Auch
er »reichert« den Bestand an Vorurteilen an, ohne dass die alten
damit verschwinden würden. In der Ideologie des Nationalsozialismus lassen sich ohne große Mühe alle drei genannten
Schichten des Antisemitismus wiederfinden. Und mögen die
»Antizionisten« noch so laut protestieren: Auch ihre Variante
des Antisemitismus entspringt keineswegs rationaler Überlegung. Auch sie ist durch überkommene Bilder und Klischees,
durch einen über Jahrhunderte hinweg angesammelten Motivvorrat bestimmt. Auch sie legt sich als zusätzliche Schicht über
die anderen, längst vorhandenen Schichten.

Bis heute gilt: Wir müssen damit rechnen, dass im »kulturellen Code« vieler Menschen im Westen all diese Schichten des Antisemitismus verdeckt vorhanden sind oder doch vorhanden sein könnten. Noch klarer ist diese »Schichtung« in der islamischen Welt. Im Islamismus sind ja die beiden Schichten des religiösen und des säkularen Antisemitismus auf das Unheilvollste miteinander verbunden.

»Kulturelle Codes« sind nicht nur für Individuen,
sondern auch für Gruppen wichtig
Ich scheue mich, rundheraus von einem »kollektiven Gedächtnis« zu sprechen. Aber es gibt eben nicht nur die kulturelle Prägung des Einzelnen, sondern auch die von Gruppen, ja von großen Teilen ganzer Völker und Nationen. Auch auf dieser Ebene haben sich »kulturelle Codes« herausgebildet. Dazu gehört zum Beispiel eine Vorstellung von dem, was *politically correct* ist, also was sich gehört. Es gehört aber auch ein Vorrat an Bildern, Klischees und Vorurteilen hinzu. Man muss sie nicht täglich in die Welt hinausposaunen oder per T-Shirt vor sich her tragen. Sie sind da, und es genügt ein kleiner Hinweis, um beim anderen augenzwinkerndes Einverständnis herzustellen.

Hier gilt eine einfache Regel: Antisemitismus wird nur dort wirklich gefährlich, wo er zum »kulturellen Code« unter den »Stützen der Gesellschaft« gehört. Dies ist im Deutschland des späten 19. und des frühen 20. Jahrhunderts ganz eindeutig der Fall gewesen. Eindeutig verhält es sich heute anders. Das bedeutet aber nicht, dass der Krieg gegen den Antisemitismus gewonnen wäre. Es muss darauf hingewiesen werden, dass äußere Umstände andere Elemente unserer Weltsicht aus dem Versteck holen oder diese Weltsicht insgesamt verändern können. Ich will nur an den Sozialneid erinnern, der in Zeiten wirtschaftlicher Not und gesellschaftlicher Spannungen rasch um sich greifen kann. Dieser Sozialneid hat irrationale Wurzeln, ist also ein Vorurteil. Er könnte, wenn die Verhältnisse dies nahelegen, auch den »jüdischen Kapitalisten« als Gegenstand des Neides wiederentdecken. Die Diskussion über die »russisch-jüdischen Oligarchen« zeigt, wie plötzlich das gehen kann.

»Kulturelle Codes« – der Schlüssel zum Verständnis
des Antisemitismus
Ich glaube, dass diese Beobachtungen zu »kulturellen Codes« uns den eigentlichen Schlüssel zum Verständnis des Antisemitismus an die Hand geben. Psychoanalyse, Sozialpsychologie und Vorurteilsforschung liefern wertvolle Hinweise darauf, wie Antisemiten reagieren und was sie antreibt. Sie können aber die Frage nicht schlüssig beantworten, warum jemand zum Antisemiten wird. Ökonomie, Soziologie und Geschichtswissenschaften sind unverzichtbar, um Erscheinungsformen des Antisemitismus zu verstehen. Aber auch sie beantworten die Frage nicht: Warum gerade die Juden?

Ich glaube, dass im christlichen Antisemitismus historisch die wichtigste Wurzel für unser Problem liegt. Gerade weil die christliche Religion (im Islam hat sich dies wiederholt) psychologische Tiefenschichten anspricht – Glaube, Mythen, Riten –, hat sie zur Verfestigung und Vertiefung des antisemitischen Vorurteils so wirksam beitragen können. Es ist denn auch die religiöse Abgrenzung gewesen, die zwangsläufig zur sozialen und kulturellen Ausgrenzung führen musste. Diese Ausgrenzung hat Sündenböcke und Verschwörungstheorien zur Verfügung gestellt. Sie hat, wie am Beispiel des kanonischen Zinsverbotes gezeigt wurde, zu *self-fulfilling prophecies* geführt, über welche die Juden die bereits vorher vorhandenen Vorurteile nur noch zu bestätigen schienen.

Die Aufklärung und ihre Ideen über die Allgemeingültigkeit des Menschenbildes hat der christliche Antisemitismus überstanden. Schlimmer noch: Die größere Rationalität des modernen Weltbildes hat dann dazu geführt, dass der säkular-ideologische und schließlich der rassistische Antisemitismus sich hinzugesellten.

Mittlerweile mögen sich die Bilder geändert haben. Die Gründung des Staates Israel ist eine Zäsur nach zwei Jahrtausenden jüdischer Diaspora. Aber auch der neue Antisemitismus greift auf den alten Motivvorrat zurück. So schrieb etwa Ralph Nader, immerhin Kandidat bei den letzten beiden amerikanischen Präsidentschaftswahlen, im Juni 2005 im *American Conservative* folgende Sätze über die »Macht der israelischen Lobby«:

»Sie sind fast alle Marionetten. Es gibt zwei Arten: Marionetten im Kongress und Marionetten im Weißen Haus. Und wenn der oberste Puppenspieler (damals Ariel Scharon; M. L.) nach Washington kommt, dann tanzen die Marionetten.«

Antisemitismus – eine *self-fulfilling prophecy*?

Ein Witz aus dem alten Wien: Graf Bobby und sein Freund lehnen gelangweilt aus dem Fenster ihres Hauses auf dem Ring. Um sich zu amüsieren, ruft Bobby auf die Straße hinunter: »Auf dem Graben verschenkt jemand Goldmünzen.« Wie zu erwarten, setzen sich die Menschen eiligst in Bewegung. Nach einer Weile nimmt Graf Bobby seinen Mantel und schickt sich an, die Wohnung zu verlassen. Sein Freund fragt erstaunt: »Aber warum gehst du denn?« Bobby antwortet: »Na ja, vielleicht verschenkt ja wirklich jemand Goldstücke!«

Ein wunderschönes Beispiel für eine *self-fulfilling prophecy*, bei der man so lange Unsinn erzählt, bis man selbst daran glaubt.

»They had it coming to them«
Eine ähnliche *self-fulfilling prophecy* spielt auch beim Antisemitismus eine wichtige Rolle. Hier heißt es: »Die Juden sind an
ihrem Unglück schuld« oder auf Englisch: »They had it coming
to them!« Diesem teuflischen Mechanismus liegt eine doppelte
Ignoranz zugrunde.

Erstens verschließt man die Augen davor, dass Juden Menschen wie alle anderen auch sind. Das ist kein moralisches Postulat, sondern eine schlichte Beobachtung, die jeder machen
wird, der mit offenen Augen durch die Welt geht. Die Gemein-
samkeiten zwischen Menschen überwiegen die Unterschiede
um ein Vielfaches. Wir sind alle Kinder einer Schöpfung, wie
wir diese auch immer definieren. Aus dieser Einsicht erwächst
der zentrale ethische Anker der Menschenwürde, die unteilbar
und unverletzlich ist. Wenn überhaupt etwas heilig ist, dann ist
es diese Menschenwürde.

Zweitens fehlt die Bereitschaft, den anderen gerade in seiner Verschiedenheit zu respektieren. Wenn wir unsere Eigenständigkeit behaupten, die des anderen aber diffamieren, dann
hat unsere Ignoranz den Sieg davongetragen. Von dieser moralischen Ignoranz ist ein Antisemitismus getragen, der mit
dem Schlagwort arbeitet, die Juden seien »selber schuld an
ihrem Unglück«. Natürlich: Es gibt die Erfahrung von Aktion, Reaktion und Gegenreaktion im Zusammenleben von
Menschen und Gruppen. Aber: Die Entscheidung, wie wir
mit diesem Zusammenhang umgehen, kann uns niemand
abnehmen.

Wie die anderen und doch anders
Michael Wolffsohn hat einmal festgestellt: »Was immer es ausmacht – Religion, Tradition, Geschichte, Verfolgung, Verbun-
denheit, großfamiliäre ›Blutsbande‹, Alltagsgemeinschaft –,
unser Wir-Gefühl ist ebenso unbestreitbar wie die hieraus ab-

geleitete ›Wir-ihr‹-Abgrenzung. Wir sind und bleiben Juden, ob wir es wollen oder nicht. Wir sind wie die anderen und sind doch anders. Wir wollen das, und die wollen das.«

Das ist mir in dieser apodiktischen Formulierung zu deterministisch, beschreibt aber eine jahrhundertealte Erfahrung.

Seit den Zeiten Alexanders des Großen haben Juden die Polarität zwischen behaupteter Eigenständigkeit und der Reaktion der »anderen« hierauf erfahren. Diese Reaktion ist häufig genug antisemitisch gewesen. Dies wiederum hat dazu geführt, dass viele Juden sich ihrem Gott, ihrem Volk, ihrer Kultur, ihrer Geschichte noch näher gefühlt haben als zuvor.

Avi Becker, der frühere Generalsekretär des World Jewish Congress, hat dazu in einem Zeitungsartikel geschrieben: »Was haben Spinoza, Herzl, Einstein und Sartre gemeinsam? Sie alle und viele andere haben argumentiert, dass der Antisemitismus eine historische Rolle bei der Festlegung der jüdischen Identität und der Bewahrung eines jüdischen Gemeinschaftsgefühls gespielt habe. Das mag philosophisch entmutigend sein, ist aber eine geschichtliche Tatsache.«

Und Ernst Simmel meinte gar, dass die Persönlichkeitsmerkmale der Juden nicht Ursache, sondern Folge des Antisemitismus seien. Nun denn, ohne Überschwemmungen würde es keine Deiche geben; aber man darf die Deiche nicht für die Überschwemmungen verantwortlich machen.

Wäre also jüdische Identität ohne Antisemitismus nur schwer vorstellbar? Diese Frage ist schon deshalb spekulativ und absurd, weil es Antisemitismus gibt. Und die Vertreter dieser Ideologie werden uns auch weiterhin eine Probe aufs Exempel nicht ermöglichen. Sorgen wir also dafür, dass der Antisemitismus verschwindet; dann wird sich diese Frage von selbst beantworten.

Um ernsthaft zu bleiben: Man wird weder psychologische noch gesellschaftliche oder kulturelle Wechselwirkungen zwischen Menschen und Gruppen unterschiedlicher Identität leugnen dürfen. Dennoch sagt das nichts, aber auch gar nichts über die Art aus, wie wir mit diesen Unterschieden umgehen. Zwischen dem, was ist, und dem, was sein sollte, hat die bewusste Wertentscheidung zu liegen.

KAPITEL 12:
JÜDISCHE SICHTWEISEN

Wer sich mit dem Antisemitismus auseinandersetzt, der muss sich auch darum bemühen zu begreifen, wie Juden sich selbst und »die anderen« sehen. Dieser Blick auf jüdische Sichtweisen ist aus zwei Gründen notwendig:

- Nur so kann man die antisemitischen Klischees als tief sitzende, üble Vorurteile entlarven.
- Nur so kann man die Art und Weise verstehen, mit der Juden auf derartige Vorurteile reagieren.

Zunächst ist es so, dass wir zu keinem Zeitpunkt von einem einheitlichen Selbstverständnis der Juden sprechen können. »Die Juden« hat es nie gegeben und wird es niemals geben. Ebenso einsichtig ist es, dass jüdische Sichtweisen sich über die Zeit hinweg verändert haben und weiter verändern. Warum sollte es bei Juden auch anders sein als bei Christen, Muslimen, Franzosen oder Japanern? Schon deshalb sollten Schlagworte wie »Der ewige Jude« unserer Verachtung anheimfallen und in den Mülleimer wandern.

Allerdings gibt es religiöse, historische und nationale Wurzeln, die miteinander eine enge Verflechtung eingegangen sind und bei aller Verschiedenheit im Einzelnen doch machtvolle Antriebskräfte in der Entwicklung des jüdischen Volkes darstellen.

Religiöse Wurzeln

»Das Volk Gottes«

> »Ich, der Herr, habe dich gerufen mit Gerechtigkeit,
> und habe dich bei deiner Hand gefasset,
> und habe dich behütet,
> und habe dich zum Bund unter das Volk gegeben,
> zum Licht der Heiden.«

So heißt es beim Propheten Jesaja (42,6) in meiner Familien-bibel.

Der Begriff »Volk Gottes« ist wesentlich zutreffender als der des »auserwählten Volkes«, der von Feinden der Juden immer wieder in bewusst missverständlicher und herabsetzender Weise benutzt worden ist. Der jüdische Religionswissenschaftler Julius Guttmann hat dazu bemerkt: »Die (jüdische) Religion ist geschichtlich bestimmt. Sie sieht ihren Ursprung in dem Akt geschichtlicher Offenbarung, durch den Israel zu dem Volke Gottes geworden ist.«

Mit dem »Akt geschichtlicher Offenbarung« ist der Bund ge-meint, den Gott mit Abraham und Moses geschlossen hat. Die Christen sollten ihn später den »Alten Bund« nennen. Dieser Bund, und das zu begreifen ist sehr wichtig, schafft keinerlei Vor-rechte. Und schon gar nicht will er das jüdische Volk über die an-deren Völker emporheben. Er begründet eine besondere sittliche Verpflichtung, sonst nichts. Insofern ist die jüdische Lehre keine Glaubenslehre, sondern eine Pflichtenlehre, ein Aufruf zu sitt-licher Gesinnung und sittlicher Tat. In der Einleitung zu meiner Ausgabe der Thora aus dem Jahr 1996 heißt es denn auch: »Der Gott der Thora ist ein Gott der Tat, nicht ein Gott des Glaubens.«

Sittliche Pflicht steht also im Mittelpunkt. Gott verpflichtet die Juden dazu, bei jedem Schritt den in den Schriften niedergelegten Grundsätzen treu zu bleiben. Ebendieser Pflicht hat sich das jüdische Volk immer wieder gestellt, mit einer bewundernswürdigen Konsequenz, die in der Menschheitsgeschichte ohne Beispiel ist. »Es war das erste Volk, das den Mut einer Meinung hatte und für seine innere Überzeugung die Lebensgüter eingesetzt hat«, stellt der jüdische Historiker Heinrich Graetz fest.

Und noch eins ist wichtig zu sehen: Der jüdische Glaube ist nicht missionarisch, beansprucht keine Weltgeltung. Das unterscheidet ihn deutlich vom Christentum und vom Islam. Das ist von beiden auch als Minderwertigkeit denunziert worden, was unsinnig und im Ansatz antisemitisch ist. Im Namen des jüdischen Glaubens ist schließlich seit Jahrtausenden kein Krieg geführt worden.

»Das Volk des Heils«

Der Gott der Zehn Gebote verheißt keine Erlösung, kein ewiges Heil. Heilserwartungen finden erst später ihren Eingang in die Schriften, über die Propheten und die Psalmen. Im Christentum und im Islam spielen hingegen Heilserwartungen eine entscheidende Rolle.

Jüdische Heilserwartung wird zunächst nur allgemein formuliert. So heißt es in Psalm 126:

»Wenn der Herr die Gefangenen Zions erlösen wird,
so werden wir sein wie die Träumenden.
Dann wird unser Mund voll Lachens und unsre Zunge voll
    Rühmens sein. Da wird man sagen unter den Heiden:
Der Herr hat Großes an ihnen getan!
Der Herr hat Großes an uns getan; des sind wir fröhlich.«

Der Prophet Hesekiel gibt dieser Hoffnung einen konkreteren Ausdruck. Erst bei ihm lesen wir über das Ende der Tage, über

Gog und Magog, über das anschließende Auftreten des Messias. Erst dann kommt es zur Auferstehung der Toten, zum ewigen Frieden im »Neuen Jerusalem« mit dem Messias als König, zum Gottesreich.

In Zeiten der Unruhe und Verfolgung haben derartige messianische Vorstellungen dann eine große Rolle gespielt, gaben sie doch Trost und Halt in der Verzweiflung. Und dennoch – wichtiger bleibt, dass jüdischer Glaube nicht auf Heilserwartung aufgebaut ist wie seine jüngeren monotheistischen Brüder. Gott verpflichtet den Juden hier und jetzt, im Diesseits. Paradiesische Versprechungen wie im Islam sind ebenso fremd wie die »Weltentsagung« des Christentums. Es hat im Judentum meines Wissens weder Eremiten noch Mönche gegeben.

»Das Volk Israels, das Volk Jerusalems«
Nach rabbinischer Tradition ist das Land Israel, und insbesondere Jerusalem, der Mittelpunkt der Erde. Die Bibel sagt, dass Abraham, der Urahn des jüdischen Volkes, von Gott angewiesen wurde: »Verlasse deine Geburtsheimat (Chaldäa) und mache dich in das Land auf, das ich dir zeigen werde (Kanaan).« Das aber begründet nun keinen historischen Anspruch, wie auch in Israel zuweilen behauptet wird, sondern eher den Ursprung der jüdischen Geschichte.

Diese Sehnsucht nach Israel und nach Jerusalem ist mehr als alles andere die Sehnsucht nach einem wirklichen seelischen Zentrum, nach einer »inneren Heimat«. Im Lauf der jüdischen Geschichte ist sie ganz unterschiedlich artikuliert worden. Deshalb ist es auch verständlich, wenn die realen Grenzen dieser Heimat über Jahrhunderte hinweg nicht beschrieben worden sind und auch im Israel von heute durchaus kontrovers gezogen werden. Dass aber nach der Staatsgründung 1948 »Eretz Israel« eine so zentrale Stellung im Denken und Fühlen der Juden einnimmt – wer wird das nicht verstehen? Wer

Israel als jüdischen Staat infrage stellt, der stellt das Judentum infrage!

»Das Volk der Schrift«
Für den jüdischen Glauben spielt »die Schrift« eine zentrale Rolle. Besondere Bedeutung kommt hierbei der Thora zu, die den fünf Büchern Mosis im Alten Testament der Christen entspricht. Der berühmte Berliner Rabbiner Israel M. Lau hat den verbindlichen Charakter der Thora 1933 einmal wie folgt zusammengefasst: »Uns steht weder das Recht zu, noch haben wir die Möglichkeit, Sätze aus der Thora zu überspringen, noch sie unbeachtet zu lassen – auch wenn wir der Meinung sind, dass sie nicht mehr ganz dem Geist unserer Zeit entsprechen.« Hinzu kommt der Talmud, eine Text- und Gesetzessammlung, die über Jahrhunderte hinweg von weisen jüdischen Männern formuliert und zusammengetragen worden ist.

Dieser konsequente Bezug auf die »Schriften« mag auf den ersten Blick merkwürdig erscheinen. Die meisten Juden aber verstehen ihn heute nicht mehr eng dogmatisch, wenngleich der gläubige Jude das »Gesetz« wohl strenger auslegt als der gläubige Christ die Bibel. Jüdisch-religiöse Gesetzestreue hat jedoch nicht zu einer Art Scharia geführt, mit der Muslime den Qur'an gleichsam Wort für Wort zur Grundlage für die Regelung der allgemeinen Lebensverhältnisse gemacht haben. Gewiss, der Sabbat wird in Israel strikter eingehalten als bei uns der Sonntag, und auch das Familien- und Staatsbürgerrecht weisen eindeutig religiöse Züge auf. Ansonsten aber werden die Gesetze in der Knesset gemacht, ist der Oberste Gerichtshof die letzte Instanz im israelischen Rechtsstaat und nicht das Rabbinat.

Und eins darf nicht vergessen werden: Diese »Wurzel der Schrift« allein hat das Überleben des jüdischen Volkes über die Jahrtausende der weltweiten Zerstreuung, des »Galut« (also der Diaspora), und der Repression hinweg gesichert, so wich-

tig auch andere Elemente gewesen sein mögen. Es geht hierbei
nicht um die Detailvorschrift und schon gar nicht um Rechthaberei, es geht vielmehr um die eigentliche jüdische »Heimat«. Sie ist auch heute noch das mit Abstand festeste Band
zwischen Juden weltweit.

Historische und nationale Wurzeln

Um es zu wiederholen: Sie lassen sich ohne die religiösen Wurzeln nicht beschreiben, auch wenn sich jüdisches Selbstverständnis immer wieder in der kritischen Auseinandersetzung
damit entwickelt hat. Die religiösen Wurzeln waren stets bestimmend für das jüdische Selbstverständnis, aber auch für die
Reaktion der Nichtjuden. Hier liegt ein historischer Kern des
Antisemitismus. Das ist keinerlei Entschuldigung, wohl aber
eine Erklärung. Man muss bis zu diesen Wurzeln vorstoßen,
wenn man nicht an der Oberfläche hängen bleiben will.

Die metaphysische Überhöhung jüdischen Nationalgefühls
Schon 1832 hatte Isaak M. Joost ein Grundelement jüdisch-na-
tionalen Selbstverständnisses so formuliert:»Unter allen Denk-
mälern der Vorzeit ragt ein einziges hervor, ein geistiges, das
die Aufmerksamkeit mehr als alle übrigen in Anspruch nimmt.
Mitten unter den Völkern steht unerschütterlich ein altes Volk,
im Innern durch eine wundersame Kraft fortdauernd. Stets sich
unbehaglich fühlend, stets unzufrieden mit einer trostlosen
Gegenwart, findet es Beruhigung in der Erinnerung und Kraft
in der Hoffnung.«
    Die Juden, ein besonderes (nicht einzigartiges!) Volk also,
das aber deshalb Gegenstand permanenter Aufmerksamkeit seiner andersartigen Umwelt ist. Diese Aufmerksamkeit ist stark geprägt von negativen Assoziationen. Joost beschreibt sie noch

zurückhaltend: »Die Geschichte der Israeliten bedeckt immer noch ein düsterer Nebel. Daher so viele seichte, schiefe, bodenlose Urteile für und wider die Israeliten selbst. Über keine Volksgeschichte treten Halbwisser so unbescheiden und absprechend auf als über die Israeliten, die jeder aus den vorliegenden Quellen zu kennen wähnt.«

Diese Beobachtung stimmt bis heute; und dennoch reicht sie zur Erklärung des Antisemitismus nicht aus. Die Auffassung von Isaak M. Joost ist nämlich naiv. Sicherlich, Vorurteile entstehen aus Nicht- und Halbwissen. Joost aber hat einige wesentliche Gegebenheiten übersehen:

- Christlicher und islamischer Antisemitismus beziehen ihre Nahrung nicht lediglich aus platten Vorurteilen, sondern aus tiefen religiösen Überzeugungen, was die Sache nicht besser macht.
- Ablehnung oder Annahme des »anderen« ist nicht nur Ergebnis rationaler, sondern vor allem auch sozialpsychologischer Prozesse. Im Deutschland Isaak M. Joosts, also dem Zeitalter der Romantik, sollte das rasch offenbar werden.

Noch weiter ist im 19. Jahrhundert der jüdische Historiker Heinrich Graetz gegangen, als er meinte: »Welchen Ursprung hat denn die Höhe der Gesittung, deren sich die Culturvölker der Gegenwart rühmen? Diese sind nicht selbst die Erzeuger derselben, sondern die glücklichen Erben, welche mit der Hinterlassenschaft aus dem Alterthum gewuchert und sie vermehrt haben. Zwei Völker waren die Urheber dieser edlen Gesittung: Das hellenische und das israelitische, ein Drittes giebt es nicht.«

Dieser Stolz auf die eigenen historischen Wurzeln ist verständlich, auch wenn die zivilisatorischen und kulturellen Leistungen anderer europäischer Völker nicht beiseitegeschoben

werden dürfen. Ist dem Autor aber bewusst gewesen, welche
Wirkungen er auslösen musste, wenn sich das Bewusstsein der
religiösen mit dem der historischen Besonderheit paarte? War
er sich klar darüber, dass aus der behaupteten »Exklusivität«
rasch die Aussonderung durch die anderen werden konnte?

Weiter heißt es: »Die klassischen Griechen sind todt, und gegen Verstorbene ist die Nachwelt gerecht. Anders verhält es sich
mit dem anderen schöpferischen Volke, mit dem hebräischen.
Gerade weil es noch lebt, werden seine Verdienste um die Gesittung nicht allgemein anerkannt, oder es wird daran gemäkelt.«

Das stellte eine erhebliche Herausforderung an eine Zeit
dar, in der interreligiöses und multikulturelles Denken noch
kaum entwickelt waren. Die polemische Reaktion der Antisemiten kann man sich leicht vorstellen. Damit ist zwar nichts
über die Berechtigung dieser Reaktion gesagt, allerdings einiges
über ihre Ursachen.

Die Juden sind mehr als eine Religionsgemeinschaft
Diese Auffassung ist von mehreren jüdischen Denkern vertreten worden. So meinte Simon Dubnow 1928: »Meiner Auffassung liegt jener Gedanke zugrunde, dass das jüdische Volk in
allen Zeiten und Ländern ein Subjekt seiner Geschichte war.
Sowohl in der staatlichen als auch in der staatlosen Periode seiner Geschichte tritt das Judentum mit dem stark ausgeprägten
Charakter einer Nation auf.« Damit wird einer Tendenz in der
europäischen, insbesondere der deutschen Geschichtsschreibung entgegengetreten, der zufolge das Judentum keine Nation,
sondern »nur« eine Religionsgemeinschaft sei.

Wie sich nun Tradition, Abstammung und »Gesetz« mit
Assimilation an und Integration in die »Gastgesellschaften«
vertragen, darum ist es in der innerjüdischen Debatte immer
wieder gegangen.

Die Juden zwischen Eigenständigkeit und Assimilation

Diese Kernfrage jüdischen Selbstverständnisses hat sich ernsthaft erst zu einer Zeit gestellt, in der Assimilation zumindest gedanklich eine Möglichkeit wurde, also mit der Aufklärung. Ich
habe bereits beschrieben, wie unterschiedlich die Antworten
damals gewesen sind.

Die unmögliche Integration
Jüdische Antworten, die aus heutiger Sicht gegeben werden, fallen zumeist kritisch bis negativ aus. So schrieb Jacob Katz vor
einigen Jahren: »Die Juden, die seit dem Mittelalter im christlichen Europa als tolerierte Gruppe am Rande der Gesellschaft
gelebt hatten, sollten sich (mit der Aufklärung; M. L.) in das Leben der jeweiligen Gesellschaft integrieren. Dieses Konzept der
Integration war nirgendwo von Juden selbst initiiert worden.«
   Das ist nicht ganz richtig, es sei denn, man will die jüdischen
Beiträge zur europäischen Aufklärung wie die des Moses Mendelssohn völlig unterschlagen. Allerdings haben die meisten
Juden trotz aller internen Meinungsunterschiede am Glauben
festgehalten. Das legt den Schluss nahe, dass die Integration
bei gleichzeitiger Behauptung jüdischer Eigenständigkeit scheitern musste. Der Blick auf die Geschichte Kontinentaleuropas
bestätigt das. Ein jüdisches Selbstverständnis, das auf der Kombination aus Integration und Eigenständigkeit beruhte, hat damals einen entscheidenden Rückschlag erlitten, der bis heute
nicht voll überwunden ist.
   Allerdings ist das noch kein Beweis dafür, dass eine differenzierte Integration der Juden zwangsläufig scheitern muss.
Es ist ein Argument für die Notwendigkeit Israels, aber keines
gegen die Diaspora. Wie in einigen westeuropäischen Staaten,
besonders aber in den USA zu beobachten ist, haben sich spe-
zifische Integrationsmodelle dort zwar langsam, aber durchaus

Erfolg versprechend entwickelt. Auf jeden Fall aber wird die große Herausforderung, die jüdisches Selbstverständnis für die Juden und die Nichtjuden gleichermaßen bereithält, an diesem Punkt in großer Schärfe sichtbar. Gerade dieser Herausforderung müssen wir uns stellen, wenn wir den Antisemitismus wirksam bekämpfen wollen.

»Heim nach Israel« als einzige Antwort?
»In den Schoß des Volkes zurückzukehren ist der einzig gangbare Weg für die Söhne dieses Volkes, und die Erneuerung einer umfassend nationalen Kultur, basierend auf gefestigten Institutionen innerhalb eines souveränen Territoriums, ist die notwendige historische Schlussfolgerung hieraus.« Dies ist die glasklare Erkenntnis eines israelischen Historikers aus den Sechzigerjahren, die durch die Erfahrung des Holocaust geprägt wurde.

In der politischen Praxis des Judenstaates haben derartige Auffassungen immer wieder eine Rolle gespielt. Man erinnere sich nur an die Rede, die der damalige Staatspräsident Weizman 1996 vor dem Deutschen Bundestag gehalten hat: Er rief die bei uns lebenden Juden auf, nach Israel zu kommen. Ignatz Bubis ist dem seinerzeit mit guten Argumenten entgegengetreten.

Und als vor einigen Jahren in Frankreich antisemitische Übergriffe deutlich zunahmen, hat der damalige Premierminister Scharon einen ähnlichen Versuch gestartet. Der französische Oberrabbiner Joseph Sitruk erwiderte darauf: »Es ist keine gute Vorgehensweise, die Juden zum Verlassen Frankreichs aufzufordern. Die jüdische Gemeinschaft in Frankreich hat hier immer glücklich gelebt und beabsichtigt, das auch in der Zukunft zu tun.«

Für einen überzeugten Zionisten mag es notwendige historische Schlussfolgerungen geben. Für mich gilt das nicht. Modernes jüdisches Selbstverständnis wird immer eine doppelte Realität beachten müssen, die des Staates Israel und diejenige der Juden in der Diaspora. Diese doppelte Realität geistig zu durchdringen, hier Differenzierungen möglich zu machen und Spannungen auszuhalten, ist sicherlich eine der größten Aufgaben des heutigen Judentums.

Realitäten: Zionismus, Holocaust und Israel

Die Realität des »modernen« Antisemitismus mit all ihren fürchterlichen Konsequenzen, aber auch der Zionismus und insbesondere die Realität des Staates Israel haben das Nachdenken über jüdisches Selbstverständnis immer wieder angeregt.

Antisemitismus und Zionismus

Zionismus und moderner Antisemitismus sind historisch ungefähr zur gleichen Zeit – während des letzten Viertels des 19. Jahrhunderts – in Erscheinung getreten. Der Zionismus versuchte den Konflikt mit den Antisemiten nicht zu lösen, sondern wollte ihm durch die Umsiedlung der Juden nach Palästina ausweichen.

Dies mag auch ein Grund dafür gewesen sein, warum der frühe Zionismus einigen Antisemiten durchaus gelegen kam. Die Zionisten konnten freimütig bestimmte jüdische Fehler einräumen oder sogar bestimmten antisemitischen Vorwürfen beipflichten. Herzls Zionismus, so erstaunlich dies heute klingt, erkannte nicht nur die Realität des politischen Antisemitismus an, sondern übernahm an einigen Stellen sogar dessen Rhetorik. Vor dem Hintergrund des zaristischen Russland mag diese Sichtweise verständlich gewesen sein. Ansonsten aber griff er in einer doppelten Art zu kurz: Er traf nicht die Situation in mehreren westeuropäischen Ländern und in Übersee, die von der Mittel- und Osteuropas völlig verschieden war. Und er musste an der nationalsozialistischen Wahnsinnsideologie scheitern.

In einem ähnlichen Zusammenhang schreibt der Historiker Michael Wolffsohn: »Sie (die Zionisten) haben alle sehr wohl in ihren Schriften und Reden ihre eigene Sichtweise betont, also das von ihnen beanspruchte Recht der Juden, in die Heimat ihrer Vorfahren zurückzukehren. Der Zionismus ist die Nationalbewegung der Juden.« In dem Ziel der Rückkehr nach »Eretz Israel« hat sich allerdings das Selbstverständnis der Zionisten nicht erschöpft. Wolffsohn unterstreicht das: »Die wirklichen zionistischen Revolutionäre wollten einen ›neuen jüdischen Menschen‹ schaffen.«

In der Tat, diese Kombination aus »Volk Israels, Volk Jerusalems« und revolutionärem Überschwang ist ein bewundernswertes Stück Idealismus. Er musste aber, einmal in die politische Wirklichkeit gestellt, zu den Spannungen beitragen, die die Region bis heute prägen.

Holocaust und Israel
Die Diskussion zwischen »Eigenständigkeit« und »Integration« hat durch den Holocaust und die Gründung des ersten jüdischen Staates seit zweitausend Jahren eine neue, zentrale Dimension gewonnen.

Zur Bedeutung des Holocaust für jüdisches Selbstverständnis hat Emil L. Fackenheim angemerkt: »Nach den mit dem Namen Auschwitz in Verbindung gebrachten Ereignissen ist alles erschüttert worden und nichts mehr sicher. Juden wissen nun, dass sie für immer an Auschwitz erinnern und als dessen Zeugen der Welt gegenüber auftreten müssen. Nicht als Zeuge aufzutreten wäre Verrat.« – »Es gibt eine neue wichtige Unterscheidung zwischen Juden, die dem jüdischen Überleben gegenüber verpflichtet sind und dazu bereit, ausgesondert und gezählt zu werden, und Juden auf der Flucht, die diese Flucht als einen Aufstieg zu allgemeiner Menschlichkeit rationalisieren.«

Diese Worte sind erschütternd und eindringlich. Und doch: Hier wird auch eine Unbedingtheit sichtbar, die wichtige Wege zu einem differenzierteren jüdischen Selbstverständnis verstellt. Man darf den »Aufstieg zu allgemeiner Menschlichkeit« nicht als »Flucht« diffamieren!

Zu dieser zentralen Rolle des Holocaust für jüdisches Selbstverständnis gibt es denn auch kritische jüdische Stimmen. So merkt Michael Wolffsohn an: »Inflatorisch gebraucht wird diese Legende: ›Ohne Holocaust kein Israel‹ oder ›Ohne Hitler kein Israel‹. In der innerisraelischen Diskussion über die Rechtfertigung der Staatsgründung blieb bis 1961 (das Jahr des Eichmann-Prozesses; M. L.) der Holocaust weitgehend unerwähnt.« – »Sogar in eine Art heilsgeschichtlichen Ablauf wird der Holocaust gestellt. Ebenso wie in biblischen Zeiten dem Sklavenleid der Kinder Israels in Ägypten ihre gelungene Flucht, die Offenbarung am Sinai und die Rückkehr ins Gelobte Land folgten, stieg das gedemütigte und scheinbar von Gott verlassene jüdische Volk als ›Phönix aus der Asche‹ zu neuer Staatlichkeit in Israel auf.« Wolffsohn stellt die rhetorische Frage: »Wäre also der millionenfache Mörder Adolf Hitler ein Werkzeug Gottes gewesen?«

Säkulare, religiös-orthodoxe und extreme Nationalisten

Säkulare und Religiöse
Auch diese Debatte sagt viel über das jüdische Selbstverständnis aus.

Strenge orthodoxe Juden betrachten die Geschichte als Werk Gottes, nicht als Werk der Menschen. Und wer in diesen für Menschen unbegreiflichen Plan Gottes eingreift, der versündigt sich daran. Das gilt nach Auffassung jener Orthodoxen auch für die Zionisten, die den Staat Israel wiedererrichtet haben.

Viele Orthodoxe lehnen deshalb diesen Staat bis heute ab. Und einige sind sogar so weit gegangen, in diesem Punkt den Präsidenten des Iran offen zu unterstützen.

Der tiefen Überzeugung vom Recht des »Volkes Israel« auf sein Land aber entspricht es durchaus, wenn sich andere Orthodoxe bis heute fragen: Warum sollte man Grund und Boden, der sich jetzt aus welchen Gründen auch immer in jüdischem Besitz befindet, an Nichtjuden zurückgeben? Dabei wird in Kauf genommen, dass man damit durchaus so ähnlich wie manche Islamisten argumentiert.

Die Zurückweisung, auf die der Scharon-Plan, insbesondere der Abzug aus dem Gazastreifen 2005, in den Reihen seiner eigenen Partei, bei den Siedlern und bei Ultraorthodoxen gestoßen ist, gab dieser Überzeugung eine bedrückende Aktualität. So rief der frühere ashkenasische Hauptrabbiner Avraham Shapira die Soldaten mit folgenden Worten zur Befehlsverweigerung auf: »Sie (die Räumung; M. L.) ist ein Vergehen, sie ist verboten, und Sie müssen dies zu Ihrem Kommandeur sagen: Das ist wie die Entheiligung des Sabbat oder das Verzehren unreiner Produkte.« Hier sind alle Brücken zum säkularen Zionismus abgebrochen. Denn dieser stellt nicht das »Land«, sondern den »Menschen« in den Mittelpunkt, nicht die Selbstgewissheit, sondern einen Frieden, der immer nur über Kompromisse zu erreichen und zu sichern sein wird.

Der zynische Ansatz der »Neuen Historiker«
Noch weiter als die Ultraorthodoxen geht eine Gruppe, die in Israel als die »Neuen Historiker« bezeichnet werden. Ich teile Natan Sznaiders radikale Kritik an ihrem Ansatz.

Die »Neuen Historiker« behaupten nämlich kategorisch: Ohne Vertreibung der Palästinenser gäbe es den jüdischen Staat Israel nicht. Der Mythos, dass die Palästinenser nicht vertrieben wurden, sondern freiwillig ihre Dörfer verließen, um mit den siegreichen arabischen Armeen wieder zurückzukehren, sei nicht aufrechtzuerhalten. Historisch ist diese These diskutierbar; in ihrer Radikalität ist sie falsch.

Anschließend machen die »Neuen Historiker« der politischen Rechten in Israel den Hof. Nur sie habe begriffen, dass die Palästinenser die Demütigung und die Vertreibung von 1948 nicht verzeihen können. Und sie habe auch verstanden, dass es ohne diese Vertreibung keinen jüdischen Staat gegeben hätte. Die Staatsgründung sei nun aber keine Frage der Moralität, sondern der Legitimität gewesen. Es hätte nur eine Alternative gegeben: das Projekt eines »jüdischen Staates« aufzugeben. Auch das ist historisch unhaltbar. Wie erklären es sich die »Neuen Historiker« dann, dass die Väter Israels den ursprünglichen Teilungsplan der Vereinten Nationen akzeptiert haben?

Die Schlussfolgerungen dieser Gruppe sind eindeutig: David Ben Gurion und seine Nachfolger haben es unterlassen, die Vertreibung der Araber zu vollenden. Sie sei aber nicht nur eine historische Notwendigkeit, sondern bleibe auch heute eine legitime politische Option.

Ich halte dagegen: Diese radikal isolationistische, fremdenfeindliche und auf das nationale Ego zielende Position bricht mit allen wertvollen Traditionen des Judentums. Sie verfälscht die jüdische Geschichte. Sie hat mit vernünftiger Politik nichts zu tun. Würde man ihr folgen, wäre ein neues Masada die unausweichliche Konsequenz. Sie übersieht völlig, dass auch die Juden, ob nun in Israel oder in der Diaspora, in einer eng verflochtenen Welt leben, in der der ehrliche Dialog und der politische Kompromiss unabdingbar für das Überleben sind. Das Denken in den chauvinistischen Kategorien des 19. Jahrhunderts sollte sich gerade für Zeitgenossen verbieten, die sich als »Neue Historiker« bezeichnen.

Meine Kritik zielt auf alle, die religiöse Erneuerung mit einem säkularen, extremen Nationalismus in Israel verbinden.

Wie alle Chauvinisten verweigern auch die »Neuen Historiker«
den rationalen Blick auf die Wirklichkeit. Dabei geht es durchaus nicht nur um das Verhältnis zwischen Juden und Arabern.
So hatte ein Vordenker der extremen Rechten bereits 1972 gefordert: »Das wahre Israel muss lernen, die Normen des dege-
nerierten Westens zu verneinen und sich von seiner verfallen-
den Kultur abzusetzen.« Ihm war vielleicht nicht klar, in welch
merkwürdige Gesellschaft er sich mit diesen Sätzen begab.

Kann nicht auch anders gefragt werden?

Jüdische Identität jenseits des Judaismus?
Henry Feingold meint in seinem Buch *Lest Memory Cease*: »Die
säkulare Gegenwart konfrontiert uns mit einem Dilemma des
Überlebens. Die Frage ist, ob der im Herzen des Judaismus ver-
ankerte Gemeinschaftscharakter die Individualisierung überleben kann, die doch die Quintessenz modernen Lebens ist. Die
Frage ist, ob sich Jüdischsein wieder zu einer lebendigen Kultur
entwickeln kann, und zwar ohne seinen hauptsächlichen religiösen Bestandteil, nämlich den Judaismus, von dem es sich
allmählich bereits trennt.«

Der Autor lässt die Antwort auf diese Frage offen. Dass er
aber zu vertieftem Nachdenken über jüdische Identität auf-
fordert, ist für einen Juden aus der amerikanischen Diaspora
durchaus verständlich. Dort ist der innere Freiraum für neue
Denkansätze spürbar größer. Feingold wird ihn wahrscheinlich
auch deshalb so entschlossen nutzen, weil er Israel als ständige
Mahnung, als ständiges Korrektiv, aber auch als eine geistig-
seelische »Rückversicherung« ansehen kann.

Was Israel betrifft, sollte man vielleicht folgende Sätze von
Shulamit Volkov beherzigen: »Trotz innerer Zweifel und schmerz-
licher Erinnerungen, die nicht vergessen werden dürfen, besteht

im heutigen Israel erneut die dringende Notwendigkeit, sich der Bindungen zwischen Zionismus und westlicher Kultur zu versichern. Der Glaube an das Vermächtnis der Emanzipation muss durch eine realistische Einschätzung der Rolle des Antisemitismus in der jüdischen und europäischen Geschichte gestärkt werden.«

Juden im »Galut«
Die von Feingold gestellte Frage hat Zvi Gitelman aufgegriffen, der jüdisches Denken im heutigen Russland und in der heutigen Ukraine untersucht hat. Er gelangt zu folgenden Überlegungen:

Ethnische Gruppen sind inhaltlich durch gemeinsame Interessen, Institutionen und durch gemeinsame Kultur definiert. Was die Kultur angeht, so sind »harte« Elemente (Religion, Sprache, Gebräuche, Speisen, Kleidung) von »weichen« (Systeme eines gemeinsamen Verständnisses) zu unterscheiden. Die entscheidende Frage für die Juden in der Diaspora ist nun, ob Jüdischsein ohne diese »harten« Faktoren nicht Gefahr läuft, zu einer »symbolischen Zugehörigkeit« und zur Folklore zu verkommen.

Für die meisten der befragten Juden in Russland und der Ukraine spielen nun die »harten« Faktoren beinahe keine Rolle mehr. Interessanterweise ist aber ein anderer Faktor wirkkräftig, auch wenn er sich kulturell kaum auswirkt: die Abstammung. Wenn ein Jude zum Atheisten wird, akzeptiert man dies. Konvertiert er aber zu einer anderen Religion, wird das als Verrat am eigenen Volk angesehen. Es ist erstaunlich, wie die alten Regeln nachwirken, auch wenn sie völlig aus dem religiösen und kulturellen Zusammenhang gerissen sind. Und daraus entwickelt sich dann ein unbestimmtes Gefühl der Zugehörigkeit. Gefühl und »Biologie« haben dort weitgehend jüdischen Glauben, jüdische Gesetze und Gebräuche als Begründung für »Jüdischsein« abgelöst.

Daher stellt sich für Gitelman die Frage, wie in Ländern wie Russland und der Ukraine eine überlebensfähige jüdische Identität entstehen kann, die ihrem Wesen nach säkular sein müsste? Die Antwort lässt er offen. Nun ist die Situation in Frankreich, England oder Deutschland gewiss anders. Ähnliche Fragen aber stellen sich dort auch.

Mehr als kritisch hatte sich Hannah Arendt schon vor Jahrzehnten zum Verhältnis zwischen Israel und Diaspora geäußert: »Unüberbrückbar wurde der Gegensatz dort, wo Israel nicht als Nation unter Nationen, sondern mit dem Anspruch auf die strikte Trennung von der nichtjüdischen Welt und der starren Unterwerfung der Diaspora unter die spezifischen Interessen seines Staates auftrat.«

Sie sah die israelische Regierung als eine Art »säkularen Sanhedrin«, der von Jerusalem aus einen prägenden Einfluss auf die gesamte jüdische Welt ausübt. Diese apodiktischen Formulierungen sind unhaltbar. Und doch, sie sind nicht ohne Substanz, auch heute nicht. Das haben mir viele Gespräche mit Juden in aller Welt gezeigt.

Juden in Deutschland – deutsche Juden

Ihre offizielle Vertretung heißt immer noch »Zentralrat der Juden in Deutschland«, nicht etwa »Zentralrat der deutschen Juden«. Hinter dieser Formulierung verbirgt sich die Besonderheit der jüdischen Existenz in Deutschland, die mit keiner anderen zu vergleichen ist – das Leben im »Land der Täter«. Das muss akzeptiert werden, und nur die Juden selbst haben das Recht, die Bezeichnung zu wählen, unter der sie sich zusammenschließen wollen.

Aber selbst wenn sie sich ändern sollte – die komplizierte Identität deutscher Juden würde bleiben. Das doppelte Integrationsbedürfnis, nämlich zugleich in die deutsche Gesellschaft und in die jüdische Gemeinschaft, würde immer bestehen. In beide Richtungen sind hier viele Abstufungen zu beobachten. Auch in Deutschland entwickeln Juden kein einheitliches Selbstverständnis – ebenso wenig wie Nichtjuden. Dieses unterschiedliche Selbstverständnis beinhaltet aber immer eine große innere Nähe zu Israel, wobei diese Nähe nicht mit einer unkritischen Übernahme von Positionen der israelischen Regierung verwechselt werden darf. In dieser komplizierten Identität sind Spannungen angelegt. Sie werden durch den Rechtfertigungsdruck verschärft, dem sich Juden auch bei uns permanent ausgesetzt sehen. Häufig genug wird dieser Rechtfertigungsdruck durch antisemitische Vorfälle erzeugt. Und es kommt vor, dass Einzelne sich diesen Spannungen und diesem Druck zu entziehen versuchen, indem sie unser Land wieder verlassen. Auch das ist nur allzu verständlich.

Für diesen ständigen Spagat hat besonders Ignatz Bubis, der langjährige Vorsitzende des Zentralrates, eindrucksvolle Beispiele geliefert. Mit Mut und Bedacht ist er immer wieder für eine eigenständige jüdische Existenz in Deutschland eingetreten.

Die Schlussfolgerungen liegen auf der Hand. Man kann gerade heute keinesfalls von einem einheitlichen Selbstverständnis der Juden ausgehen, weder in Israel noch in der Diaspora. Amos Oz hat einmal die Frage gestellt: »Wo genau gehören wir also hin?«, um sie so zu beantworten: »Vielleicht gehören wir nirgendwohin. Es gibt keine einfache schwarze oder weiße Antwort auf diese Frage.«

Jede ernsthafte Auseinandersetzung mit Judentum und Antisemitismus wird all diese Umstände berücksichtigen müssen. Wir müssen uns darüber klar sein, dass sich jüdisches Selbstverständnis immer auch in Reaktion auf das jeweilige Umfeld entwickelt. Es ist also beeinflussbar, was den Nichtjuden eine besondere Verantwortung auferlegt.

KAPITEL 13:
ZIEHEN WIR IN DEN KAMPF!

Ebenso wenig wie es eine in sich geschlossene Theorie des Antisemitismus gibt, gibt es ein Patentrezept für den Kampf gegen ihn. Letzte Gewissheit werden wir weder bei der Diagnose noch bei der Therapie finden. Deshalb sollten wir auch allen Patentrezepten misstrauen. Wir sollten allerdings den Versuch machen, die verschiedenen Ebenen des Denkens und Handelns miteinander zu verknüpfen. Wenn wir dies beherzigen, gelangen wir zu einem wichtigen Schluss: Der Kampf gegen den Antisemitismus ist ein Kampf um uns selbst – gegen unsere Denkfaulheit, gegen unsere Bequemlichkeit, gegen unsere Vorurteile. Das macht den Kampf schwerer, aber deshalb nicht weniger notwendig oder lohnend.

Die Antisemiten auf die Couch?

Das Unterbewusstsein lässt sich nicht ausschalten
Wir können unbewusste Regungen, das »Es« der Psychoanalytiker, nicht ausschalten. Sie sind stark und begleiten uns seit frühester Kindheit: Hass, Liebe, Angst, Todestrieb und Lebenswillen. Unser »Ich« ist das Zentrum, in dem diese Regungen auf all die Normen stoßen, die von den Eltern, der Familie und der Gesellschaft an uns herangetragen werden. Das »Ich« ist ständig aufgefordert, sich in dieser Auseinandersetzung als Kontrollinstanz zu bewähren. Diese Auseinandersetzung verläuft nicht störungsfrei. Es kann zu Psychosen kommen. Der

Antisemitismus des Einzelnen kann auch auf derartige Psychosen zurückzuführen sein. Nun mag es für den Psychoanalytiker interessant und für den Betroffenen hilfreich sein, den einzelnen Antisemiten auf die Couch zu bitten. Im Kampf gegen den Antisemitismus hilft das allerdings nicht weiter.

Bewusstsein und Gewissen lassen sich stärken
Die Einsicht in die Macht des Unbewussten darf uns jedoch nicht entmutigen. Wir können nämlich sehr wohl Situationen und Zustände befördern, in denen diese Auseinandersetzung zwischen »Es« und »Ich« weitgehend störungsfrei verläuft. Wir können die Kräfte des Bewusstseins und des Gewissens systematisch stärken, insbesondere dann, wenn wir früh genug damit anfangen. Verfolgungskomplexe und Verfolgungswahn lassen sich bekämpfen, wenn wir uns und anderen bewusst machen, dass es für beide keinerlei zwingende Ursachen gibt. Die unbewusste Suche nach Schutz ist uns allen angeboren. Sie muss sich jedoch nicht zwangsläufig zu einem Herdentrieb entwickeln, der nichts anderes als ein bequemer Fluchtweg aus der Wirklichkeit ist. Wir können nicht ohne Autoritäten leben; niemals aber sollten wir einem Führer gestatten, unser eigenes Gewissen außer Kraft zu setzen. Und schließlich lehrt uns die Psychoanalyse auch, dass im Unterbewusstsein nicht nur Hass und Furcht, sondern eben auch Liebe und Lebenswillen schlummern. Geben wir beiden ausreichend Raum!

Das alles ist natürlich kein Programm gegen den Antisemitismus. Wenn dieser aber eine im Grunde irrationale Einstellung gegenüber dem Judentum ist, dann ergibt sich eine zwingende Schlussfolgerung:

Je kleiner die Zahl der seelisch labilen Menschen, umso geringer ist die Chance für Antisemitismus. Damit aber wird das Streben nach psychischer Balance ein wichtiges Instrument für unseren Kampf.

Mit Vorurteilen umgehen lernen

Ganz ohne Vorurteile geht es nicht
Vorurteile sind für uns von Vorteil. Sie helfen uns, auch dann zu
entscheiden, wenn wir nicht alle Umstände abwägen können.
Auch Vorurteile tragen also dazu bei, dass wir uns in der Welt
zurechtfinden. Vorurteile sind für uns aber auch von Nachteil:
Sie halten uns von dem notwendigen Bemühen ab, unsere Urteile und Entscheidungen auf all die objektiven Fakten und
Bedingungen abzustützen, die uns zugänglich sind oder doch
sein könnten. Sie führen zu Fehlurteilen über uns und über
andere. Vorurteile sind für uns immer dann von erheblichem
Schaden, wenn wir sie nutzen, um der Wirklichkeit zu entflie-
hen. Wenn wir uns dem Wissen, der Erkenntnis und der Erfahrung entziehen, sind wir nicht nur feige und träge. Unsere
seelische Balance gerät aus dem Gleichgewicht; wir richten uns
in einer mentalen und geistigen Störung ein. Und noch schlimmer wird es, wenn wir uns mit »Gleichgesinnten« zusammenfinden. Genau das aber tun die Antisemiten.

Wir können Vorurteile nicht völlig verhindern,
wohl aber das einzelne Vorurteil bekämpfen
Eine Welt ohne Vorurteile lässt sich nur in der Theorie erdenken
oder in romantisch-verklärten Augenblicken erträumen. Beides
ist gleichermaßen unrealistisch. Ein triumphierender Rationalismus ist ebenso weltfremd und menschenfeindlich wie ein
verklärender Idealismus. Wer im Besitz der Wahrheit zu sein
glaubt, verfällt der Intoleranz. Voltaire hat einmal gesagt: »Die
mangelnde Perfektion des Menschen ist das vielleicht einzig
ernsthafte Argument für Toleranz.«
    Allerdings gilt es, eine wesentliche Unterscheidung zu tref-
fen. Vorurteile »an sich« müssen wir klar von dem einzelnen
Vorurteil trennen. Das müssen wir ganz besonders dann tun,

wenn das betreffende Vorurteil als solches entlarvt ist und die
Wege zu seiner Überwindung bekannt sind. Genau das ist beim
Antisemitismus, dem hartnäckigsten Vorurteil der Geschichte,
der Fall. Das können und müssen wir bekämpfen.

Neid, insbesondere Sozialneid, befördert Vorurteile
Der Neid gehört zu den wirksamsten seelischen Antriebskräf-
ten. Er ist ebenso wenig ganz auszuschalten wie Liebe oder
Hass. Und im Lauf unseres Lebens gewinnt der Sozialneid eine
größere Bedeutung – Neid auf »die da oben«, auf die »Besser-
verdiener«, auf die »Schönen und die Reichen«, auf die, von
denen wir annehmen, dass es ihnen besser geht als uns.

Die Frage ist, wie wir mit Sozialneid umgehen.

Wir können ihn in positiven Antrieb umsetzen, wenn wir
die objektiven Ursachen für Unterschiede erkennen, wenn wir
rational und selbstkritisch an der Verbesserung unserer eigenen
Lage arbeiten, wenn wir uns klarmachen, dass es im Leben auch
noch andere Maßstäbe gibt. Wir können aber auch Ausflüchte
aus der Wirklichkeit suchen und uns selbst etwas vormachen.
Genau dies haben Antisemiten immer getan. Sozialneid hat
bereits für den christlich gefärbten Antisemitismus eine wesentliche Rolle gespielt. Er hat den säkularen Antisemitismus
mitgeprägt (»Die Judenfrage ist die soziale Frage«) und ist auch
heute in der islamischen Variante überall zu spüren. Deshalb
dient der richtige Umgang mit dem Sozialneid der Vorurteilsbe-
kämpfung und damit dem Kampf gegen den Antisemitismus.

Sündenböcke und Verschwörungstheorien
Wie oft machen wir andere für unsere eigenen Fehler und
Schwierigkeiten verantwortlich, wie gerne suchen wir Sündenböcke! Auch dies ist eine Flucht aus der Wirklichkeit. Und noch
wirksamer wird diese Flucht, wenn wir sie mit Verschwörungstheorien unterlegen können.

Zu allen Zeiten mussten Juden als Sündenböcke herhalten. Und immer wieder hat es gegen sie gerichtete Verschwörungstheorien gegeben. Gewiss ist dies alles Unsinn, doch diese Einsicht allein hilft nicht weiter. Insbesondere die Verschwörungstheorien waren und sind Bestandteil der antisemitischen Weltsicht. Wir müssen also deren psychische Funktion (auch die Suche nach dem Sündenbock) aufdecken.

Wissen schützt nicht vor Bosheit
Vorurteile lassen sich mittels Wissen und Einsicht in die wahren Zusammenhänge überwinden und damit besiegen. Information und Aufklärung werden damit zu einer wesentlichen Waffe im Kampf gegen den Antisemitismus. Das ist richtig und wichtig. Die meisten Menschen sind bereit, das Urteil an die Stelle des Vorurteils zu setzen, wenn man ihnen dafür die sachlichen Argumente liefert.

Dennoch aber reicht das Bemühen um Aufklärung nicht hin, um tief sitzende Vorurteile zu überwinden. Viele Antisemiten haben sich in ihrem Vorurteil über die Juden samt den dazugehörenden Verschwörungstheorien fest eingerichtet. Sie verweigern sich sachlichen Argumenten; sie sperren sich gegen die Einsicht. Nur so können sie sich ihre innere Sicherheit bewahren. Sie werden die angebotenen Fakten immer so sortieren, dass sie das eingefleischte Vorurteil bestätigen. Wissen kann leicht pervertiert werden, wenn die ethische Kontrolle fehlt. In diesen Fällen hilft nur eins: entlarven, bloßstellen, isolieren und bekämpfen.

Insgesamt aber lässt sich auch das antisemitische Vorurteil umso besser bekämpfen, je breiter und allgemeiner das Wissen über die Wirklichkeit ist. Dies geht umso einfacher, je deutlicher sich geachtete Autoritäten zu Wort melden, je intensiver sich die »Meinungsmacher« um wirkliche Erkenntnis bemühen.

Gutes Zusammenleben üben

Einige Grundregeln jeder Gruppe
Wir existieren nicht isoliert. Wir leben in und mit Gruppen.

Diese Gruppen können nur überleben, wenn sie ihren Mitgliedern Identifikation anbieten und sich von anderen Gruppen unterscheiden. Wir müssen diese Grundregel schon deshalb anerkennen, weil wir sie nicht außer Kraft setzen können.

Allerdings sollten wir der jeweils anderen Gruppe das Recht zugestehen, ihre Identität in eigener Verantwortung zu bestimmen. Wir würden es uns ja auch verbitten, wenn sie uns sagen würde, wie wir eigentlich zu sein hätten. Und diese grundlegende Form des Respekts müssen wir natürlich auch den Juden zugestehen. Dabei dürfen wir aber nicht stehen bleiben. Es gelten nämlich zumindest zwei weitere Grundregeln.

Zum einen gilt, dass wir mehreren und unterschiedlichen Gruppen angehören. Wir sind Kölner, Rheinländer, Deutsche und Europäer. Wir sind Sozialdemokraten, Restaurantliebhaber und Studenten. Wir sind Juden, Israelis oder Amerikaner, Makkabi-Sportler und Mitarbeiter in einem Softwareunternehmen. Wir vereinigen also unterschiedliche Identitäten in uns. Das bereichert uns und macht einen wertvollen Teil unseres Menschseins aus.

Deshalb sollten wir allen Versuchen widerstehen, eine dieser Identitäten als die »einzig wahre« zu betrachten. Darum müssen wir innerhalb unseres jeweiligen Kulturkreises bemüht sein, aber gerade auch zwischen diesen Kulturkreisen. Wenn wir dies einsehen und annehmen, haben wir einen weiteren, wichtigen Schritt im Kampf gegen den Antisemitismus getan. Es sollte ohne Weiteres einsichtig sein, dass es aus dem gleichen Grund weder »den« Deutschen, »den« Italiener, »den« Katholiken gibt. Und deshalb gibt es zwar Juden, aber eben nicht »den« Juden.

Zum anderen gilt die Regel, dass sich Gruppen mit anderen Gruppen in der einen oder anderen Form befassen müssen. Wir haben gelernt, den »anderen« zu belächeln, zu verteufeln, zu bekriegen, zu vernichten. Wir haben aber auch gelernt, den »anderen« zu dulden, zu respektieren, mit ihm zusammen zu leben und zu arbeiten, ja ineinander aufzugehen. Unsere Wahl ist nicht vorgegeben. Wir müssen entscheiden; und wir können immer den jeweils vernünftigeren, friedlicheren und menschlicheren Weg wählen. Warum eigentlich haben wir unter dem Einfluss des Antisemitismus so viele gute Regeln des Zusammenlebens außer Kraft gesetzt?

»Kollektives Gedächtnis« und »kulturelle Codes«
Wenn wir dieser Frage nachgehen, kommen wir zu einer schmerzhaften Einsicht: Im Lauf unserer zweitausendjährigen »abendländischen« Geschichte haben wir immer wieder gegen die Grundregeln eines vernünftigen sozialen Zusammenlebens verstoßen.

Sigmund Freud hat einmal die Zivilisation als eine Form der Charakterbildung bezeichnet, die »über die Menschheit« abläuft. Vielleicht hat jede Gruppe, jedes Volk, jede Nation so etwas wie ein »kollektives Gedächtnis«. Erfahrungen und Erkenntnisse, Urteile und Vorurteile, Bilder von uns, von den »anderen« sind dort ebenso eingebrannt wie die Art und Weise, wie wir mit diesen »anderen« traditionell umgegangen sind. Und wenn sich all das in das kollektive Gedächtnis derjenigen eingeprägt hat, die das Geschehen bestimmen, der Mächtigen und Einflussreichen also, dann ist ein »kultureller Code« entstanden, der nicht so einfach zu verändern ist. Davon gibt der Antisemitismus gerade in seiner deutschen Variante ein fürchterliches Beispiel.

»Kulturelle Codes« lassen sich verändern
Tröstlich und ermutigend aber ist die Erkenntnis, dass sich auch diese »kulturellen Codes« verändern lassen.

In der Bundesrepublik Deutschland haben wir diese Chance genutzt. Der blinde Autoritätsglaube ist so gut wie verschwunden; Verschwörungstheorien spielen kaum mehr eine Rolle. Wir haben nicht nur gelernt, sondern auch verinnerlicht, dass wir die Unterschiede zu unseren europäischen Nachbarn für ein fruchtbares Miteinander nutzen können. Der konfessionelle Zwist zwischen Katholiken und Protestanten, der noch bis in die Sechzigerjahre hinein an der Tagesordnung war, ist genauso überwunden wie die Flucht in Rassenwahn oder in die Träume der idealen Volksgemeinschaft.

Auch der klassische Antisemitismus hat weitestgehend ausgedient. Mit ihm kann man sich nicht mehr blicken lassen. Auch insofern haben wir unsere »kulturellen Codes« verändert.

Aber Vorsicht! Auch das, was heute Mehrheitsauffassung und damit *politically correct* ist, kann sich wieder ins Negative ändern. Wir können den Radau-Antisemitismus der rechten Dumpfköpfe isolieren und bekämpfen, zur Not unter Einsatz der Staatsmacht. Nicht die Wenigen, die Molotowcocktails gegen Synagogen schleudern, sind heute unser Hauptproblem. Die Gefahren drohen aus anderen Ecken:

- aus einem Umfeld der Älteren, in dem ein Antisemitismus im neuen Gewand, verbunden mit Rechthaberei und Fremdenfeindlichkeit, durchaus wieder salonfähig werden könnte;
- aus einem Umfeld der Jüngeren, in dem die Schwelle der Gewaltbereitschaft immer weiter heruntergesetzt wird, in erschreckendem Maße geschichtslos gedacht und ohne Wertbezug gehandelt wird.

»Letzte Wahrheiten«?

In angeblich »letzten Wahrheiten« liegt für mich ein Kernproblem. Dass die Juden über Jahrtausende hinweg geschmäht und verfolgt worden sind, hat ganz klare historische Ursachen:

Christliche Überzeugung vom »allein selig machenden« Glauben
In der Geschichte der Christenheit ist diese Überzeugung immer wieder von einer radikalen Ausgrenzung jüdischer Positionen begleitet gewesen. Vor diesem Hintergrund konnte das jüdische Anderssein nur negativ begriffen werden.

Heute hat sich das Christentum weitgehend von seinen antisemitischen Positionen gelöst. Sowohl die katholische Kirche als auch die im Weltkirchenrat zusammengeschlossenen Religionsgemeinschaften haben klare Worte gefunden. Dennoch müssen wir wachsam bleiben. Neben Resten antisemitischer »Volksfrömmigkeit« gibt es auch einen neuen christlichen Fundamentalismus. Der gibt sich israel- und judenfreundlich, ja zuweilen extrem philosemitisch. Das aber ist in Wahrheit missionarischer Bekehrungseifer. Wir haben bereits bei Martin Luther gesehen, wie ein solcher Philosemitismus in Feindschaft umschlagen kann, wenn die Bekehrungsversuche erfolglos bleiben. Aber auch die Querverbindungen zwischen den Positionen der Befreiungstheologie und der »Antizionisten« dürfen nicht ganz aus dem Auge verloren werden.

Die islamische Überzeugung von der »einzig richtigen« Religion
Hier sehe ich keinen wesentlichen Unterschied zur christlichen Auffassung. Die Argumente sind ähnlich, wenn auch der »Christusmord« aus verständlichen Gründen im Islam keine Rolle spielt. Der Antisemitismus ist im Islam ebenso angelegt wie im Christentum. Und dieser religiös motivierte Antisemitismus ist in der arabisch-islamischen Welt nach wie vor virulent.

Nun wird sich diese Welt ihre Aufklärung nicht von außen aufzwingen lassen. Sie würde sich dagegen genauso zur Wehr setzen wie Mitteleuropa im 19. Jahrhundert gegen die Französische Revolution. Und sollte der Westen in diesem Spiel auch noch die Rolle Napoleons übernehmen, dann wird die Reaktion entsprechend feindselig ausfallen.

Nein, der Islam muss seinen Weg allein gehen. Wir können diesen Weg am besten über unser eigenes Vorbild gangbar machen. Wir können durch einen intensiven Austausch von Forschungsergebnissen und Meinungen diejenigen stärken, die auf eine aufgeklärte Weltsicht hinarbeiten, in der kein Platz für Antisemitismus, wohl aber für ein abgewogenes Bild von den Juden und von Israel ist. Wir sollten darauf drängen, dass antisemitische und antiisraelische Hetze und Zerrbilder aus den Schulbüchern und aus den Medien verschwinden. Damit erleichtern wir auch den Kampf der Vernünftigen. Der vergiftenden und zerstörerischen Variante des aggressiven Islamismus aber müssen wir mit allen uns zur Verfügung stehenden Mitteln entgegentreten.

Nation, Volk oder Rasse als der »Güter höchstes«
Für den weltlichen Bereich sind Nation oder Volk an die Stelle der Religion getreten. Nationales Überlegenheitsgefühl hatte genauso den Charakter einer letzten Wahrheit wie ein religiöser Glaubenssatz. Man stellte sie nicht mehr infrage. Man tat es noch weniger, als Rassenlehre und Rassenwahn hinzutraten. Der »kulturelle Code« des säkularen Antisemitismus nahm aggressive, dann auch mörderische Züge an. Ganz verschwunden ist diese Form des Aberglaubens bis heute nicht. Dafür finden wir auch im Westen tagtäglich Beispiele.

Die Antisemitismen lösen sich nicht ab, sie überlagern sich
Wenn man eine Tür übermalt, dann kommt irgendwann die alte Farbe wieder zum Vorschein. Genauso ist es beim Anti-

semitismus. Seine traditionellen Erscheinungsformen sind nicht verschwunden. Sie sind immer noch vorhanden, auch wenn sie durch neue überlagert werden. So hat sich denn über die Jahrhunderte hinweg ein tief verankerter antisemitischer Motivvorrat aufgebaut, der in jeder Epoche bei Bedarf abgerufen, aktualisiert und ergänzt werden kann.

Der heutige, neue Antisemitismus beruft sich nicht mehr auf letzte Wahrheiten, wohl aber auf Ideologien, die praktisch die gleiche Funktion haben. Und so wird zum Beispiel über den »Antizionismus« der Versuch unternommen, den »Staat der Juden« zum »Juden unter den Staaten« zu machen. Gedanklich mag dies etwas anderes sein; sozialpsychologisch und in der Wirkung aber ist es genau dasselbe. Diese Wirkung ist beklemmend. Noch einmal: Hier könnte, wenn wir nicht wachsam sind, wieder einmal ein antisemitischer »kultureller Code« entstehen.

Über die Religion hinausdenken

Arnold Toynbee…
Der englische Historiker Arnold Toynbee hat uns bereits 1961 daran erinnert, dass auch nach Auschwitz die traditionellen Wurzeln des Antisemitismus keineswegs ausgestorben sind: »Die heutige Bedeutung, Berühmtheit und Sorge der Juden rührt aus der historischen Tatsache her, dass sie unfreiwillig zwei jüdisch geprägte Weltreligionen hervorgebracht haben.«

Hier legt Toynbee nicht nur die Wurzeln des religiös geprägten Antisemitismus bloß. Er konfrontiert uns auch mit den Grenzen einer Welt- und Geschichtsauffassung, die im Religiösen und letztlich in den jeweiligen Offenbarungen begründet ist. Das gilt selbstverständlich auch für die jüdische Offenbarung. Derartige Positionen können immer wieder in tiefe Gegensätze einmünden, die nicht nach den Gesetzen des Glaubens oder der Logik, sondern nach denen der Macht ausgefochten werden. Die Geschichte lehrt uns, dass genau dies immer wieder geschehen ist.

... und die Konsequenzen
Eine Überwindung dieser Gegensätze und damit auch des religiös geprägten Antisemitismus erscheint mir deshalb nur möglich, wenn auch die Gläubigen bereit sind, den Geltungsbereich der jeweiligen Offenbarungen auf die Kernfragen ihres Glaubens zu begrenzen, indem sie daraus nicht eine allumfassende Lebens- und Weltsicht machen.

Für den Kampf gegen den Antisemitismus bedeutet das zweierlei:

– Wir müssen bei allen monotheistischen Religionen Entwicklungen bekämpfen, die den Bezug auf die jeweilige Offenbarung zu einem allumfassenden Wahrheitsmonopol ausbauen und dieses mit der Gegnerschaft zu anderen Religionen oder Völkern verknüpfen.
– Wir müssen jeden Rückfall hinter die Positionen des Humanismus und der Aufklärung verhindern. Sowohl das Christen- wie auch das Judentum sind hier angesprochen. Der Islam hat seine Aufklärung noch vor sich.

Wir kämpfen gegen den Antisemitismus, wenn wir Menschenwürde und Menschenrechte zum Maßstab unseres Urteils und unseres Handelns machen. Wir verteidigen beides, wenn wir an einer Gesellschaft festhalten, die nur die Rechte beansprucht, die sie auch gewährt. In diesem Kampf müssen wir erkennen, dass wir noch nicht weltweit Gehör finden. Wo dies aber der Fall ist, und das gilt nicht nur für Europa, Amerika und Israel, darf Nachgeben nicht erlaubt sein.

Anderenfalls kann es allenfalls zur gegenseitigen Duldung, zu einer Art passiver Toleranz kommen. Aber, wie es ein jüdischer Teilnehmer an einer Antisemitismuskonferenz ausgedrückt hat: »We do not want to be tolerated. We want to be respected.« Wo soll Respekt für andere herkommen, wenn man sich im Besitz der letzten Wahrheit wähnt?

Über die Religion hinaus
Die modernen Verfassungsdemokratien kennen die Religionsfreiheit.

Sie gibt jedem religiös gebundenen Bürger das Recht, seinen Glauben unbehindert zu leben und zu bekennen. Freiheit der Religion heißt aber immer auch Freiheit von der Religion. Beides zusammen ist die Grundlage säkularen Staatsverständnisses. Der Staat selbst wird in diesen Fragen neutral bleiben müssen.

Dieser Neutralität des Staates widerspricht die Forderung nach Toleranz und Respekt keineswegs. Ganz im Gegenteil: Die Trennung von Staat und Religion ist geradezu die Voraussetzung dafür, dass ein gedeihliches Neben- und Miteinander nicht nur der verschiedenen Glaubensrichtungen, sondern auch zwischen Glaubenden und Nichtglaubenden möglich wird. Und eine gemeinsame Wertordnung wie die des Grundgesetzes sorgt dafür, dass Pluralismus nicht den Verzicht auf Wahrheit und Toleranz nicht Beliebigkeit bedeutet.

Das alles ist Aufklärung im tiefsten Sinne. Ein Denken und Handeln aus aufklärerischem Geist aber ist immer noch die beste Grundlage für eine gesellschaftliche Wirklichkeit, in der der Antisemitismus keinen Platz hat.

Kein verklärender Rückfall!
In der intensiv geführten Diskussion darüber, ob die Verfassung der Europäischen Union einen ausdrücklichen Gottesbezug erhalten solle, ist von mehreren Seiten behauptet worden, dass

Menschenrechte und Demokratie eigentlich christliche Werte seien, dass das Christentum den eigentlichen Kern der westlichen Identität ausmache.

Ein Blick auf die Geschichte Europas widerlegt diese Behauptung. Wichtige Grundrechte wie die Gleichheit der Geschlechter, die moderne Religionsfreiheit, die Freiheit der Wissenschaft mussten der institutionalisierten Christenheit vielmehr abgerungen werden. Und es sind die Aufklärer gewesen, die in ihrem Einsatz für Gewissensfreiheit und Toleranz immer wieder auf den Widerstand von Kirchenleuten und Theologen gestoßen sind.

All das jetzt sozusagen auf das christliche Konto schreiben zu wollen würde den Tatbestand des geistigen Diebstahls erfüllen. Beide großen Kirchen haben seit Langem dafür geworben, den christlichen Glauben durch das Brennglas der Aufklärung zu sehen. Das ist ein guter, ein fruchtbarer, ein zukunftsweisender Durchbruch. Wer dahinter zurückwill, setzt sich dem Verdacht aus, dass es ihm mit diesem Durchbruch vielleicht doch nicht so ernst gemeint war. Hinter die Aufklärung zurück? Damit wäre auch dem Wiederaufleben des christlichen Antisemitismus Tür und Tor geöffnet.

Abschied vom Universalismus

Der Universalismus der Offenbarungsreligionen
Verbunden mit dem Beharren auf letzten Wahrheiten ist der Anspruch auf die allgemeine Gültigkeit der eigenen Überzeugung. Damit werden andere Überzeugungen herabgewürdigt.

Das alles ist so lange ungefährlich, wie es sich auf den Bereich des Glaubens, auf das Reich Gottes beschränkt. So ist es heute bei den Christen und bei den Juden. Und eine klare Trennung von Staat und Kirche oder auch Rabbinat würde in beiden Fällen die Dinge zusätzlich zum Besseren wenden. Dass es im Islam leider deutlich anders aussieht, habe ich an anderer Stelle dargelegt.

Aufklärung und Rationalismus
Um es zu wiederholen: So bedeutsam Aufklärung und Rationalismus für die menschliche Geistesgeschichte gewesen sind – das Postulat von der Allmacht der Vernunft ist welt- und menschenfremd, wenn es seinerseits universelle Gültigkeit beansprucht. Dass auf diesem Boden eben auch Antisemitismus gedeihen kann, ist ebenso wahr. Papst Benedikt XVI. hat dazu einmal gemeint: »Es gibt Pathologien der Religion, und es gibt Pathologien der Vernunft, und beide Pathologien sind lebensgefährlich für die Menschheit im Ganzen.«

Ich bin davon überzeugt, dass nur eine zweite Aufklärung hier Abhilfe schaffen kann. Sie würde die Vernunft als wichtigstes Ordnungsprinzip menschlichen Denkens und Handelns postulieren. Sie würde sie jedoch nicht in den Rang des Absoluten, einer Gottheit also, erheben, sondern andere Ordnungsprinzipien als legitim und bereichernd akzeptieren.

Dazu gehören auch Glauben, Religion, Tradition, Symbole und unterschiedliche kulturelle Identitäten.

Auf diese Weise würde es auch möglich sein, die Grenzen jüdischer Integrationsfähigkeit und -bereitschaft zu respektieren. Damit aber wäre eine entscheidende Schlacht gegen den Antisemitismus geschlagen.

Die Geschichte kennt kein letztes Ziel!

Seit Platon hat es immer wieder Versuche gegeben, nicht nur Geschichte zu schreiben, sondern sie mithilfe nichthistorischer Betrachtungsweisen zu deuten. Große Gedankengebäude sind auf diese Weise entstanden. Alle aber greifen an einem entscheidenden Punkt zu kurz. Wenn man vorgibt, die historischen Entwicklungsgesetze der Menschheit zu kennen, wird der Einzelne aus seiner Verantwortung entlassen und zum Objekt ebendieser Entwicklungsgesetze. Schlimmer noch: Die Historizisten glauben nicht nur, dass sie das Woher entschlüsselt haben. Sie glauben auch, das Wohin zu kennen.

Die Zukunft aber ist immer offen. Wer das in Abrede stellt, gerät in totalitäres Fahrwasser, ob er nun will oder nicht. In diesem Fahrwasser aber segelt der Antisemitismus mit, wie die beiden letzten Jahrtausende leider immer wieder gezeigt haben.

Die theistische Variante
Man mag der Überzeugung sein, dass sich in der Geschichte des Menschengeschlechts das Wirken Gottes manifestiert. Wenn man dann aber behauptet, die Geschichte verlaufe nach einem göttlichen »Heilsplan«, den der Einzelne, aber auch die Menschheit insgesamt nicht beeinflussen könne, wird es kritisch.

Für einen derartigen Determinismus gibt es in der Geschichte sowohl der christlichen als auch der islamischen Religion immer wieder Belege.

Er enthebt uns in letzter Analyse der Verantwortung für unser Tun.

Wir müssen diesen Determinismus bekämpfen, indem wir die der Menschenwürde innewohnende Freiheit des Denkens und der Entscheidung immer wieder hervorheben.

Die sozialistische Variante
Sie spielt derzeit keine Rolle mehr, da sich die angebliche Gewissheit vom Sieg des Kommunismus im rauen Wind der Wirklichkeit als Aberglauben herausgestellt hat. Insoweit sind Marx und seine Lehre von den Klassenkämpfen wirklich Geschichte geworden.

Geblieben aber ist das Feindbild des Kapitalismus. Dieses Feindbild, etwas ganz anderes als die notwendige Kapitalismuskritik, wird von militanten Globalisierungskritikern ebenso gepflegt wie in der Arroganz so mancher europäischer Intellektueller. Vor allem aber wird es durch Islamisten vertreten. Und spätestens hier ist es konstitutiv mit einem geradezu wütenden Antisemitismus inklusive der dazu passenden Verschwörungstheorien verbunden.

Die naturalistische Variante
Die Erkenntnisse von Darwin und Mendel wird heute kein ernsthafter Mensch mehr als Begründung für Rassenlehre und Rassenwahn heranziehen. Und Leute wie der Graf Gobineau oder Houston Stewart Chamberlain dürften heute wohl eher der Lächerlichkeit anheimfallen, wenn sie nicht weitgehend in der Versenkung verschwunden wären.

Und dennoch glaube ich nicht, dass sich damit die naturalistische Variante des Historizismus schon erledigt hat. Beim gegenwärtigen Stand der wissenschaftlichen Erkenntnis lassen sich durchaus Situationen denken, in denen wichtige Erkenntnisse der modernen Genetik und/oder Neurophysiologie in populärer, wenn auch unzulässiger Weise verallgemeinert werden. Und dann ist es absolut nicht sicher, dass dies in akzeptabler Form abläuft.

Elternhaus und Schule

Dass Elternhaus und Schule ganz entscheidend für den weiteren Lebensweg junger Menschen sind, ist eine Binsenweisheit. Deshalb sollten beide auch im Kampf gegen den Antisemitismus ihrer Verantwortung gerecht werden.

Im Elternhaus beginnt alles
Beinahe alles, was das Elternhaus beitragen kann und sollte, entspricht ganz einfach den uralten Regeln einer guten
Erziehung, muss also im Kampf gegen den Antisemitismus
nicht neu erfunden werden:

- Je früher und konsequenter Eltern bei ihren Kindern die
  Kräfte des Bewusstseins und des Gewissens stärken, umso
  besser ist es!
- Je offener und auch selbstkritischer Eltern ihren Kindern bei-
  bringen, wie man mit Vorurteilen umgeht, wie man Wissen
  verbreitet und Urteilsfähigkeit entwickelt, umso besser ist es!
- Je weniger die Eltern ihren Kindern die Flucht aus der Realität, die Zuflucht zu Sündenböcken und Verschwörungstheorien gestatten, umso besser ist es!
- Je intensiver bereits im familiären Zusammenleben die Regeln eines guten Zusammenlebens sowie die Kunst, Dinge
  immer auch mit den Augen des anderen zu sehen, eingeübt
  werden, umso besser ist es!
- Je häufiger das Festhalten an der eigenen Überzeugung nicht
  in Intoleranz und Überheblichkeit, sondern in Respekt vor
  anderen Überzeugungen einmündet, umso besser ist es!

Ein derartiges Vorgehen kann in jedem Elternhaus angestrebt
werden. Wenn dann noch ein bedachter Umgang mit Medien,
eine sachliche Aufklärung über Juden, Israel, den Nahen Osten
und den Antisemitismus hinzukäme, wäre beinahe ein Ideal-
zustand erreicht. Wir sollten uns darum bemühen, diesem Ideal-
zustand zumindest ein wenig näherzukommen.

Die Schule muss ihr Übriges tun
Wir alle wissen, dass die Schule in der Regel nicht das reparieren
kann, was im Elternhaus zerstört oder beschädigt worden ist. Wir

sollten jedoch darauf drängen, dass die Schule ihren ergänzenden Erziehungsauftrag erfüllt, so wie es ja auch unsere Verfassung will.

Für mich bedeutet das, dass die für das Elternhaus genannten Erziehungsziele auch für den Bereich der Schule gelten müssen. Im Endergebnis haben Lehrerinnen und Lehrer hier eine Vorbildfunktion, vor der sie sich nicht drücken dürfen. Ich plädiere vor allem dafür, die Lehrangebote für den Geschichtsunterricht auszuweiten und die Inhalte zu überprüfen. Zu häufig haben sich junge Menschen in den letzten Jahren bei mir darüber beklagt, dass sie in ihrer Schulzeit bis zum Abwinken mit der Zeit des Nationalsozialismus konfrontiert worden seien. In der Tat, die Überfütterung mit einem isolierten historischen Kontext, so wichtig er auch ist, führt zu keinem umfassenden Geschichtsverständnis. Wer den Holocaust wirklich einordnen will, muss die größeren Zusammenhänge kennen.

Schließlich ist für die meisten Menschen die Schule auch der Ort, wo sie zum ersten Mal auf Menschen aus anderen Kulturen und Kulturkreisen treffen (auch wenn es sich dabei nur in Ausnahmefällen um Juden handelt). In der allgemeinen Debatte wird dies heute vor allem als Gefahr gesehen, und die hiermit verbundenen praktischen Probleme sollen nicht geleugnet werden. Andererseits, was für eine Chance, aus dem Zusammentreffen von Identitäten und Eigenständigkeiten Kenntnis, Verständnis, Toleranz und schließlich Respekt zu entwickeln!

Treten wir dafür ein, dass diese Chance nicht verschüttet, sondern genutzt wird!

Praktische Schritte gehen

Staatliches Handeln bleibt notwendig
Auch für den Antisemiten gilt der Artikel 5 unseres Grundgesetzes, der von der Meinungs- und Pressefreiheit handelt. Der

gleiche Antisemit aber muss wissen, dass aus guten Gründen dieser Anspruch seine Grenzen in den einschlägigen Gesetzen findet.

Der Staat ist verpflichtet, die Einhaltung dieser Grenzen mit allen notwendigen Mitteln sicherzustellen. Staatliche Repression gegen Antisemitismus bleibt deshalb notwendig. Parlamente, Regierungen und die Justiz müssen darüber hinaus periodisch diese Schranken überprüfen. Heute betrifft diese Überprüfung insbesondere die Nutzung des Internets für antisemitische Hetze sowie eine schärfere Beobachtung und, wo immer nötig, Ahndung des Antisemitismus im islamistischen oder antizionistischen Gewand. Ebenso notwendig bleibt leider der Schutz jüdischer Einrichtungen, was ein beschämender Ausdruck unserer Ohnmacht ist.

Der Staat sollte zudem immer wieder die Arbeit all derjenigen würdigen, die sich in der Zivilgesellschaft und ehrenamtlich dem Kampf gegen den Antisemitismus, für Verständnis, aktive Toleranz und gegenseitigen Respekt einsetzen.

Die Zusammenarbeit auf internationaler Ebene verstärken
Diese Zusammenarbeit bedeutet nicht nur, dass man internationalen Phänomenen wie dem aggressiven Antisemitismus über das Internet nur durch grenzüberschreitende Zusammenarbeit beikommen kann, obwohl gerade hier noch einiges zu tun bleibt. Zugleich muss auch über die Grenzen hinweg Datensammlung, Meinungsbefragung und -austausch betrieben werden. Regelmäßige Debatten zum Thema in den Parlamenten wären ebenso hilfreich wie spezielle Trainingsprogramme für Lehrer und andere Angehörige des öffentlichen Dienstes.

Gerade die Länder des Westens sollten es sich aber auch zur Aufgabe machen, weltweit ein Gegengewicht zu denen zu bilden, denen es nicht um Kritik an bestimmten Aspekten der israelischen Politik geht, sondern um eine grundsätzliche, zerstörerische Gegnerschaft zu diesem Staat und den Juden allgemein. Hier steht der Kampf noch ganz am Anfang. Die weltweite Ächtung der Holocaust-Leugner bietet hierfür ein eindrückliches Beispiel.

Die christlichen Autoritäten müssen immer wieder
Stellung beziehen
Wohlgemerkt: Ich habe keinen Zweifel daran, dass die christlichen Kirchen heute nicht mehr antisemitisch eingestellt sind. Im Kampf gegen den Antisemitismus reicht das aber nicht aus. Deshalb wäre es zu begrüßen, wenn die wichtigsten Autoritäten aller großen christlichen Kirchen sich immer wieder zusammenfinden könnten, um dem Antisemitismus, in welcher Form auch immer, klar und deutlich den Kampf anzusagen. Für die Überwindung tief sitzender Vorurteile wäre das von erheblicher Bedeutung.

Auf weltweiter Ebene wird sich das nicht so rasch erreichen lassen. Doch bereits ein gemeinsames Wort der EKD und der Deutschen Bischofskonferenz würde hier viel bewirken. Insbesondere mit den Zerrbildern von den »Christusmördern« und den »verstockten Juden« muss endgültig Schluss gemacht werden.

Die »politische Klasse« bleibt herausgefordert
Wir wissen, wie wichtig auch die weltlichen Autoritäten für die Herausbildung und Veränderung »kultureller Codes« sind. Diese Autoritäten sind stilbildend – so oder so.

Die politische Klasse muss, wie dies in der jüngeren Vergangenheit ja auch geschehen ist, klar gegen den Antisemitismus Stellung beziehen.

Sie muss den Mut aufbringen, sich mit islamischem Antisemitismus ebenso deutlich auseinanderzusetzen wie mit einem »Antizionismus«, der im Endergebnis auf nichts anderes hinausläuft. Sie muss deshalb auch mit allen Gleichgesinnten dafür eintreten, dass die Vereinten Nationen und all ihre Unterorganisationen nicht mehr Opfer einer einseitig gegen Israel gerichteten Propaganda werden. Das wäre ein wichtiger Bestandteil jeder UN-Reform.

Die weltlichen Autoritäten müssen allen Bürgern ihre gemeinsame geschichtliche Verantwortung vor Augen führen. In einigen Staaten Europas muss die Geschichte des Zweiten Weltkrieges erst noch rückhaltlos aufgearbeitet werden. Bei uns in Deutschland ist es notwendig, die historischen Wurzeln der Barbarei, die ja weit in die Vergangenheit zurückreichen, bloßzulegen. Wir müssen also den selbstkritischen Umgang mit der ganzen Geschichte unseres Volkes lernen. Das wäre auch ein wichtiger Beitrag im Kampf gegen alle Bemühungen revisionistischer Historiker, mit denen wir auch in Zukunft zu rechnen haben.

Dagegen habe ich einige Zweifel, was das offizielle Gedenken angeht. Gewiss, Emotion und Symbole gehören zur Erinnerung und sind von daher wertvolle Bausteine eines in die Zukunft gerichteten Handelns. Dies ist aber nur der Fall, wenn das Gedenken nicht ritualisiert wird. Rituale stumpfen ab; häufig lösen sie kontraproduktive Reaktionen aus. Wir sollten uns deshalb bewusst bleiben, dass auch das »Ge-Denken« eine Form des Denkens ist.

Die Medien aber auch
Die Macht der Bilder ist für die Weltsicht und die Urteilsbildung gerade junger Menschen ungeheuer wichtig. Zwischen uns und die eigentliche Wirklichkeit hat sich längst ein dichter Schleier von Texten, Worten, Bildern und digitalen Botschaften geschoben. So besteht die Gefahr, dass diese Wirklichkeit mehr und mehr in eine virtuelle Realität verwandelt wird. Das aber erhöht die Verantwortung all derjenigen, die im Medienbereich arbeiten.

Medien können, wenn auch vielleicht unbeabsichtigt, dem
Antisemitismus Vorschub leisten. Sie tun dies durch eine ver-
kürzte und damit verfälschende Berichterstattung. Sie tun es
dadurch, dass sie komplizierte Sachverhalte in einer geradezu
abenteuerlichen Weise vereinfachen und personalisieren. Sie
tun es, indem sie auf den Bauch ihrer Kundschaft zielen anstatt
auf ihren Verstand.

Medien können aber auch den Antisemitismus bekämpfen
helfen. Sie tun dies durch eine differenzierte Berichterstattung,
durch den behutsamen Einsatz von Bildern, durch das Überwinden des Prinzips »Gute Nachrichten sind keine Nachrichten«. Sie können aufklärend wirken, wenn sie unterschiedliche
Meinungen zu Wort kommen lassen, Hintergründe sorgsam be-
leuchten, insbesondere die Entwicklung in Israel und im Nahen
Osten fair und ohne Sensationslust behandeln.

Bitten an die Juden und den jüdischen Staat

Wer im Kampf gegen den Antisemitismus Bitten an die Juden
richtet, der muss mit der Abbitte beginnen. Über zwei Jahrtausende hinweg sind in unserer abendländischen Welt die
Juden die »anderen« gewesen. Sie wurden ausgegrenzt und geschmäht, verfolgt und umgebracht. Das alles lässt sich weder
wegdiskutieren noch relativieren.

Den Kampf gegen diesen Antisemitismus müssen wir Nichtjuden führen, untereinander und bei uns selbst. Gleichzeitig ist
es sinnvoll, die Juden um Verständnis und Hilfe in diesem Kampf
zu bitten. Und zu dieser Bitte sollten wir den Mut aufbringen.

Antisemitismus und jüdische Identität

Jüdisches Selbstverständnis hat als Auslöser für Antisemitismus immer wieder eine Rolle gespielt. Diese Beobachtung darf

nicht mit dem üblen Vorurteil »Die Juden sind an ihrem Unglück selbst schuld« verwechselt werden. Es geht hier nicht um Bewertung, sondern schlicht um die Beobachtung psychologischer und gesellschaftlicher Wechselwirkung.

Jüdische Denker haben nun wiederholt eine andere Wechselwirkung beleuchtet: die des Antisemitismus auf die jüdische Identität, auf jüdisches Selbstverständnis.

Avi Becker, der frühere Generalsekretär des World Jewish Congress, hat dazu Folgendes geschrieben: »Die geschichtliche Rolle des Antisemitismus bei der Bewahrung des jüdischen Volkes ist im Wesentlichen ein soziologisches Phänomen: Äußere Feindschaft verfestigt die Gruppenidentität, fördert Einheit und Solidarität. Was den Antisemitismus einzigartig macht, ist, dass er nicht nur der älteste Hass der Menschheitsgeschichte ist, sondern dass er selbst dann weiterbesteht, wenn Juden ihre Identität aufgeben und sich assimilieren.«

Wer wollte Avi Becker ernsthaft widersprechen? Sein Blick auf die Geschichte ist genau und wichtig. Genauso zutreffend aber sind auch andere Beobachtungen:

- Auch Juden besitzen nicht nur eine festgefügte Identität, sondern mehrere Identitäten. Die einseitige Konzentration auf eine dieser Identitäten, auch wenn sie ungemein wirkkräftig ist, würde das Blickfeld verengen und äußerst entmutigend wirken. Was denn – ohne Antisemitismus keine jüdische Identität? Dieses Armutszeugnis sollte sich kein Jude ausstellen.
- Der innere Zusammenhalt lässt sich auch ohne Feinde, ja ohne Feindbilder bewahren. Unterschiede müssen nicht in Antagonismen münden. Sie können auch befruchtend wirken.

Dass Juden sich gegen den Antisemitismus zusammenschließen, ist verständlich. Wenn sie aber über ihn geradezu die eigene Existenzberechtigung definieren, dann muss das gedanklich,
mental und gesellschaftlich in die Sackgasse führen.

Unsere Bitte könnte also dahin gehen, dass die Juden sich
ihrer großartigen geschichtlichen und kulturellen Gesamtleis-
tung mit Stolz bewusst bleiben. Das verschafft ein Selbst-
bewusstsein, das ohne Bezug auf wirkliche oder vorgebliche
Feindschaft auskommen kann und auch Selbstkritik erleichtert.
Wenn wir gemeinsam den Antisemitismus überwinden wollen,
dann müssen wir uns jüdische Identität auch ohne ihn vorstellen
können.

Eigenständigkeit oder Abschottung
Die von mir angesprochene zweite, noch vor uns liegende
Aufklärung verlangt von uns, dass wir andere Eigenständigkeiten ebenso respektieren, wie wir die unsere respektiert sehen
wollen. Uns sollte also nicht die Aufgabe der Eigenständigkeit
vorschweben, sondern der Respekt vor ihr unter dem einigen-
den Band der Menschenwürde und der Menschenrechte. Das
bedeutet zwingend, dass Eigenständigkeit oder, besser ausgedrückt, die Eigenständigkeiten der Juden zu respektieren sind.
Wie sie diese definieren, das ist allein ihre Angelegenheit. Respekt wird sich aber nur aus der Kenntnis des anderen gewinnen lassen, aus der Erkenntnis, dass man mit anderen Gruppen
zusammenleben und mit ihnen auskommen muss. Deshalb
bedeutet Respekt immer auch Vorschuss an Vertrauen.

Unsere Bitte könnte also dahin gehen, dass sich die jüdische
Welt, dass sich auch die jüdischen Gemeinden bei uns noch
stärker öffnen, als dies in den letzten Jahrzehnten bereits geschehen ist. Unsere Bitte sollte sich besonders an all jene richten, die mit ihren festgefügten ethnozentrischen Weltbildern
eine jüdische Selbstisolierung geradezu einfordern. Es geht

auch für Juden um eine Eigenständigkeit, die andere befruchten kann und sich befruchtenden Einflüssen durch andere nicht entzieht.

Auf diese Weise ließe sich auch der Hinweis auf eine angeblich doppelte Loyalität beantworten, dem sich Juden bei uns immer wieder ausgesetzt sehen. Wir alle tragen mehrere Loyalitäten mit uns herum. Und wir sollten darüber entscheiden dürfen, wie wir sie definieren und nutzen, solange diese Entscheidung nicht zulasten anderer geht.

Das müssen wir dann aber auch für die Juden gelten lassen, insbesondere für die in der Diaspora.

Jüdische Offenbarung und praktizierte Vernunft
Über den Kern der jüdischen Offenbarung lässt sich genauso wenig diskutieren wie über denjenigen ihrer jüngeren christlichen und islamischen Schwestern. Wir werden also akzeptieren und respektieren müssen, dass die Botschaft vom Volk Gottes zum Kern dieser jüdischen Offenbarung gehört. Wir werden zu respektieren haben, dass es die Entscheidung jedes Einzelnen ist, ob und in welchem Umfang er nach dem jüdischen »Gesetz« leben will. Die eigentliche Diskussion beginnt dort, wo sich die Regelung der praktischen Lebensverhältnisse explizit und permanent auf ebendiese Offenbarung bezieht und aus ihr Rechte herleitet.

Irgendwo habe ich einmal gelesen: »Wer sich der Nähe der Götter allzu sicher wähnt, krönt seine Frömmigkeit mit Hochmut.« In der Tat, die jüdische Offenbarung spricht von Pflichten, nicht von Rechten.

Das gilt auch für den religiös definierten Anspruch auf bestimmte Orte, auf bestimmte Territorien wie Judäa und Samaria. Wenn wir diesen Anspruch widerspruchslos gelten lassen – woher wollen wir das Recht nehmen, uns ähnlichen Ansprüchen im Islam zu widersetzen?

Unsere Bitte an die Juden könnte also dahin gehen, den Charakter der jüdischen Offenbarung immer wieder zu überprüfen. Für die ungemein schwierige Regelung praktischer Probleme im Nahen Osten lassen sich vielerlei praktische Gründe finden. Religiöse oder auch historizistische sollten nicht darunter sein. Das Lebensrecht und eine gesicherte Zukunft des jüdischen Volkes in einem jüdischen Staat Israel sollten für uns alle unangreifbar sein, auch wenn wir uns der jüdischen Offenbarung nicht unterworfen fühlen.

Jüdischer Staat im Zusammenleben mit anderen
Auch der Staat Israel basiert auf den grundlegenden Werten der Menschenwürde und der Menschenrechte. Israel gewährt Religionsfreiheit und die anderen großen Freiheiten. Israel ist ein Rechtsstaat, über den nicht zuletzt ein oberster Gerichtshof wacht, der aus historischen Gründen mit ungewöhnlich großer Machtfülle ausgestattet ist. Israel ist eine überaus lebendige Demokratie, wovon man sich bei jeder Sitzung der Knesset leicht überzeugen kann.

Der jüdische Staat kann deshalb mit Recht die Solidarität der Demokraten einfordern. Und ebenso wird mit Recht beklagt, dass es mit dieser Solidarität nicht allzu weit her ist. Dies rührt zum Teil daher, dass wir mit einem doppelten Standard messen, in unserem Urteil über islamische Staaten viel niedrigere Maßstäbe anlegen und dort immer wieder bereit sind, »fünf gerade sein zu lassen«. Wir sollten mit dieser Denkweise Schluss machen. Wenn wir dennoch an den Staat der Juden andere Maßstäbe anlegen, dann auch deshalb, weil er eben eine Demokratie und ein Rechtsstaat ist!

Unsere Bitte könnte also dahin gehen, dass Israel diese Motivation verstehen lernt. Wir aber sollten die Ausnahmesituation des jüdischen Staates begreifen und ein Handeln aus ihr angemessen würdigen. Nicht wir in Deutschland oder in Skandinavien erleben eine permanente Bedrohung, Israel tut es.

Israel ist der einzige Fleck auf der Welt, auf dem sich Juden in der Mehrheit befinden. Dieser Fleck muss als »jüdischer Staat« erhalten bleiben; er muss sich in Sicherheit und nach dem Willen des Volkes entwickeln können. So will es die geschichtliche Verantwortung, so will es das Völkerrecht, so will es die großartige kulturelle und zivilisatorische Leistung der jüdischen Mehrheit. Die Geschichte hat aber Israel auch die große Chance gegeben, einen wirklichen Ausgleich zwischen Mehrheit und Minderheit im Lande herbeizuführen. Damit ist in erster Linie die arabische Minderheit gemeint. Dieser Ausgleich ist weit gediehen; er bleibt aber verbesserungsfähig.

Unsere Bitte könnte also dahin gehen, dass Israel immer wieder Beispiele für den Ausgleich und gegen die Ausgrenzung setzt. Auch damit wäre im Kampf gegen den sich »antizionistisch« gebärdenden Antisemitismus eine Schlacht gewonnen.

»Gute Zäune machen gute Nachbarn.« So lautet ein Sprichwort, das ich für falsch halte. Gute Zäune, selbst wo sie nötig werden, machen allenfalls ruhige Nachbarn. Das gilt auch für den Nahen Osten insgesamt und für Israel im Besonderen.

Wir anderen sollten für die berechtigten Sicherheitsbelange Israels uneingeschränktes Verständnis aufbringen. Unsere Bitte könnte aber dahin gehen, alle Chancen auf wirklich gute Nachbarschaft immer wieder aufzuspüren und zu nutzen. Gute Nachbarn belassen es nicht nur bei der Duldung oder einem förmlich-steifen Gruß; sie lächeln und sie helfen. Gute Nachbarschaft mit seinen arabischen Nachbarn würde rund um Israel auch den Antisemitismus nach und nach eindämmen.

Wider die Eiferer

Wenn jemand auch den kleinsten Fehler der Regierung in Jerusalem zu einem Generalangriff gegen Israel nutzt, dann handelt er wie der Eiferer, dem Jesus vorgeworfen hat, den Splitter im Auge des anderen zu sehen, nicht aber den Balken im eigenen.

Wenn jemand beim geringsten und lächerlichsten Fall von wirklichem oder vermeintlichem Antisemitismus nach dem Staatsanwalt ruft oder den Aufstand der Demokraten bemüht, dann geht auch hier das Gefühl für Proportionen verloren. Auch das nenne ich Eifern.

Es ist selbstverständlich, dass wir den Fanatikern und Fundamentalisten jeglicher Färbung entschlossen entgegentreten. Aber auch die Eiferer sollten wir nicht so einfach davonkommen lassen. Wir müssen ihnen immer wieder klarmachen, dass ihre Vorgehensweise im notwendigen Kampf gegen Antisemitismus, Islamismus und all die anderen hässlichen Ismen nicht wirklich hilft. Kämpfen sollten wir mit Eifer, aber nicht mit Eifern. Kämpfen sollten wir mit Umsicht und Zielstrebigkeit, nicht aber mit Überreaktion und Aufgeregtheit.

Schließlich sollten wir auch die Waffe des Humors nicht ganz vergessen. Amos Oz hat, gegen die Fanatiker gewendet, einmal gesagt:

»Ein Sinn für Humor ist ein starkes Heilmittel. Fanatiker sind oft sarkastisch, aber sie haben keinen Humor. Humor beinhaltet die Fähigkeit, über sich selbst zu lachen.« Und wenn die Sache auch noch so ernst ist, so ganz unrecht hat er nicht.

Ziehen wir also in den Kampf!

BIBLIOGRAFIE

Die Thora
Die Bibel
Der Qur'an

Alon, Gedaliah: *The Jews in Their Land in the Talmudic Age: 70–640 C.E.*, Cambridge/Mass.: Harvard University Press 1989.

Arendt, Hannah: *Elemente und Ursprünge totaler Herrschaft. Antisemitismus, Imperialismus, totale Herrschaft*, München: Piper 1975.

Arendt, Hannah: *Eichmann in Jerusalem. Ein Bericht von der Banalität des Bösen*, 15. Aufl., München: Piper 1986.

Assmann, Jan: *Moses der Ägypter. Entzifferung einer Gedächtnisspur*, 5. Aufl., Frankfurt/Main: Fischer Taschenbuch 2001.

Bajohr, Frank: *»Arisierung« in Hamburg. Die Verdrängung der jüdischen Unternehmer 1933–1945*, Hamburg: Christians 1997.

Bajohr, Frank: *Parvenüs und Profiteure. Korruption in der NS-Zeit*, Frankfurt/Main: S. Fischer 2001.

Bajohr, Frank: »Judenfeindschaft – Transatlantisch«. In: *Zeitgeschichte in Hamburg*, Hamburg 2003.

Barnavi, Élie/Denis Charbit: *Histoire universelle des Juifs*, Paris: Hachette Littérature 1992.

Beinart, Haim: *Geschichte der Juden. Atlas der Verfolgung und Vertreibung im Mittelalter*, München: Bechtermünz 1998.

Ben-Chorin, Shalom: *Als Gott schwieg. Ein jüdisches Credo*, Mainz: M. Grünewald 1986.

Ben-Sasson, Haim Hillel (Hg.): *Geschichte des jüdischen Volkes*, 3 Bde., München: C. H. Beck 1978–1980.

Benz, Wolfgang (Hg.): *Antisemitismus in Deutschland. Zur Aktualität eines Vorurteils*, München: dtv 1995. Hierin:

- Zur politisch-kulturellen Tradition des Antisemitismus in Deutschland (H. Graml)
- Das Judentum als Antithese. Zur Tradition eines kulturellen Wertungsmusters (Ch. Hoffmann)
- Wie antisemitisch sind die Deutschen? Meinungsumfragen 1945 bis 1994 (W. Bergmann/R. Erb)
- Antisemitismus in öffentlichen Konflikten 1949–1994 (W. Bergmann)
- Antizionismus: Feindschaft gegen Israel als neue Form des Antisemitismus (L. Mertens)
- Antisemitismus als Element rechtsextremer Ideologie und Propaganda (J. Wetzel)
- Realitätsverweigerung als antisemitisches Prinzip (W. Benz)
- Diffamierung als Tradition – Friedhofsschändungen (M. Neiss)
- Der Jude als Bolschewist. Die Wiederbelebung eines Stereotyps (D. Gerson)
- Die »jüdische Mathematik«. Psychoanalytische Beobachtungen (G. Hardtmann)
- Beobachtungen zum Antisemitismus in einem Dorf in Thüringen (S. Spülbeck)
- Gesellschaftliche Reaktionen auf Antisemitismus (R. Erb)

Benz, Wolfgang: *Bilder vom Juden. Studien zum alltäglichen Antisemitismus*, München: C. H. Beck 2001.

Bergmann, Werner: *Geschichte des Antisemitismus*, München: C. H. Beck 2002.

Brenner, Michael/Yfaat Weiss: *Zionistische Utopie – israelische Realität*, München: C. H. Beck 1999. Hierin insbesondere:
- Die Anfänge des Zionismus im historischen Kontext (Sh. Avineri)
- Jüdische Religion und Politik um die Jahrhundertwende (M. Brenner)
- Religiöse und Säkulare in Israel. Ein Kulturkampf? (A. Ravietzky)

Brenner, Michael/Anthony Kauders/Gideon Reuveni: *Jüdische Geschichte lesen*, München: C. H. Beck 2003.

Broder, Henryk M./Michel R. Lang: *Fremd im eigenen Land. Juden in der Bundesrepublik*, Frankfurt/Main: Fischer Taschenbuch 1979.

Broder, Henryk M.: *Der ewige Antisemit. Über Sinn und Funktion eines beständigen Gefühls*, Berlin: Berliner Taschenbuch Verlag 2005 (Erstauflage 1985).

Broder, Henryk M.: *Hurra, wir kapitulieren! Von der Lust am Einknicken*, Berlin: WJS Verlag 2006.

Brown, Michael/Bernard Lightman (Hg.): *Creating the Jewish Future*, Walnut Creek: AltaMira Press 1998.

Browning, Christopher R.: *The Origins of the Final Solution: The Evolution of Nazi Jewish Policy, September 1939–March 1942*, Lincoln/Nebraska: University of Nebraska Press 2004. *(Comprehensive History of the Holocaust)*

Cook, Michael A.: *Muhammad*, Oxford: Oxford University Press 1983/1996. *(Past Masters)*

Demandt, Alexander: »Der Prozess Jesu«. In: *Frankfurter Allgemeine Zeitung*, 8.4.2004.

Deschner, Karlheinz: *Kriminalgeschichte des Christentums: Frühmittelalter*, Reinbek b. Hamburg: Rowohlt Taschenbuch 1997.

Faber, Klaus/Julius H. Schoeps/Sacha Stawski: *Neu-alter Judenhass*, Berlin: Verlag für Berlin-Brandenburg 2006.

Feingold, Henry L.: *Lest Memory Cease: Finding Meaning in the American Jewish Past*, Syracuse/New York: Syracuse University Press 1996.

Freud, Sigmund: *Der Mann Moses und die monotheistische Religion*, Frankfurt/Main: Fischer Taschenbuch 2004.

Friedländer, Saul: *Reflections of Nazism: An essay on Kitsch and death*, New York: Harper & Row 1984.

Fuchs, Eduard: *Die Juden in der Karikatur. Ein Beitrag zur Kulturgeschichte*, München: Langen 1921/Berlin: Guhl 1985 (Reprint).

Gabler, Neal: *An Empire of Their Own: How the Jews Invented Hollywood*, New York: Crown 1988.

Gay, Ruth: *Geschichte der Juden in Deutschland. Von der Römerzeit bis zum Zweiten Weltkrieg*, München: C. H. Beck 1999.

Gidal, Nachum T.: *Die Juden in Deutschland – von der Römerzeit bis zur Weimarer Republik*, Gütersloh: Bertelsmann Lexikon Verlag 1988.

Gitelman, Zvi: »Thinking about being Jewish in Russia and Ukraine«. In: Zvi Gitelman/Musya Glants/Marshall I. Goldman (Hg.): *Jewish Life after the USSR*, Bloomington/Ind.: Indiana University Press 2003.

Goldhagen, Daniel Jonah: *Hitler's Willing Executioners: Ordinary Germans and the Holocaust*, New York: Knopf 1996. (dt.: *Hitlers willige Vollstrecker. Ganz gewöhnliche Deutsche und der Holocaust*, Berlin: Siedler 1996.)

Groiss, Arnon (Hg.): *War and Peace: Israel and the West in Egyptian Schoolbooks*, New York: The American Jewish Committee 2004.

Gutman, Israel (Hg.): *Enzyklopädie des Holocaust. Die Verfolgung und Ermordung der europäischen Juden*, 3 Bde., hrsg. v. Eberhard Jäckel/Peter Longerich/Julius H. Schoeps, Berlin: Argon 1993.

Guttmann, Julius: *Die Philosophie des Judentums*, Wiesbaden: Fourier 1985 (Nachdruck der Ausgabe München: Reinhardt 1933).

Hertzberg, Arthur: *Wer ist Jude? Wesen und Prägung eines Volkes*, München: Hanser 2000.

Herzl, Theodor: *Altneuland*, Roman, Leipzig: Seemann Nachf. 1902.

Hilberg, Raul: *Die Vernichtung der europäischen Juden*, Frankfurt/Main: Büchergilde Gutenberg 1982.

Hitler, Adolf: *Mein Kampf*, München: Franz Eher Nachf. 1938.

Jacobs, Louis: *The Jewish Religion: A Companion*, Oxford: Oxford University Press 1995.

Josephus, Flavius: *Bellum Judaicum: The Jewish War*, London: Penguin 1981. (dt.: *Geschichte des Jüdischen Krieges*, 7. Aufl., Wiesbaden: Fourier 1985.)

Kater, Michael H.: *Doctors under Hitler*, Chapel Hill/North Carolina: The University of North Carolina Press 1989.

Kaufmann, Tobias/Manja Orlowski (Hg.): »*Ich würde mich auch wehren ...*« *Antisemitismus und Israel-Kritik – Bestandsaufnahme nach Möllemann*, Potsdam: Weber 2002.

Kettermann, Günter: *Atlas zur Geschichte des Islam*, Darmstadt: Primus 2001.

Klee, Ernst: *Euthanasie im NS-Staat. Die Vernichtung lebensunwerten Lebens*, Frankfurt/Main: S. Fischer 1993.

Klee, Ernst/Willi Dreßen: *Gott mit uns. Der deutsche Vernichtungskrieg im Osten 1939–1945*, Frankfurt/Main: S. Fischer 1989.

Kroh, Ferdinand: *David kämpft. Vom jüdischen Widerstand gegen Hitler*, Reinbek b. Hamburg: Rowohlt 1988.

Krupp, Michael: *Zionismus und Staat Israel. Ein geschichtlicher Abriß*, 3. Aufl., Gütersloh: Gütersloher Verlagshaus 1992.

Kuperstein, Leib: *Man and his Work: The story of the Histadrut*, Tel Aviv: Tarbut Wechinuch 1965.

Lapide, Pinchas: *Wer war schuld an Jesu Tod?*, Gütersloh: Gütersloher Verlagshaus Mohn 1987.

Lau, Israel M.: *Wie Juden leben. Glaube – Alltag – Feste*, 2. Aufl., Gütersloh: Gütersloher Verlagshaus 1990.

Lessing, Gotthold Ephraim: *Nathan der Weise* (1779), Stuttgart: Reclam 2000.

Lewis, Bernard: *What went Wrong? Approaches to the Modern History of the Middle East*, New York: Oxford University Press 2002. (dt.: *Der Untergang des Morgenlandes. Warum die islamische Welt ihre Vormacht verlor*, Bergisch Gladbach: Lübbe 2002.)

Lewis, Bernard: *The Crisis of Islam: Holy War and Unholy Terror*, New York: The Modern Library 2003.

Lifton, Robert Jay: *Ärzte im Dritten Reich*, Stuttgart: Klett-Cotta 1988.

Mittelweg 36. Zeitschrift des Hamburger Instituts für Sozialforschung, Ausgabe Oktober/November 2004. Hierin:
  – Die »mosaische Unterscheidung« (Werner Konitzer)
  – Wenn der Nachbar von einst an deine Tür klopft (Yfaat Weiss)
  – Antisemitismus und Volksgemeinschaft in der deutschen Provinz (Michael Wildt)

Mommsen, Hans: *Hannah Arendt und der Prozeß gegen Adolf Eichmann*, München: Piper 1986.

Müller, Hans-Jürgen/Ursula Rudnick (Hg.): *Christen und Juden – Juden und Christen, Katalog zur Wanderausstellung in Bayern*, Hannover: Hora Verlag 2002.

Murphy-O'Connor, Jerome: *Paul: His Story*, Oxford: Oxford University Press 2004.

Obermann, Heiko A.: *Wurzeln des Antisemitismus. Christenangst und Judenplage im Zeitalter von Humanismus und Reformation*, Berlin: Severin und Siedler 1981.

Oppenheimer, John F. (Hg.): *Lexikon des Judentums*, Gütersloh, Berlin, München, Wien: Bertelsmann Lexikon-Verlag 1971.

Oz, Amos: *Wie man Fanatiker kuriert*, 4. Aufl., Frankfurt/Main: Suhrkamp 2004.

Popper, Karl: *Die offene Gesellschaft und ihre Feinde*, 2 Bde., Bern: Francke 1980.

Potok, Chaim: *Wanderings: Chaim Potok's History of the Jews*, New York: Alfred A. Knopf 1978.

Proctor, Robert N.: *Racial Hygiene: Medicine Under the Nazis*, Cambridge/Mass.: Harvard University Press 1988.

Rosenfeld, Alvin Hirsch: *Anti-Americanism and Anti-Semitism: A New Front of Zealotry*, New York: The American Jewish Committee 2003.

Rosenfeld, Alvin Hirsch: *Antizionism in Great Britain and Beyond*, New York: The American Jewish Committee 2004.

Schmitt, Carl: *Die geistesgeschichtliche Lage des heutigen Parlamentarismus* (1923), 8. Aufl., Berlin: Duncker & Humblot 1996.

Schoenberner, Gerhard: *Der gelbe Stern. Die Judenverfolgung in Europa 1933 bis 1945*, Gütersloh: Bertelsmann 1960.

Schulte, Christoph (Hg.): *Deutschtum und Judentum. Ein Disput unter Juden aus Deutschland*, Ditzingen: Philipp Reclam jun. 1993. (*Universal-Bibliothek*, Bd. 8899.) Darin:
- Rathenau, Walther: Höre, Israel!
- Cohen, Hermann: Deutschtum und Judentum
- Rosenzweig, Franz: Deutschtum und Judentum
- Wassermann, Jakob: Mein Weg als Deutscher und Jude
- Prinz, Joachim: Wir Juden
- Schoeps, Hans-Joachim: Wir deutschen Juden
- Susman, Margarete: Vom geistigen Anteil der Juden in der deutschen Geistesgeschichte
- Buber, Martin: Das Ende der deutsch-jüdischen Symbiose

- Buber, Martin: Sie und Wir
- Simon, Akiba Ernst: Das geistige Erbe des deutschen Juden-
  tums
- Scholem, Gershom: Juden und Deutsche

Sievers, Leo: *Juden in Deutschland. Die Geschichte einer 2000-jährigen Tragödie*, Hamburg: Stern-Buch 1977.

Silbermann, Alphons/Manfred Stoffers: *Auschwitz: nie davon gehört? Erinnern und Vergessen in Deutschland*, Berlin: Rowohlt 2000.

Simmel, Ernst (Hg.): *Antisemitismus*, Frankfurt/Main: S. Fischer 1993. Hierin:
- Der soziologische Hintergrund des psychoanalytischen For-
  schungsansatzes (M. Horkheimer)
- Elemente einer psychoanalytischen Theorie des Antisemitismus
  (O. Fenichel)
- Antisemitismus und Massen-Psychopathologie (E. Simmel)
- Einige religiöse Motive des Antisemitismus (B. Berliner)
- Antisemitismus und Psychopathologie des Alltagslebens (D. W.
  Orr)
- Die antisemitische Persönlichkeit. Ein Forschungsbericht (E.
  Frenkel-Brunswik/R. N. Sanford)
- Antisemitismus und faschistische Propaganda (Th. W. Ador-
  no)

Stern, Fritz: *Gold und Eisen. Bismarck und sein Bankier Bleichröder*, Frankfurt/Main, Berlin, Wien: Ullstein 1978.

Stöss, Richard: *Rechtsextremismus im vereinten Deutschland*, 3., aktualisierte Aufl., Berlin: Friedrich Ebert Stiftung 2000.

Taguieff, Pierre-André: *Die Macht des Vorurteils. Der Rassismus und sein Double*, Hamburg: Hamburger Edition 2000.

Thamer, Hans-Ulrich: *Verführung und Gewalt. Deutschland 1933–1945*, 3., durchgesehene Aufl., Berlin: Siedler 1992. (*Die Deutschen und ihre Nation*, Bd. 5.)

Volkov, Shulamit: *Antisemitismus als kultureller Code*, 2. Aufl., München: C. H. Beck 2000.

Wistrich, Robert S.: *Muslim anti-semitism: A clear and present danger*, New York: The American Jewish Committee 2002.

Wolffsohn, Michael: *Die ungeliebten Juden. Israel – Legenden und Geschichte*, München: Diana 1998.

Yad Vashem: *Die Jahrbücher*, Jerusalem: Yad Vashem Publications.

REGISTER

»Ein wichtiges, intensives Buch« –
E. Wiesel, Friedensnobelpreisträger

Richard Rhodes
DIE DEUTSCHEN MÖRDER
Die SS-Einsatzgruppen
und der Holocaust
Aus dem Englischen von
Jürgen Peter Krause
480 Seiten
Mit 16 Seiten s/w-Bildteil
ISBN 978-3-404-64218-2

Rund 1,5 Millionen jüdische Kinder, Frauen und Männer wurden in Osteuropa in nur zwei Jahren von deutschen SS-Einsatzgruppen und ihren Helfern ermordet. Dies ist die ergreifende Dokumentation, wie der Massenmord organisiert und durchgeführt wurde. Zahlreiche Briefe und andere persönliche Dokumente der Zeit geben Einblick in das Innenleben der Täter.

»Was hat normale Bürger […] in Massenmörder von Kindern und deren Eltern verwandelt? Diese bohrende Frage erfüllt diese Seiten mit Schmerz und Qual. Ein wichtiges und äußerst intensives Buch.« Elie Wiesel, Friedensnobelpreisträger

Bastei Lübbe Taschenbuch

Der ganz private Hitler –
exklusiv für Josef W. Stalin

Eberle/Uhl (Hg.)
DAS BUCH HITLER
Geheimdossier des NKWD
für Josef W. Stalin, zusammen-
gestellt aufgrund der Verhör-
protokolle des Persönlichen
Adjutanten Hitlers,
Otto Günsche, und des
Kammerdieners Heinz Linge,
Moskau 1948/49
Aus dem Russischen von
Helmut Ettunger
672 Seiten
Mit 32 Seiten s/w-Bildteil
ISBN 978-3-404-64219-9

Knapp sechzig Jahre nach Kriegsende wird in russischen Archi-
ven ein Dokument von höchster historischer Brisanz entdeckt:
Das Buch Hitler. Verfasst exklusiv für Josef W. Stalin, enthält es
die persönlichen Erinnerungen von Otto Günsche und Heinz
Linge, die diese in sowjetischer Gefangenschaft zu Papier brach-
ten. Beide Männer bewegten sich als SS-Offiziere über viele
Jahre in nächster Nähe Adolf Hitlers. Ihre Schilderungen enthalten nicht nur viele, bislang unbekannte Details zu Hitlers Politik
und Kriegführung, sondern vermitteln auch ein ungeschmink-
tes Bild davon, wie es in Hitlers Umgebung wirklich zuging. Eine
der eindrucksvollsten Quellen über das Dritte Reich!

Bastei Lübbe Taschenbuch